道教典籍選刊

道德經註釋

〔清〕黄元吉 撰

蔣門馬 校註

中華書局

圖書在版編目(CIP)數據

道德經註釋/(清)黄元吉撰;蔣門馬校註.—北京:中華書局,2012.11(2025.4 重印)
(道教典籍選刊)
ISBN 978-7-101-08914-1

Ⅰ.道… Ⅱ.①黄…②蔣… Ⅲ.①道家②《道德經》-註釋 Ⅳ.B223.12

中國版本圖書館 CIP 數據核字(2012)第 221337 號

責任編輯:朱立峰
封面設計:周　玉
責任印製:管　斌

道教典籍選刊
道 德 經 註 釋
〔清〕黄元吉 撰
蔣門馬 校註
*
中 華 書 局 出 版 發 行
(北京市豐臺區太平橋西里 38 號　100073)
http://www.zhbc.com.cn
E-mail:zhbc@zhbc.com.cn
三河市宏盛印務有限公司印刷
*
850×1168 毫米 1/32・12⅛印張・2 插頁・220 千字
2012 年 11 月第 1 版　2025 年 4 月第 10 次印刷
印數:21501-22500 册　定價:48.00 元

ISBN 978-7-101-08914-1

道教典籍選刊緣起

道教是我國土生土長的宗教，歷史悠久，可以溯源到戰國時期的方術，甚至更古的巫術，而正式形成於東漢時期。它是我國傳統文化的重要組成部分，對我國人民的思維方式、生活方式，對古代科學、技術的發展，都産生過重大影響，並波及社會政治、經濟等各方面。

道教典籍極爲豐富，就道藏而言，多達五千餘卷，是有待進一步發掘、清理和利用的文化遺産之一。爲便於國内外學術界對道教及其影響的研究，便於廣大讀者瞭解道教的概貌，我們初步擬訂了道教典籍選刊的整理出版計劃。其中既有道教最基本的典籍，也包括各種流派的代表作，有不少書與哲學、思想史關係密切。所有項目，都選用較好的版本作爲底本，進行校勘標點。

由於我們缺乏經驗，工作中難免有失誤之處，亟盼關心此項工作的專家和廣大讀者給以指導與幫助。

中華書局編輯部

一九八八年二月

目録

前言

道德經註釋，清朝黄元吉著。

黄元吉，名裳，字元吉，江西豐城人，生平不詳。黄元吉自言：「吾師當年學道，還不是家人父子夫妻羈絆縈回不能一時斬斷？常將日月已逝一想，不由人不著忙，於是割不斷的亦且割去，因而一心一德，得成金玉之丹。」（樂育堂語録卷五段六）「吾師丹還金液，脱卻輪迴之苦。」（樂育堂語録卷三段十）

黄元吉道成之後，雲遊各地，拔度有緣。樂育堂語録卷一記載了黄元吉的自述：「吾師往來蜀郡，見世人非役志於富貴功名，即馳情於酒色財氣，吾心甚是憐憫。獨柰何有心拔度，而彼竟不知返也，且不惟不肯受度，反嘖有煩言，謂吾道爲奇怪。噫！如此其人，吾雖有十分哀憐之意，而亦未如之何也矣！」（卷一段三）

道德經註釋序又述：「恭逢盛世，天下乂安，適遇名山道友談玄説妙，予竊聽久之，實非空談者流，徒來口耳之用，因得與於其際。群尊予以師席，故日夜講論道德一經，以爲修身立德之證，不覺連篇累牘。」黄元吉因此留在四川富順縣，開館授徒，首撰此道德經註釋。

據受業弟子等樂育堂語録序：「樂育堂，先生之館名也。自甲戌來兹設帳，至癸未始行解館。其間語録甚繁，今纂其切要者，附於註釋之後。」又據道德經註釋序落款：「元吉黄裳自序。光緒十年孟冬月穀旦。」光緒十年爲甲申，公元一八八四年，因此可斷定癸未即光緒九年，公元一八八三年，甲戌當爲同治十三年，公元一八七四年。由此可知，黄元吉於一八七四年至一八八三年間，在樂育堂授徒講學。

黄元吉在道德經註釋序中説到當時的寫作背景：「無如世風日下，民俗益偷，大道雖屬平常，而人多以詭怪離奇目之，所以儒益非儒，釋亦非釋，而道益非道矣。若不指出根源，抉破竅妙，恐大道愈晦而不彰，人心愈壞而難治，勢必至與鳥獸草木同群，而聖賢直等諸弁髦，大道益危如累卵，虚懸天壤，無人能任斯文之責矣。」道德經總旨説：「噫！大道不明久矣！論道者但曰虚静無爲，言治者但曰功業彪炳，天德王道，分而爲二，此三代下所以難索解人也。」樂育堂語録卷三第一段中説：「不知道之所以然，雖讀盡五車，無益也；不明教之所從來，雖講席萬座，何裨焉？故言愈多而道愈晦，師愈繁而教愈紛矣。夫以其無承道之人，影響之談，依稀之論，非徒無益，而又害之。俗云：『要知前途三叉路，到此須問過來人。』知不真者，雖多言而何益？行不至者，縱明示而皆非。以故世衰道微，上下皆馳於名利之場，鮮有知仁義之德是吾人真樂地者。嗟乎！道之不行，由於道之不明，亦因道之不明，愈見道之不行。」黄元吉實證天仙境界，知道真而行道至，自覺承擔「斯文之責」，又機緣湊合，「指出根源，抉破竅妙」，而成此道德經註釋。

蕭天石以爲：「黄元吉先生本書……暢述玄祕，大露宗風，舉往聖之所不洩者而洩之，盡往聖之所不傳者而傳之。」「衡情而論，確爲道德經解本中之不朽名著，而無論道家儒家，皆可奉爲無上聖經，視作修聖修仙之不二法門也。」（道德經精義例言）

陳攖寧説：「道家南北兩派各走極端，而實行皆有困難，其勢不能普及。惟有陳希夷（陳摶）、邵康節

（邵雍）一派，最便於學者。黄元吉先生所講，即是此派，亦即頓所私淑而且樂爲介紹者。」（覆濟南財政局楊少臣君）「黄先生昔日教人，理與訣並重。學者先明其理，而後知其訣乃無上妙訣，與旁門小術不同；既知其訣，更能悟其理乃一貫真理，與空談泛論不同，余所以亟爲介紹於今世好道之士。」（口訣鉤玄録第一章）

道德經註釋，一八八六年木刻初版。一九二〇年江起鯤重刊，改名道德經講義；後世多據此版刊印，流傳最廣，影響最大。一九六〇年蕭天石據以影印時，又改作道德經精義。

道德經註釋，一八八六年木刻原本四卷。卷首先朱有芬序（一八八六年），次黄元吉自序（一八八四年），次道德經總旨，次受業弟子等序。卷一至道德經二十六章而止，卷二至五十三章止，卷三不曰卷三而曰卷下，至七十九章止，卷四至八十一章結束後，不分頁，緊接受業弟子等樂育堂語録序及正文。此樂育堂語録，即是通行四卷本之外，不標卷第的那一卷。道德經註釋另見有北京道德學社重刊本，分上下兩卷。

道德經講義有上海新學會社刊本、華陽汪氏養性齋刊本、南京紅卍字會道院精刻本等數種。藏外道書第二十二册所收江起鯤校道德經講義爲上海新學會社刊本，至五十三章止，殘缺不完。

道德經精義，見於蕭天石主編道藏精華第四集之一，自由出版社出版。道書集成本即據以影印。此版本，蕭天石謂影印江起鯤校道德經講義之南京紅卍字會道院精刻本，並增例言和馬傑康序，署名「豐城黄裳元吉著，後學奉化江起鯤校」，有句讀。

顛倒之術，梅自强編著，人民體育出版社一九九三年簡體字版，大展出版社一九九六年繁體字版，兩箇版本内容完全相同，内有道德經註釋。此本「參考了精義本，並據原木刻本、鉛印重刊本等四種版本進行了校正」，無弟子序和道德經總旨。

除了道德經註釋之外，黄元吉尚著有道門語要、玄宗口訣、醒心經註、求心經註。其指導入門弟子修煉道家内丹養生法的精密工夫、細微火候，由門下弟子筆録編纂成樂育堂語録留傳於世。

在本書的校註過程中，武漢市彭偉先生慷慨借閲道德經註釋木刻原本，湯紹波、黄紫頌、趙洪喜、滕樹軍、祁峰、蔣瀟逸、周亞琴諸君，都在不同方面提供支持和幫助。對於上述諸君的雅情高誼，謹在此表示衷心的感謝！

庚寅年　蔣門馬

校註説明

一、此次校註以一八八六年木刻初版道德經註釋爲底本，以蕭天石刊道德經精義（簡稱「蕭本」）爲主校本，參校江起鯤刊道德經講義（簡稱「江本」）、梅自强編顛倒之術（簡稱「梅本」）、北京道德學社重刊本（簡稱「學社本」）。全書不分卷，對卷首各序的次序做了微調。

二、底本不誤而校本誤者，不出校記。底本中凡屬筆劃小誤及明顯錯誤，無可置疑，且於文義無關緊要，徒增煩瑣者，如「勢必」作「勢心」，「杳冥」作「杏冥」，「肌膚」作「朋膚」，「充塞乎兩大」作「充寒子兩大」之類，以及引語明顯有誤者，則徑依蕭本更正，不出校記。校記中凡曰「原作某，據梅本改」者，則謂江本、蕭本、學社本與底本同。凡底本與校本用字屬異體字俗體字與正體字通行字關係者，則徑從校本作正體字或通行字。

三、校註的文字，大多徵引前賢著述，以彰顯文義爲指歸，並有所補充或發揮。

四、本書的校註，主要徵引書目及版本情況如下：

史記，漢司馬遷撰，中華書局，一九九八年。

漢書，漢班固撰，唐顔師古注，中華書局，一九九八年。

後漢書，南朝宋范曄撰，唐李賢注，中華書局，一九九八年。

三國志，晉陳壽撰，中華書局，一九九八年。

道藏，文物出版社、上海書店、天津古籍出版社，一九八八年。
道藏精華録，守一子丁福保編纂，浙江古籍出版社，一九八九年。
重刊道藏輯要，清賀龍驤校訂，成都二仙庵，光緒三十二年。
藏外道書，胡道静等主編，巴蜀書社，一九九二、一九九五年。
雲笈七籤，宋張君房編，李永晟點校，中華書局，二〇〇七年。
道教與養生，陳攖寧著，華文出版社，二〇〇〇年。
南華真經註疏，晉郭象註，唐成玄英疏，曹礎基、黄蘭發點校，中華出局，一九九八年。
列子集釋，楊伯峻撰，中華書局，一九九六年。
淮南鴻烈集解，劉文典撰，馮逸、喬華點校，中華書局，一九九七年。
悟真篇闡幽，清朱元育著，自由出版社，二〇〇〇年。
上乘修道秘書四種（三藏真詮），蕭天石主編，自由出版社，一九九八年。
方壺外史，明陸西星撰，自由出版社，二〇〇二年。
化書，五代譚峭撰，丁禎彦、李似珍點校，中華書局，一九九六年。
古本伍柳仙宗全集，明伍守陽撰，上海古籍出版社，一九九〇年。
太平廣記，宋李昉等編，汪紹楹點校，中華書局，一九八六年。
諸子集成，上海書店，一九九六年。

二十二子，上海古籍出版社，一九九五年。

文淵閣四庫全書電子版，上海人民出版社、迪志文化出版有限公司，一九九九年。

文淵閣四庫全書，臺灣商務印書館，一九八六年。

論語集釋，程樹德撰，中華書局，一九九七年。

孟子恒解，清劉沅撰，守經堂刊本。

變庵遺書，清余邦昭撰，聯經出版事業公司，一九七六年。

黄元吉先生道德經註釋序

余幼讀傳記，見述老氏之言者曰「大道廢，有仁義，智慧出，有大僞」，「天地不仁，萬物芻狗」云云，嘗竊怪之，以爲老氏之賢，孔子稱之，何其言乃與所聞於孔子者顯相畔耶？少長，縱觀古今事變，乃真有仁義掠美，智慧長姦，如老氏所云者，又未嘗不怳然若失。急購其書讀之，然後乃知所謂老氏者，以無爲爲治，以不言爲教，以柔弱爲自强，以盈滿爲大戒，約之於無聲無形之地，而守之以若沖若退之心，大之足以資斯民亭毒長育之功，而次之亦足斂吾身耳目聰明之用。雖其立説敢於非聖人，要以尋崆峒之墜緒，闢清浄〔一〕之妙門，衣被群生，規楷百代，不能使孔子稍貶其尊，而亦不能以孔子之尊而廢其言也。漢興以來，宰相大臣多治其學，曹平陽之日飲醇酒〔二〕，汲長孺之卧理淮陽〔三〕，其效蓋亦可覩矣。而潔修之士，如穆生〔四〕、君平〔五〕輩，處汙濁之世，則又師其遺意，以養晦而全真。嗚呼！治國治身，不能躬孔孟之道，而猶能爲老氏之徒，視申韓之操切、莊列之放達〔六〕，不猶賢乎哉？

是書之有註無釋，無下數家，惟晉王弼註最有名，近則豐城黄元吉先生，以四子書註釋五千言，張皇幽渺〔七〕，參互異同，道家者流，珍若鴻寶，而余固未及見其稿也。李君爵從，年少知道，肆力於先生之註釋者，蓋有日矣，今將栞以公世，走書丐余言弁首。余不文，而又焉辭？昔韓昌黎原聖人之道，力攻二氏，至欲「人其人，火其書」〔八〕。今觀先生命註命釋之意，若欲并孔李之教而一之，此必非率爾操觚〔九〕者所辦。李君非阿所好者，惜乎余之未見其稿也。

旹在光緒丙戌六月既望後學朱有芬謹識

校註

〔一〕清浄：當作「清静」。清段玉裁說文解字注：「凡潔曰清，凡人潔之亦曰清。浄，按今俗用爲瀞字，釋爲無垢薉（穢）。采色詳審得其宜謂之静，考工記言畫繢（繪）之事是也。分布五色，疏密有章，則雖絢爛之極，而無淟涊（音舔撚，汙濁）不鮮，是曰静。人心審度得宜，一言一事必求理義之必然，則雖繁勞之極而無紛亂，亦曰静。」○道德經四十五章「清静爲天下正」，莊子在宥篇「必静必清」，清静經「夫道者，有清有濁，有動有静……夫人神好清而心擾之，人心好静而欲牽之。常能遣其欲而心自静，澄其心而神自清」，以上皆明字當作清静。清静譌爲清浄者，當由音同形似，且襲清字水旁而致。今保留原狀，僅改正清静經名。

〔二〕曹平陽：即曹參，封平陽侯。從膠西蓋公學黃老術，治道貴清静，故相齊九年，齊國安集，大稱賢相。後代蕭何爲漢相國，舉事無所變更，一遵蕭何約束。擇吏之木詘於文辭、重厚長者任惠衆人，有邪惡非正之問，則依蓍龜爲言利害，與人子言依於孝，與人弟言依於順，與人臣言依於忠，各因勢導之以善，從其言者過半。日閱數人，得百錢足自養，則閉肆下簾而授老子。博覽亡不通，依老子、嚴周之指，著書十萬餘言。君平年九十餘，遂以其業終。蜀人愛敬，至今稱焉。漢書王貢兩龔鮑傳案：君平本姓莊，因避帝諱而改爲嚴。嚴周即莊周。

〔六〕申韓：申不害、韓非，主刑名法術之學。操切，苛刻嚴厲。莊列：莊子、列子。放達，豪放豁達，不拘禮俗。

〔七〕唐韓愈進學解：「補苴罅漏，張皇幽眇。」張皇，顯揚，使光大。幽眇，精深微妙，字亦作幽渺、幽妙。

〔八〕唐韓愈（昌黎）原道，貶抑老子，排斥佛教，至欲「人其人（僧道俱令還俗），火其書（滅絶其學説），廬其居（寺觀改作民房）」。宋蘇子由（轍）曰：「愈之學，朝夕從事於仁義禮智刑名度數之間，自『形而上者』，愈所不知也。原道之作，遂指道德爲虚位，而斥佛老與楊墨同科，豈爲道哉？韓愈工於文者也。」（宋魏仲舉五百家注昌黎文集卷十一）

〔九〕晉陸機文賦：「或操觚以率爾，或含毫而邈然。」唐李善注：「觚，木之方者，古人用之以書，猶今之簡也。」操觚，作文。率爾，輕率。

之，吏之言文刻深、欲務聲名者去之。日夜飲醇酒。欲有言者至，參飲以醇酒，醉而後去，終莫得開説，以爲常。惠帝讓之，參免冠謝曰：「陛下自察聖武孰與高帝？」上曰：「朕乃安敢望先帝乎？」曰：「陛下觀臣能孰與蕭何賢？」上曰：「君似不及也。」參曰：「陛下言之是也。且高帝與蕭何定天下，法令既明，今陛下垂拱，參等守職，遵而勿失，不亦可乎？」惠帝曰：「善。君休矣。」百姓歌之曰：「蕭何爲法，覯若畫一。曹參代之，守而勿失。載其清静，民以寧一。」（史記、漢書有傳）

〔三〕汲黯：字長孺，濮陽人，學黄老術，治官理民，好清静，擇丞史而任之；其治，責大指而已，不苛小。黯多病，卧閨閤内不出，歲餘，東海大治（史記、漢書有傳）。

〔四〕穆生：楚元王敬禮申公等三人，穆生不嗜酒，元王每置酒，常爲穆生設醴。及王戊即位，常設，後忘設焉。穆生退曰：「可以逝矣。醴酒不設，王之意怠。不去，楚人將鉗我於市。」稱疾卧。申公、白生强起之曰：「獨不念先王之德歟？今王一旦失小禮，何足至此？」穆生曰：「易稱：『知幾，其神乎？幾者，動之微，吉凶之先見者也。君子見幾而作，不俟終日。』先王之所以禮吾三人者，爲道之存故也。今而忽之，是忘道也。忘道之人，胡可與久處？豈爲區區之禮哉？」遂謝病去。後申公、白生二人諫王，不聽，胥靡之，衣之赭衣，使杵臼碓舂於市。（漢書楚元王傳）

〔五〕君平：即嚴遵，修身自保，非其服弗服，非其食弗食。卜筮於成都市，以爲卜筮者賤業而可以

道德經註釋序

予幼讀儒書，遂聞道德一經相傳已久，恨未得見。嗣後歲月云遥，功名未遂，始受業於豐城黄先生，號元吉，講究身心性命之理，天人物我之原。先生每遇講時，輒引道德經以爲證。予取是經閲之，見其文古奥難窺，復尋各家註釋細玩，均略而不詳，隱而不發，此心歉然，因於先生席前請曰：「先生學貫天人〔一〕，丹還金玉，何不於道德一經詳加註釋，以醒天下後世乎？」先生首肯，每日講後書一二章，不數月而註釋告成。予細心捧讀，覺他註祇言其理，而先生之註，句句在身心上立論，尤親切不浮，此正本清源之學，盡性立命之功，誠非他書所可比。伏願讀是註者，探討箇中消息，印證身上工夫，知放心所由收〔二〕，浩氣所由養〔三〕，從此精進，庶否塞之時可易爲昌明之會也。夫他書勸孝勸忠，所以端一時之風俗，而此註養心養氣，尤足正萬世之人心，人心既正，又何慮風俗之不端也哉？

光緒十年小陽月受業弟子等頓首敬序

校註

〔一〕宋邵雍觀物外篇：「學不際天人，不足以謂之學；學不至於樂，不可謂之學。」際，會合。天，天道。人，人事。

〔二〕尚書畢命：「雖收放心，閑之惟艱。」唐孔穎達疏：「雖收斂其放佚之心，恒防閑之，惟大艱難。」朱子語類卷十七：「放心者，或心起邪思，意有妄念，耳聽邪言，目觀亂色，口談不道之言，至於手足動之不以禮，皆是放也。收者，便於邪思妄念處截斷不續，至於耳目言動皆然，此乃謂之收。」放，縱逸。閑，防也。

〔三〕孟子公孫丑上：「我善養吾浩然之氣。……其爲氣也，至大至剛，以直養而無害，則塞於天地之間。其爲氣也，配義與道，無是，餒也；是集義所生者，非義襲而取之也。行有不慊於心，則餒矣。」清劉沅（止唐）孟子恒解：「善養，内有以極其純粹，而外有以絶乎憧擾也。朱子曰：『浩然，盛大流行之貌。』乾元坤元，仍止一元之氣，人得之以爲人，是氣即理，所謂浩然也。範圍不過，故至大；不能加損，故至剛。極内外動静，皆中正也；稍不中正，即爲害。人全此氣，即可塞於天地，以其本天地之氣也。配，合一而不可離也。道，理之總名；義，理之散著。本一也，而分言之者，藴於心曰道，見於行曰義。静致中而直内，動致和而直外，天理充而天氣亦充，反是則不能養，如飢之必餒也。先言義者，外著者易見，即外可以知内，故曰與也。集，由少而多，以至於備也。襲，朱子曰：『掩取也，如齊侯襲莒之襲。』内外一原，道不可見而義可見，天理有一毫之歉，正氣即有不充之時，故必事事行慊於心而後不餒。」餒，飢餓。慊，快也，足也。

道德經註釋序

三教之道，聖道而已，儒曰至誠，釋曰真空，道曰金丹，要皆太虛一氣，貫乎天地人物之中者也。惟聖人獨探其源，造其極，與天之虛圓無二，是以成爲聖人。能剛能柔，可圓可方，無形狀可擬，無聲臭可拘，所由神靈變化，其妙無窮，有不可得而窺測者。若〔一〕皆自然天然本來物事，處聖不增，處凡不減；即等而下之，鳥獸草木之微，亦莫不與聖人同此一氣，同此一理。試觀汪洋大海，水至難測者也，然而一海所涵，水也，一勺所容亦無非水，黿鼉蛟龍所受以生成者此水，而魚鼈蝦蠏所賴以養育者亦無非此水。太虛之氣亦猶海水一般。天、地、聖、賢、人、物，雖紛紜錯雜，萬有不齊，而其受氣成形之初，同此一氣，除此以外，別無生氣，亦別無生理；所争者，姿稟之各殊耳。孟子曰「堯舜與人同」，又曰「人之所以異於禽獸者幾希」〔二〕，誠確論也。

無如世風日下，民俗益偷〔三〕，大道雖屬平常，而人多以詭怪離奇目之，所以儒益非儒，釋亦非釋，而道益非道矣。若不指出根源，抉破竅妙，恐大道愈晦而不彰，人心愈壞而難治，勢必至與鳥獸草木同群，而聖賢直等諸弁髦〔四〕，大道益危如累卵，虛懸天壤，無人能任斯文之責〔五〕矣。

恭逢盛世，天下乂安〔六〕，適遇名山道友談玄説妙，予竊聽久之，實非空談者流，徒來口耳之用，因得與於其際。群尊予以師席，故日夜講論道德一經，以爲修身立德之證，不覺連篇累牘。第其中瑕疵迭見，殊難質諸高明，然亦有與太上微意偶合處，不無小補於世，衆友請付剞劂，公諸天下後世。予於此註，實多抱愧，不敢自欺欺人，無柰衆友念切，始諾其請。兹值刊刻肇始，予故弁數言於篇首，以叙此註之由來如此。

元吉黄裳自序　光緒十年孟冬月穀旦

校　註

〔一〕若：清王引之經傳釋詞卷七：「若，猶此也。」

〔二〕兩語出孟子離婁下。漢趙岐注：「幾希，無幾也。」宋朱熹注：「幾希，少也。」

〔三〕偷：輕薄，不厚道。論語泰伯：「故舊不遺，則民不偷。」北宋邢昺疏：「偷，薄也。」

〔四〕弁髦：弁，黑色布帽；髦，童子眉際垂髮。古代男子行冠禮，先加緇布冠，次加皮弁，後加爵弁，三加後即棄緇布冠不用，剃去垂髦，理髮爲髻，因以弁髦喻棄置無用之物。

〔五〕論語子罕：「文王既没，文不在兹乎？天之將喪斯文也，後死者不得與於斯文也。天之未喪斯文也，匡人其如予何？」宋朱熹注：「道之顯者謂之文，蓋禮樂制度之謂。」漢孔安國傳：「兹，此也。言文王雖已没，其文見在此。此，自謂其身也。文王既没，故孔子自謂後死者。言天將喪斯文者，本不當使我知之；今使我知之，未欲喪也。」漢馬融曰：「如予何者，猶言柰我何也。天之未喪此文也，則我當傳之。匡人欲柰我何，言其不能違天以害己也。」

〔六〕乂安：原作「文安」，據蕭本改。史記孝武本紀「天下乂安」，唐司馬貞索隱：「乂，理也。」

道德經總旨

太上修身治世之道，原是一貫，不分兩事。若不推開説明，祇云修身即以治世，治世厥惟修身，如大學開口説「自明明德」一句便了，而「新民」〔一〕一概不管，亦屬一偏之學，不足以見聖道之宏，體用兼賅，本末並進者也。蓋聖人之道，不外一敬〔二〕而已。人果以敬存心應事，天下有何難治者哉？孔子曰：「能以禮讓爲國乎，何有？不能以禮讓爲國，如禮何？」〔三〕自古聖賢，無有只修其身，不應乎世者，觀天地即可知聖賢矣。夫天地以一元之氣自運，即以一元之氣育民，其間寒暑温涼與夫風雲雷雨，即天之行其政令以施生化之功，雖變幻無窮，而天祇順其氣機之常。其在聖賢，以此敬自持，即以此敬及物，其間哀怒喜樂與夫禮樂刑政，即聖人順行其治道以定人物之情，雖風土不齊，而聖人祇盡其在己之性，故曰：「風雲雷雨，天所不能無，而不得謂風雲雷雨之即天；哀怒喜樂，聖人不能無，而不得謂哀怒喜樂之即聖。天有真天體，聖有真聖心。」〔四〕總皆主之以敬，一任天下事變萬端紛紜來前，無一不得其當。

噫！大道不明久矣！論道者但曰虛静無爲，言治者但曰功業彪炳，天德王道，分而爲二，此三代下所以難索解人也。太上所説修身治世，不分兩事，不是板執修己，全不理治民事，亦不是理治民事，不從内修己來。識得此旨，以修諸己者即以治諸人，則内無損於己，外無損於人，即中庸云：「成己，仁也；成物，知也；性之，德也，合内外之道也。」〔五〕處爲聖功，出爲王道〔六〕，誰謂老子之學寂滅無爲也哉？

校註

〔一〕大學：「大學之道，在明明德，在親民，在止於至善。」朱熹注：「程子曰：『親，當作新。』明，明之也。明德者，人之所得乎天而虚靈不昧以具衆理而應萬事者也，但爲氣禀所拘，人欲所蔽，則有時而昏，然其本體之明則有未嘗息者。故學者因其所發而遂明之，以復其初也。新者，革其舊之謂也。言既自明其明德，又當推以及人，使之亦有以去其舊染之汙也。」

〔二〕論語憲問：「修己以敬。」清劉寶楠論語正義：「修己者，修身也。以敬者，禮無不敬也。」○説文：「敬，肅也。肅，持事振敬也。」○禮記月令「祇敬必飭」，唐孔穎達疏：「敬爲心不有怠慢也。」案：敬之義，體會「肅然起敬」可知。

〔三〕語出論語里仁。朱熹注：「讓者，禮之實也。何有，言不難也。言有禮之實以爲國，則何難之有？不然，則其禮文雖具，亦且無如之何矣，而況於爲國乎？」爲國，治國。○左傳襄公十三年：「君子曰：讓，禮之主也。世之治也，君子尚能而讓其下，小人農力以事其上，是以上下有禮而讒慝黜遠，由不争也，謂之懿德。及其亂也，君子稱其功以加小人，小人伐其技以馮君子，是以上下無禮，亂虐並生，由争善也，謂之昏德。國家之敝，恒必由之。」

〔四〕唱道真言卷一：「至於日間應酬，非山中習静羽流，豈能免此？吾亦有法囑子。任他可喜可怒可哀可樂之事，隨時應付，過即不留。譬如風雷電霧，天所不能無，而不可謂風雷電霧之即天。喜怒哀樂，心所不能無，而不可謂喜怒哀樂之即心。天有真天體，心有真心體。由我應酬而湛然空寂，常惺惺存，活潑潑地，此爲要訣。」

〔五〕孟子盡心上：「堯舜，性之也。湯武，身之也。」朱熹注：「堯舜天性渾全，不假修習。湯武修身體道，以復其性。」

〔六〕周易繫辭上：「君子之道，或出或處，或默或語。」出，出仕從政。處（音杵），退處隱居。

第一章

太上曰：道可道，非常道；名可名，非常名。無名，天地之始；有名，萬物之母。故常無欲，以觀其妙；常有欲，以觀其竅[一]。此兩者同出而異名，同謂之玄，玄之又玄，衆妙之門。

朱子云：「道，猶路也，人人之所共由也。」[二]其實生天、生地、生人、生物，公共之理，故謂之道。天地未判以前，此道懸於太空；天地既闢而後，此道寄諸天壤。是道也，何道也？先天地而長存，後天地而不敝；生於天地之先，混於虛無之内，無可見，亦無可聞。故太上曰：以言夫道，費而且隱[三]，實無可道；所可道者，皆道之發見耳，非真常之道也。以言其名，虛而無物，實無可名；所可名者，皆道之糟粕耳，非真常之名也。人不知道，曷觀之詩乎？曰「上天之載，無聲無臭」[四]，道不可以有言[五]矣。又曰「維天之命，於穆不已」[六]，道不可以無稱矣。須知：至無之内，有至有者存，至虛之中，有至實者在，道真不可以方所形容也。太上慈悲度世，廣爲説法曰：鴻濛未兆之先，原是渾渾淪淪，絶無半點形象，雖曰無名，而天地人物咸毓箇中，此所以爲天地之始也。及其静之既久，氣機一動，則有可名，而氤氤氲氲，一段太和元氣，流行宇宙，養育群生，此所以爲萬物之母也。始者，天地未開之前，一團元氣在抱是也；母者，天地既闢而後，一氣化生萬物是也。學人下手之初，別無他術，惟一心端坐，萬念胥捐，垂簾觀炤心之下、腎之上〔七〕，仿佛有個虛無窟子，神神相照，息息常歸，任其一往一來，但以神氣兩者凝注中宮爲主，不頃刻間，神氣打成一片矣。於是聽其混混沌沌〔八〕，不起一明覺心，久之，恍恍惚惚，入於無何有之鄉焉。斯時也，不知神之入氣、氣之歸神，渾然一無人無我、何地何天景象；而又非昏聵也，若使昏聵，適成槁木死灰。修士於此，當滅動心，莫滅照心，惟是智而若愚，慧而不用〔九〕。於無知無覺之際，忽然一覺而動，即太極開基。須知：此一覺中，自自然然，不由感附，纔是我本來真覺。道家謂之玄關妙竅，只在一呼一吸之間。其吸而入也，則爲陰、爲靜、爲無，其呼而出也，則爲陽、爲動、爲有，即此一息之微亦有妙竅。人欲修成正覺，惟此一覺而動之時，有個實實在在，的的確確，無念慮，無渣滓，一個本來人在。故曰：天地有此一覺而生萬物，人身有此一覺而結金丹。但此一覺，有如電光石火，當前則是，轉眼即非，所爭只毫釐間耳。學者務於平時審得清，臨機方把得住。古來大覺如來，亦無非此一覺積累〔一〇〕而成也。修士興工，不從有欲無欲觀妙觀竅下手，又從何處以爲本乎？雖然，無與有、妙與竅，無非陰靜陽動，一氣判爲二氣，二氣仍歸一氣而已矣。以其静久而動，無中生有，名曰陽生活子時；以其動極復静，有又還無，名曰復命歸根：要皆一太極所判之陰陽也。兩者雖有異名，而實同出一源，太上謂之玄。玄者，深遠之謂也。學者欲得玄道，必静之又静，定而又定，其中渾無物事，是爲無欲觀妙，此一玄也。及氣機一動，雖有知，卻不生一知見，雖有動，卻不存一動想，有一心，無兩念，是爲有欲觀竅，此又一玄也。至玄之又玄，實爲歸根之所，非衆妙之門而何？所惜者，凡人有此妙竅，不知直養，是以旋開旋閉，不至耗盡而不已。至人於玄關竅開時，一眼覷定，一手拿定，操存涵養，不使須臾或失，所以直造無上根源，而成大覺金仙。

下手工夫，在玄關一竅。太上首章，即將無名有名觀妙觀竅指出，足見修道之要，除此一個玄關竅，餘無可進步也。故開首四句說：大道根源，實屬無形無狀，不可思議窮究，惟天地未開之初，混混沌沌，無可端倪，即人致養於静時也；天地忽闢之際，静極而動，一覺而醒，即人偵氣於動，爲煉丹之始基。第此倏忽之間，非有智珠慧劍，不能得也。要之，念頭起處爲玄牝，實爲開天闢地、生人育物之端，自古神仙無不由此一覺而動之機造成。又曰：無欲觀妙，有欲觀竅。兩者一静一動，互爲其根，故同出而異名。凡有形象者，可得而思量卜度；若此妙竅，無而有，有而無，實不可以〔一〕方所名狀，縱舌如懸河，亦不能道其一字，所以謂之玄玄。學者亦不得視爲杳冥，毫不窮

究〔三〕一個實際下落。果於此尋出的的確確處，在人視爲恍惚，在我實有把憑，久之，著手成春，頭頭是道矣。〔一三〕

校註

〔一〕竅：通行本作「徼」。清朱駿聲説文通訓定聲：「徼，叚借爲竅。」

〔二〕朱子語類卷六：「道訓路，大概説人所共由之路。……道者，人之所共由；德者，己之所獨得。」

〔三〕中庸：「君子之道，費而隱。」元王充耘四書經疑貫通卷七：「道無不該而無迹可見，故曰君子之道費而隱。費就事而隱就理言也。」東漢王逸曰：「費，光貌也。」

〔四〕語出詩經大雅文王。明何楷詩經世本古義：「曰上天者，見其高高在上，與人相隔絶，非人意所能測也。載者，乘車之名。唐虞號歲爲載，取物終更始，以年運而往爲義。此言載者，亦謂天意轉運無常，其予其奪，不可控揣，故以無聲無臭形容之。臭者，氣之總名。天地間，惟聲傳於虛，臭達於微，已非有形之物。此並聲臭而亦無，則窈冥之極也。」

〔五〕有言：原作「自言」，據蕭本改。

〔六〕語出詩經周頌維天之命。何楷詩經世本古義：「維，發語辭。命，鄭玄云『猶道也』，程子云『天命即天道也，以其用言之則曰命，造化之謂也』，又云『言天之自然者曰天道，言天之賦與萬物者曰天命』。於穆，贊辭，訓爲『於乎美哉』是也。不已，嚴粲云『天之運行不已也』；造化之機或息，則其賦物者窮矣。」朱熹注：「於，音烏，歎辭。」

〔七〕元張三丰玄機直講：「每日先静一時，待身心都安定了，氣息都和平了，始將雙目微閉，垂簾觀照心下腎上一寸三分之間，不即不離，勿忘勿助，萬念俱泯，一靈獨存，謂之正念。」

〔八〕混沌：當以「渾沌」爲正。莊子應帝王：「南海之帝爲儵，北海之帝爲忽，中央之帝爲渾沌。」在宥：「萬物云云，各復其根，各復其根而不知，渾渾沌沌，終身不離。」

〔九〕洞玄靈寶定觀經：「唯滅動心，不滅照心。……慧而不用，實智若愚。」冷虚子注：「妄想分別，名曰動心。覺照祛之，故名爲滅。慧照常明，無有間，故名不滅照心。」

〔一〇〕積累：原作「積異」，據蕭本改。

〔一一〕以：原無，據梅本及前註文補。

〔一二〕究：原無，據梅本及後註文補。

〔一三〕元張三丰道要祕訣歌：「道要歌，效用多，不知道要必遭魔。看玄關，調真息，知斯二要修行畢。以元神，入氣海，神氣交融默默時，便得一玄真主宰。將元氣，歸黄庭，氣神團結昏昏際，又得一玄最圓明。一玄妙，一玄竅，有欲觀竅無觀妙；兩者玄玄衆妙門，異名同出誰知道？看玄關，無他訣，先從竅内調真息；氣静神恬合自然，無極自然生太極。古仙翁，常半語，天機不肯完全吐；或言有定在中央，或言無定自領取。到如今，我盡言，此在有定無定間；有定曰竅無曰妙，老君所説玄又玄。指分明，度有情，留與吾徒作賞音；聞而不修爲下士，超凡入聖亦由人。初學者，實難行，離了散亂即昏沈；鬆不得兮緊不得，貴在綿綿與勿勤。用工夫，牢把握，須將神氣分清濁；清是先天濁後天，後天窩裏先天出；掃開陰濁現清陽，閉塞三寶居靈谷。這靈谷，即竅兒，竅中調息要深思。一息去，一息來，心息相依更相偎；幽幽細細無人覺，神氣沖和八脈開。照此行持得妙竅，玄關何必費疑猜。」

第二章

太上曰：天下皆知美之爲美，斯惡已；皆知善之爲善，斯不善已。故有無相生，難易相成，長短相形，高下相傾，音聲相和，前後相隨。是以聖人處無爲之事，行不言之教，萬物作焉而不離，生而不有，爲而不恃，功成而弗居；夫惟弗居，是以不去。

古云：「勸君窮取生身處，返本還原是藥王。」〔一〕又曰：「窮取生身受命初，莫怪天機都洩盡。」〔二〕由此觀之，足見受命之初，渾然天理，無有瑕疵。彼説美説惡，説善説醜，皆爲道之害也。夫道究何狀哉？在儒家曰隱微，其中有不睹不聞之要〔三〕；釋家曰那個，其中有無善無惡之真〔四〕；道家曰玄關，其中有無思無慮之密。大道根源，端本於此。一經想像，便墮窠臼〔五〕；一經擬議，便落筌蹏。雖古來神仙贊嘆道妙，曰美曰善，要皆恍惚其象，非實有端倪。蓋以爲美也，就有惡對；以爲善也，就有醜對。又況美在是，惡亦在是；善在是，醜亦在是。此殆後天陰陽，有對待，有勝負，參差，而非先天一元之氣也。故太上曰：天下皆知美之爲美，斯惡已；皆知善之爲善，斯不善已。是知：人不求虛無一氣，而第言美之爲美、善之爲善，是亦舍本而逐末也。太上特示下手之工，爲大衆告曰：凡人打坐之始，務將萬緣放下，了無一事介於胸中，惟是垂簾塞兑，觀照虛無丹田，凝起神又要調息，調起息仍要凝神〔六〕，如此久之，神氣并成一團，頃刻間自入於杳冥之地，此爲無也；及無之至極，忽然一覺而動，此爲有焉。我於此一念從規中起，混混續續，兀兀騰騰，神依氣立，氣依神行，無知有知，無覺有覺〔七〕，即玄牝之門立矣。由是恪守規中，凝神象外〔八〕，一呼一吸，一往一來，務令氣氣歸玄竅，息息任天然，即天地人物之根，聖賢仙佛之本，此最吾道家祕密天機，不容輕洩者也。修士行持，與其求之無極，不可捉摸，何若求之陰陽，更有實據。經曰有無相生，不過動而静，静而動，出玄入牝，燮理陰陽者也。難易相成，不過剛而柔，柔而剛，鼎爐琴劍，一烹一温者也。長短相形，即出入呼吸，任督往來，前行短，後行長之謂也。高下相傾，即火在上而使之降，水在下而使之升，上下顛倒坎離之妙用也。音聲相和，即神融氣暢，百脈流通，不啻鳴鶴呼群，同聲相應，不召而自來也。前後相隨，即子馳於後，午降於前，乾坤交媾，和合一團，依依而不舍也。此數者，皆由後天之陰陽，而返乎先天之無極也。聖人知：道之本原，沖漠無朕，浩蕩無痕〔九〕；其處事也，則以無爲爲尚，而共仰恭己垂裳之風〔一〇〕；其行教也，則以不言爲宗，而自寓過化存神之妙〔一一〕。聖人作而萬物覩，又何離之有耶？自此耕田鑿井，被生成而竟忘其行；開源節流，勤化導而並化其迹。就使功滿乾坤，名聞天下，而聖人若恥，爲虛名未嘗有實績也。夫豈若書言「汝惟不矜不伐，天下莫與爭能爭功」〔一二〕者，尚有弭人爭競之想哉？此殆歸於神化之域、淡定之天，一惟自適其樂，而不忘自得之真。古言「視富貴如浮雲，棄功名若敝屣」者，其斯之謂歟？雖然，道成德自立，實至名自歸，聖人縱不居功，而天下後世咸稱道不衰，是不言功而功同日月，不言名而名重古今，夫惟弗居，是以弗去也。學者須從虛極靜篤中，養出無美無善之真出來，纔算修煉有本。其道維何？玄關竅也。舍此則無生矣。修道者舍此玄關一竅，別無所謂道矣。如以美善爲道，亦屬後天塵垢。太上以此言警之，望人因流而溯源也。不然，美善之稱，亦三代下之君子，又烏可厚非哉？

易曰「一陰一陽之謂道」，是陽非道也，陰亦非道，道其在陰陽之間乎！又況道者理也，陰陽者氣也，理無氣不立，氣無理不行。單言道，實無端倪可狀，惟即陰陽發見者觀之，庶確有實據。此章言無美無善之真，直抉大道根源，望人端本立極，以爲修身治世之基。有無難易數句，是教人由對待之陰陽，返乎真一之氣。其中又教人從有無相入處，尋出玄關一竅，爲煉丹本根。至於守中養丹，陽生活子，運轉河車，亦無不層層抉破。惟聖人直探其源，故恭己無爲，不言而信，雖有生有爲，而在己毫無德色。迨至功成告退，視富貴爲不足重輕，非聖人，其孰能與於斯？學者玩索而有得，非但下手有基，即通天亦有路矣。他註云：天下皆知美善之所以爲美善，則自不爲惡與不善也。此講亦是，但太上之經多在原頭上説，不落二乘。

校　註

〔一〕語出宋張伯端悟真篇七言四韻。明王肯堂證治準繩求子論：「胡氏孝曰：男女交媾，其所以凝結而成胎者，雖不離乎精血，猶爲後天滓質之物，而一點先天真一之靈氣，萌於情欲之感者，妙合於其間，朱子所謂『稟於有生之初』，悟真篇所謂『生身受氣初』者是也。」

〔二〕性命圭旨第二節口訣：「純陽祖師云：玄牝玄牝真玄牝，不在心兮不在腎。窮取生身受氣初，莫怪天機都洩盡。」此詩亦見於二十章註文。

〔三〕中庸：「道也者，不可須臾離也，可離非道也。是故君子戒慎乎其所不覩，恐懼乎其所不聞；莫見乎隱，莫顯乎微，故君子慎其獨也。」朱熹注：「是以君子之心常存敬畏，雖不見聞，亦不敢忽，所以存天理之本然，而不使離於須臾之頃也。見音現。隱，暗處也。微，細事也。獨者，人所不知而己所獨知之地也。言幽暗之中，細微之事，迹雖未形而幾則已動，人雖不知而己獨知之，則是天下之事無有著見明顯而過於此者。是以君子既常戒懼，而於此尤加謹焉，所以遏人欲於將萌，而不使其潛滋暗長於隱微之中，以至離道之遠也。」

〔四〕六祖壇經行由品：「惠明作禮云：『望行者爲我説法。』惠能云：『汝既爲法而來，可屏息諸緣，勿生一念，吾爲汝説。』明良久，惠能云：『不思善，不思惡，正與麽時，那箇是明上座本來面目。』惠明言下大悟。」

〔五〕窠臼：各本作「窩臼」，據義改。説文：「窠，鳥巢也，在樹曰巢，在穴曰窠。臼，舂臼也，古者掘地爲臼。」凡蹈常襲舊不變，不能自出心裁，謂之落窠臼。清黄宗羲明儒學案卷十九：「友朋中有志者不少，而不能大成者，只緣世情窠臼難超脱耳。須是吾心自作主宰，一切利害榮辱不能淆吾見而奪吾守，方是希聖之志，始有大成之望也。」

〔六〕元張三丰道言淺近説：「凝神調息，調息凝神，八箇字就是下手工夫，須一片做去，分層次而不斷乃可。凝神者，收已清之心而入其内也。心未清時，眼勿亂閉，先要自勸自勉，勸得回來，清涼恬淡，始行收入氣穴，乃曰凝神。凝起神了，然後如坐高山而視衆山衆水，如燃天燈而照九幽九昧，所謂『凝神於虚』者此也。調息不難，心神一静，隨息自然，我只守其自然，加以神光下照，即調息也。調息者，調度陰蹺之息與吾心中之氣相會於氣穴中也。」

〔七〕無覺有覺：原作「有覺無覺」，據蕭本改。樂育堂語録卷五：「及乎一覺而動，不由感附，忽焉從無知而有知，自無覺而有覺，此即無中生有，鴻濛一判，太極開基。」

〔八〕清李涵虚道竅談河車細旨：「其妙在意守於内，神馭於外。」

〔九〕痕：蕭本及三十九章註文作「垠」。淮南子覽冥訓：「進退屈伸，不見朕垠。」漢高誘注：「朕，兆朕也。垠，形狀也。」朕，預兆，迹象。垠，界限，邊際。

〔一〇〕論語衛靈公：「子曰：無爲而治者，其舜也與？夫何爲哉？恭己正南面而已矣。」○周易繫辭：「黄帝堯舜垂衣裳而天下治，蓋取諸乾坤。」

〔一一〕孟子盡心上：「君子所過者化，所存者神，上下與天地同流。」清劉沅孟子恒解：「此又推其化民之本。過化，德之所及無不化。存神，德之所涵不可測。上下同流，如覆載之生成萬物而無迹也。」

〔一二〕尚書大禹謨：「汝惟不矜，天下莫與汝争能。汝惟不伐，天下莫與汝争功。」漢孔安國傳：「自賢曰矜，自功曰伐。」元許謙讀書叢説卷三：「蓋矜伐者，自有其能與功也。凡物據以爲己有，則人亦將據之，故有争。我不以爲有而無所據，則無迹之可尋，人何從而争之乎？」

第三章

太上曰：不尚賢，使民不争；不貴難得之貨，使民不爲盜；不見可欲，使心不亂。是以聖人之治，虚其心，實其腹，弱其志，强其骨，常使民無知無欲，使夫知者不敢爲也。爲無爲，則無不治。

聖人之治天下也，與其有爲，不如無爲，尤不如有爲而無爲；其化民成俗也，與其能感，不如能化，尤不如相安於無事之爲得。是以堯舜恭己垂裳，而四方悉昭風動〔一〕，此何如之化理哉！不過上無心而民自静，上無好而民自正，上無欲而民自定耳。否則，紛紛擾擾，自以爲與民興利除弊，而不知其擾民也實甚。故曰：民本無争也，而上争奪之；民本無貪也，而上貪婪之；民本無私無欲也，而上以奇技淫巧、鮮衣美食先導之：欲其不争不貪、無嗜無好也，得乎？苟能修其身，正其心，恬然淡然，毫無事事，不以賢能相尚，則民自安靖而不争矣；不以難得之貨爲貴，則民重廉恥而不爲盜矣；且聲色貨利之塲不一，屬於目則無見無欲，己與民各適其自在之天，而虚靈活潑之神，自常應常静而不亂矣。此事豈異人任哉？惟聖人屏除耳目，斬斷邪私，抱一以空其心，心空則煉丹有本，由是而採天地靈陽之氣，以化陰精，日積月累，自然陰精消滅，而陽氣滋長，則實腹以全其形，所謂「以道凝身，以術延命」，即是超生拔死之法。而且專氣致柔，如嬰兒之力弱不能持物者然，雖至柔也，而動則剛；觀其浩浩淵淵，兀兀騰騰，真可包天地而入日月，貫金石而格鬼神，其氣骨自有如是之强壯者。如此性修命立，彼浩然剛大之氣，綽綽有餘，一切知覺之心、嗜欲之性，不知消歸何有。聖人以此修身，即以此治世，在己無知無欲，使民亦無知無欲，不但愚者混混沌沌，上合於穆之天，即聰明才智之儒，平日矜能恃智，惟恐以不逞爲憂，至此亦淡恬無事，自忘其知識之私，一歸渾樸。此能爲而不爲，非不能也，實不敢也。雖然，人生天地間〔二〕，不能逃虚空而獨超物外，必有人倫日用之道，又烏得不爲哉？然順其自然，行所無事，雖有爲，仍無爲也，亦猶天不言而自化，四時代宣其教矣，帝無爲而自治，百官代理其政矣。爲者其迹，不爲者其神，是以南面端拱，天下悉慶平成〔三〕，猗歟〔四〕盛哉！

道本平常，不矜新穎，不尚奇異。如國家尊賢，原是美事，若以此相誇相尚，則賢者固賢，而不肖者亦將飾爲賢，甚至賢以否爲否，而不肖者又以賢爲否，於是争端起矣。彼此互相標榜，迭爲黨援，而天下自此多事。國家理財，亦是常經，而若貴異物、寶遠貨，則民必梯山航海，冒險履危，不辭跋涉之苦、性命之憂，搜羅而致之朝廷；至求之不得，千方萬計，雖奸盜劫奪，所不顧也。至於衣服飲食，亦日用之常，而若食必珍饈，衣求錦繡，見可欲而欲之，奢風何日已也？是以聖人内重外輕，必虚心以養神，實腹以養氣〔五〕，令神氣打成一片，流行於一身之中〔六〕，條暢融和，蘇綿快樂，而志弱矣；且神静如岳，氣行如泉，而骨强矣。常常抱一，刻刻守中，非獨一己無欲無思，即聰明才智之士，亦觀感而悉化，不敢妄有所爲。或曰：有爲則紛更致誚，無爲則清淨貽譏，爲不爲之間，亦幾難矣。詎知：順理而爲，非冒昧以爲，有爲仍與無爲等，所以孔子贊舜曰：「無爲而治者，其舜也與？」

校　註

〔一〕尚書大禹謨：「帝曰：俾予從欲以治，四方風動，惟乃之休。」漢孔安國傳：「使我從心所欲而政以治，民動順上命，若草應風，是汝能明刑之美。」休，美也。

〔二〕間：原無，據梅本補。

〔三〕平成：尚書大禹謨：「地平天成。」漢孔安國傳：「水土治曰平，五行叙曰成。」地平天成，喻上下相稱，萬事妥帖。

〔四〕詩經周頌潛：「猗與漆沮，潛有多魚。」東漢鄭玄箋：「猗與，歎美之言也。」猗與，又作猗歟。

〔五〕宋李昉太平廣記卷五十裴航：「盧顥稽顙曰：『兄既得道，如何乞一言而教授？』航曰：『老子曰：「虛其心，實其腹。」今之人，心愈實，何由得道之理？』盧子懵然。而語之曰：『心多妄想，腹漏精溢，即虛實可知矣。』」（出傳奇）○宋張伯端悟真篇：「虛心實腹義俱深，只爲虛心要識心。不若煉鉛先實腹，且教收取滿堂金。」

〔六〕中：原作「間」，據梅本及後註文改。

第四章

太上曰：道沖，而用之或不盈，淵兮似萬物之宗。挫其鋭，解其紛，和其光，同其塵，湛兮似若存。吾不知誰之子，象帝之先。帝者，上帝也。先者，無始之始也。

道者何？太和一氣，充滿乾坤，其量包乎天地，其神貫乎古今，其德曁乎九州萬國，胎卵濕化、飛潛動植之類，無在而無不在也。道之大何如耶？顧其爲體也，空空洞洞，渾無一物，若不見爲有餘；及其發而爲用，沖和在抱，施之此而此宜，措之彼而彼當，詩曰「左之左之，無不宜之；右之右之，無不有之」，真若百川朝海，而海不見盈也，不誠爲萬物之宗旨哉？孔子曰：「鬼神之爲德，體物不遺。」〔一〕又曰：「語小，莫破；語大，莫載。」〔二〕其浩浩淵淵，實有不可窮究者。道之難狀如此，後之人又從何而修乎？太上悲憫凡人，乃指其要曰：凡人之不能入道者，皆由才智之士，自恃自恣，任意縱横，於以錮蔽虚靈而不見耳。兹欲修道，須知聰明智慧皆爲障道之魔，從此黜聰墮明，屏其耳目之私，悉歸混沌，而一切矜才恃智、傲物淩人之鋭氣，概挫折而無存，則人心死而道心生〔三〕，知見滅而慧見〔四〕昭矣。先儒曰「聰明才智之人不足畏，惟沈潛入道，澄心觀理者爲可畏」，斯言不誠然哉？修行人，務以沈神汰慮，寡欲清心爲主。那知覺思慮之神、惡妄雜僞之念，紛紛擾擾，此念未休，彼念又起，前思未息，後思又來，我必自勸自勉，自寬自解，如亂絲之糾纏，我必尋其頭緒而理之，若蔓草之荒蕪，我必拔其根株而夷之，如此則紛紜悉解，而天君常泰矣。雖然，此獨居習静之功，猶未及於鬧處也。苟能静而不能動，猶是無本之學。必静時省察，一到鬧熱場中，尤要兢兢致慎，凡事讓人以先，我處其後，尊人以上，我甘自下，若此則與世無忤，與人無爭焉。又況好同惡異，世俗大抵皆然，我惟有隨波逐流，從其類而和之，雖有光明正大之懷，我決不露其圭角，惟有默識其機，暗持其體，同己者好之，異己者聽之，所以魯人獵較，孔子亦獵較〔五〕。古聖人當大道未明之時，莫不以此混俗也。又觀六祖得衣鉢之後，道果雖圓，尚未盡其微妙，由是留形住世，積功了道，隱於四會山中，獵夫與居，恬不爲怪，所以得免於難。若非和光同塵，烏能長保其身〔六〕？由此動静交修，常變有權，則本來一點湛寂虛明之體，自然常常在抱；而又非果在也，若有所在，卻無所在，若有所存，卻無所存，一片靈光，閃灼於金庭之下。此道究何道哉？生於天地之先，混於虛無之際，吾不知從何而來，從何而去，究爲誰氏之子也？經曰「有物混成，先天地生」，其斯爲大道之玄妙歟？帝之先，有何象？亦不過混沌未開，鴻濛未判，清空一氣而已矣。迨一元方兆，萬象回春，即發散於天地人物之間，而無從窺測。修士欲明道體，請於天地將開未開、未開忽開，而揣度之，則得道之原，而下手不患無基矣。

太上將道之體畫個樣子與人看，又教體道者，欲修大道，先認道源，欲尋道源，先從自家心性中閑邪存誠〔七〕，自下學循循修之，久則底於神化之域，方知吾心性中有至道之精，常常不離懷抱也。須從静中尋出端倪，用存養省察之功以保守天真〔八〕，不以盛氣淩人，不以繁冗亂性，即張子所謂「解脱人欲之私」〔九〕也，撥開雲霧，洞見青天，斬斷葛藤，獨露真面。一旦動與人交，不知有光埋光，在塵混塵，或顯才智，或炫功能，抑或現煙霞泉石之身，露清致高標之態，歷觀往古，惹禍招災，爲大道之害者不少。如漢朝黨錮之禁〔一〇〕，晉時清流之禍〔一一〕，雖緣小人之奸，亦由己不知明哲保身之道也。人能混俗和光〔一二〕，與世同塵，一若靈芝與衆草爲伍，鳳凰偕群鳥並飛，不聞其香而益香，不見其高而愈高。如是藏拙，如是直養，則湛寂真常之道，自恍惚於眉目之間，不存而若存，有象而無象。中庸云：「『上天之載，無聲無臭』，至矣！」非居帝之先而何？

校註

〔一〕中庸：「鬼神之爲德，其盛矣乎！視之而弗見，聽之而弗聞，體物而不可遺。」朱熹注：「張子曰：『鬼神者，二氣之良能也。』愚謂：以二氣言，則鬼者陰之靈也，神者陽之靈也。以一氣言，則至而伸者爲神，反而歸者爲鬼，其實一物而已。爲德，猶言性情功效。鬼神無形與聲，然物之終始，莫非陰陽合散之所爲，是其爲物之體而物之所不能遺也。其言體物，猶易所謂『幹事』。」

〔二〕中庸：「君子之道，費而隱。……故君子語大，天下莫能載焉；語小，天下莫能破焉。」

〔三〕尚書大禹謨：「人心惟危，道心惟微。惟精惟一，允執厥中。」蘇軾傳：「人心，衆人之心也，喜怒哀樂之類是也。道心，本心也，能生喜怒哀樂者也。安危生於喜怒，治亂寄於哀樂，是心之發，有動天地傷陰陽之和者，亦可謂危矣。至於本心，果安在哉？爲有耶？爲無耶？有則生喜怒哀樂者非本心矣，無則孰生喜怒哀樂者？故夫本心，學者不可以力求，而達者可以自得也，可不謂微乎？舜戒禹曰：吾將使汝從人心乎？則人心危而不可據。使汝從道心乎？則道心微而不可見。夫心豈有二哉？不精故也，精則一矣。子思子曰：『喜怒哀樂之未發謂之中，發而皆中節謂之和。中也者，天下之大本也；和也者，天下之達道也。致中和，天地位焉，萬物育焉。』夫喜怒哀樂之未發，是莫可名言者，子思名之曰中，以爲本心之表著。古之爲道者，必識此心，養之有道，則卓然可見於至微之中矣。夫苟見此心，則喜怒哀樂無非道者，是之謂和。喜則爲仁，怒則爲義，哀則爲禮，樂則爲樂，無所往而不爲盛德之事，其位天地育萬物，豈足怪哉？若夫道心隱微而人心爲主，喜怒哀樂各隨其欲，其禍可勝言哉？道心即人心也，人心即道心也，放之則二，精之則一。」

〔四〕知見，依知覺思慮分別而立之見解。慧見，離知覺思慮分別之見解。

〔五〕孟子萬章下：「孔子之仕於魯也，魯人獵較，孔子亦獵較。」漢趙岐注：「獵較者，田獵相較奪禽獸，得之以祭，時俗所尚，以爲吉祥。孔子不違而從之，所以小同於世也。」

〔六〕史記屈原列傳：「漁父曰：夫聖人者，不凝滯於物而能與世推移。舉世混濁，何不隨其流而揚其波？衆人皆醉，何不餔其糟而啜其釃？何故懷瑾握瑜而自令見放爲？」〇淮南子人間訓：「得道之士，外化而內不化。外化，所以入人也；內不化，所以全其身也。故內有一定之操，而外能詘伸、贏縮、卷舒，與物推移，故萬舉而不陷。所以貴聖人者，以其能龍變也。今捲捲然守一節、推一行，雖以毁碎滅沈猶且弗易者，此察於小好而塞於大道也。」

〔七〕周易乾卦文言：「閑邪存其誠。」唐孔穎達疏：「言防閑邪惡，當自存其誠實也。」

〔八〕養真集：「存其心，便是養其性。未發要存養，已發要省察，私意要克治。」

〔九〕明張宇初峴泉集歲寒亭記：「凡經危難得喪匪一，而能攻苦食淡不改其志操，而乃脱然若去榛棘而步康莊之衢……是所以盡其固窮守約之操，益確而益固，然後能蟬蜕人欲之私而春融天理之妙也。」案：此記見於文淵閣四庫全書本，不見於道藏本。

〔一〇〕東漢桓帝時宦官專權，士大夫李膺、陳蕃等聯合太學生郭泰、賈彪等，猛烈抨擊宦官。宦官就告他們結爲朋黨，誹謗朝廷，李膺等二百餘人遭捕，後雖釋放，然終身不許做官。靈帝時，膺等復起用，與大將軍竇武謀誅宦官。事敗，膺等百餘人被殺，受害者六七百人。事詳後漢書黨錮傳。

〔二〕清流：清澈之流水，指魏晉時清談（談玄）者流。如阮籍雖不拘禮教，然發言玄遠，口不臧否人物，故得以善終。如嵇康，時與向秀共鍛於大樹之下，鍾會前往造訪，康不爲之禮，鍛而不輟，良久，會去。康謂曰：「何所聞而來？何所見而去？」會曰：「聞所聞而來，見所見而去。」會以此憾之，譖言於文帝曰：「嵇康，卧龍也，不可起。公無憂天下，顧以康爲慮耳。康、安等言論放蕩，非毁典謨，帝王者所不宜容，宜因釁除之，以淳風俗。」帝既昵聽信會，遂並害之。事詳晉書列傳。

〔三〕清劉一明象言破疑混俗和光：「混俗和光，乃大隱市朝之作用。混俗者，混於俗中，使人不識也；和光者，和而不同，在塵出塵也。能混俗和光，外圓而能應物，内方而有主宰，依世法而修道法，顯晦逆順，無阻無擋，行道至易。愚人不知，或疑混俗和光是日間應事、夜間修静者，非也。果如是言，謂之從俗則可，謂之混俗則不可；謂之蔽光則可，謂之和光則不可。」

第五章

太上曰：天地不仁，以萬物爲芻狗；聖人不仁，以百姓爲芻狗。天地之間，其猶橐籥乎？虚而不屈，動而愈出。多言數窮，不如守中。

天地間，生生化化，變動不居者，全憑此一元真氣主持其間，上柱天，下柱地，中通人物，無有或外者焉。此氣之渾渾淪淪、主宰萬物、有條不紊者曰理，此氣之浩浩蕩蕩、彌綸萬有、宛轉流通者曰氣，理氣合一曰仁。故先儒云：「仁者，人欲浄盡，天理流行，無一毫人爲之僞。」〔一〕又曰：「生生之謂仁。」〔二〕要之，仁者如木果之有仁，其間生理生氣無不完具。天地生萬物，聖人養萬民，無非此理此氣爲之貫通，夫豈區區於事爲見耶？故太上設言以明道曰：向使天地無此一腔生氣，惟有春夏秋冬、寒暑温凉之教，以往來運度，則萬物無所禀賦，氣何由受，形何由成？其視萬物也，不啻芻狗之輕，毫不足珍重者然，有日見其消磨而已。又使聖人無此真元心體，惟仗公卿僚寀、文誥法制之頒，以訓戒凡民，則草野無由觀感，人何以化，家何以足？真是視斯民如芻狗之賤，全不關痛癢者然，有日見其摧殘而已。顧何以天地無心，而風雲雨露，無物不包含箇中？聖人忘言，而輔相裁成，無人不嬉遊宇内？足見天地聖人，皆本此一元真氣，貫注乎民物之間，雖有剥削，亦有生成，雖有刑威，亦有德化，是天地聖人之不仁，正天地聖人仁之至處。人不知聖，盍〔三〕觀天地？上浮爲天，下凝爲地，其中空洞了明，渾無物事，不過一開一闔，猶橐之無底，籥之相通，渾浩流轉，毫無障礙焉。當其虚而無物也，固隨氣機之升沈，而不撓不屈；及其動而爲聲也，亦聽人物之變化，而愈出愈奇。以觀天地，無異橐籥，聖人又豈外是乎？學者守中抱一，空空無迹，浩浩無痕，藏之愈深，發之愈溥。以視言堂滿堂、言室滿室者，相隔不啻天淵。彼以言設教，其教有盡，何若寶吾之精，裕吾之氣，神遊象外，氣注規中，而無一膚一髮不周流遍及之爲得哉？甚矣，守中之學，誠修身之要道也！

此是一元真氣，修身在此，治世亦在此。除此以外，所謂制度法則，猶取魚兔之筌蹏也。魚兔必假筌蹏而得，謂取魚兔不用筌蹏，不可，謂筌蹏即是魚兔，亦不可。金丹大道，如採陽補陰，前行短，後行長，玉液小還，金液大還，皆是取魚兔之筌蹏，若竟視爲道源，差毫氂而謬千里矣。惟此元氣，無聲無臭，無象無形，天地人物公共之生氣。學者修煉，必尋得此一件丹頭，方不空燒空煉。否則，煉精、煉氣、煉神、煉虚，皆屬無本之學，一任童而習之，到老猶無成焉。太上教人從守中用功，而消息在橐籥，學人須自探討。章内「不仁」二字是設詞。

校註

〔一〕净盡、人爲：原作「盡净」、「爲人」，據義改。朱子語類卷六：「做到私欲净盡，天理流行，便是仁。」宋陳文蔚克齋集卷二：「聖人之德，又不過全此天理而已，而無一毫人爲之僞。」

〔二〕清黄宗羲明儒學案卷五十三：「李谷平曰：生生之謂仁，存存之謂學。」〇明范景文文忠集賀楊明府太孺人節壽叙：「從來論壽者，莫精於仁者之一語，以『生生之謂仁』，有生生而後可以久生，外生生而言生者，妄也。乃説者執『舍生成仁』之旨以爲疑。夫必待舍生而後成仁，則仁爲戕生之具，爲仁者不益少乎？或者此中自有心安理得之處，仁者第勿求生以害之耳，非必其舍之也。」

〔三〕盍：原作「蓋」，據蕭本改。

第六章

太上曰：谷神不死，是謂玄牝。玄牝之門，是謂天地根。綿綿若存，用之不勤。

修煉一事，只緣人自有身後，氣質拘於前，物欲蔽於後，猶精金良玉，原無瑕疵，因陷於污泥之中，而金之精者不精，玉之良者不良，所以欲復原形，非用淘汰之力、琢磨之功，不能還乎初質也。太上示人下手之工曰：谷神不死。何以爲谷神？山穴曰谷，言其虛也；變動不拘曰神，言其靈也。不死，即惺惺不昧之謂也。人能養此虛靈不昧之體以爲丹頭，則修煉自易；然而無形無影，不可捉摸，必於有聲有色者而始得其端倪。古云：「要得谷神長不死，須從玄牝立根基。」何以謂之玄？玄即天也。何以謂之牝？牝即地也。天地合而玄牝出，玄牝出而闔闢(一)成，其間一上一下，一往一來，旋循於虛無窟子，即玄牝之門也。孔子曰「乾坤，其易之門」，不誠然乎？第此門也，陰陽往來之路，天地造化之鄉，人物發生之地，得之則生，失之則死，凡人順用之則爲死户，聖人顛倒之則爲生門。人欲煉丹以成長生久視之道，舍此玄牝之門，別無他徑也，非天地之根而何？修士垂簾觀炤，渾沌無知時，死凡心也，忽焉一覺而動，生道心也，所謂「静則爲元神，動則爲真意」。是其中胎息一動，不要死死執著丹田，必於不内不外之間，觀其升降往來，悠揚活潑，即得真正胎息矣。古人云「出玄入牝」，是出非我本來面目，入亦非我本來面目，惟此一出一入間，中含妙諦，即虚靈也，所謂「真陰真陽形而爲真一之氣」是也。天地之根，豈外此乎？要之，谷神者，太極之理；玄牝者，陰陽之氣；其在先天，理氣原是合一；其在後天，理氣不可並言。修道人欲尋此妙竅，著不得一躁切心，起不得一忽略念；惟借空洞之玄牝，養虚靈之谷神，不即不離，勿忘勿助，斯得之矣，故曰：綿綿若存，用之不勤。

大道無形，生育天地；大道無名，發育萬物。聖人以有而形無，實而形虚，顯呈此至隱至微之一物，曰谷神。谷神者，空谷之神，問之若答，應焉如響，即不死也。其在人身，總一虚靈不昧之真。自人喪厥天良，谷神之汩没者，久矣！後之修士，欲得谷神長存，虚靈不昧，以爲金丹之本，仙道之根，從空際盤旋，無有把柄，惟從無欲觀妙、有欲觀竅下手，有無一立，妙竅齊開，而玄牝立焉，故曰：「此竅非凡竅，乾坤共合成。名爲神氣穴，内有坎離精。」總要精氣神三者打成一片，方名得有無竅、生死門；否則爲凡竅，而無先天一元真氣存乎其中。虚則落頑空，實則拘形迹，皆非虚靈不昧之體。惟此玄牝之門，不虚不實，即虚即實，真有不可名言者。静則無形，動則有象，静不是天地之根，動亦非人物之本，惟動静交關處，乃坎離顛倒之所，日月交光之鄉，真所謂「天根地窟」〔二〕也。學人到得真玄真牝一升一降，此間之氣，凝而爲性，發而爲情，所由虚極静篤中生出法象〔三〕來。知得此竅，神仙大道盡於此矣。其曰綿綿若存者，明調養必久，而胎息乃能發動也；曰用之不勤者，言抽添有時，而符火不妄加減也。人能順天地自然之道，則金丹得矣。

校註

〔一〕闔闢：各本作「閤闢」，據義改。周易繫辭：「是故闔户謂之坤，闢户謂之乾，一闔一闢謂之變。」

〔二〕宋邵伯温曰：「一動一静者，天地之妙用也。一動一静之間者，天地人之妙用也。陽闢而爲動，陰闔而爲静，所謂一動一静者也。不役乎動，不滞乎静，非動非静，而主乎動静者，一動一静之間者也。自静而觀動，自動而觀静，則有所謂動静。方静而動，方動而静，不拘於動静，則非動非静者也。易曰『復其見天地之心乎』，天地之心蓋於動静之間有以見之。聖人之心即天地之心也，亦於此而見之。雖顛沛造次，未嘗離乎此也。退藏於密，則以此洗心焉。吉凶與民同患，則以此齋戒焉。夫所謂密、所謂齋戒者，其在動静之間乎！此天地之至玄至妙者也，聖人作易蓋本於此。蓋天地之心，不可以有無言，而未嘗有無，亦未嘗離乎有無者也；

不可以動静言，而未嘗動静，亦未嘗離乎動静者也；故於動静之間有以見之。然動静之間，間不容髮，豈有間乎？唯其無間，所以爲動静之間也。」（性理大全書卷九）

〔三〕法象：原作「法相」，據梅本及八十章註文改。周易繫辭上：「是故法象莫大乎天地，變通莫大乎四時。」法象，迹象、形象也。周髀算經「天象蓋笠，地法覆槃」，漢趙君卿註：「形乃謂之法。」丁福保佛學大辭典：「諸法一性殊相，殊別之相，由外可見，謂之法相。」

第七章

太上曰：天長地久。天地所以能長且久者，以其不自生，故能長生。是以聖人後其身而身先，外其身而身存。非以其無私耶？惟其無私，故能成其私。

天地之氣，渾浩流轉，歷億萬年而不敝者，皆由一元真宰默運其間，天地所以悠久無疆也；即發育萬物，長養群黎，而生生不已，天地亦未嘗不足，氣機所以亘古不磨也。太上曰天長地久，不誠然哉？然天地之能長且久者，其故何歟？以其不自生也。設有自生之心，則天地有情，天亦老矣。惟不自有其生，而以衆生爲生，是衆生之生生不息，即天地之生生不息也，故曰長生。世人多昧此生生之理，不求生而求死，不求長生而求速死，陷溺於富貴功名，沈淪於聲色貨利，時時握算，刻刻經營，不數年而精枯氣弱，魄散魂飛，費盡千辛，難享一世，營生反以尋死，可勝浩嘆！是以聖人法天效地，不惟勢利之場不肯馳逐，即延年益算之術亦不貪求，惟以大道爲先，淨掃心田，精修命蒂，舉凡一切養身章身之具，在在不暇營謀，一似後其身、外其身者然，卒之，德立而同類莫超其上，名成而後世猶仰其型，非所謂後其身而身先、外其身而身存者乎？視世之自私其身，反戕其生者，誠高出萬萬倍。而聖人究非矯情立異也，自來恬淡是好，清浄爲懷，不隨俗而浮，不依形而立，廓〔一〕然大公，一似天地之無私者焉。夫人多自私而戚戚於懷，聖無一私而皎皎物外，一片虚靈之象、空洞之神，常照耀而不可稍遏。向使區區以血肉軀、臭皮囊，時刻關心，晝夜繫念，又烏能獨先而不後、長存而不亡耶？惟其無私，故與天地合撰、日月並明，而能成其私也。後之修道者，欲此身不朽、此神不壞，須用刻苦工夫，擺脱塵垢，久久煅煉，自然乾乾浄浄，别有一重天地，另有一番世界，而不與世俗同生死也，何樂如之？

天地不言，全憑一元真氣斡旋其間，所以周而復始，生機毫無止息，天地之久長，故歷萬古而常新也。聖人參天兩地〔二〕，養太和之氣，一歸渾沌之真，處則爲聖功，出即爲王道。何世之言修己者，但尋深山枯坐，毫不幹一點人事〔三〕，云治世者，純用一腔心血，渾身在人物裏握算？若此者，各執一偏，各爲其私，非「無事而寂寂，有事而惺惺」者焉。聖人窮則清浄無塵，而真形與山河並固，達則人物兼善，而幻身偕爵禄俱輕，迨其後，名標宇宙，身獨居先，功蓋寰區，形存異世，非以其無私耶？學人能去其私，一空色相，永脱塵根，積功則留住人間，飛昇則長存天壤，不私其身而卒得長生，較世之爲身家計者，不啻雲泥之判也。人可不絶外誘之私歟？

校註

〔一〕廓：原作「闊」，據蕭本改。

〔二〕史記司馬相如列傳：「故馳騖乎兼容并包，而勤思乎參天貳地。」唐司馬貞索隱：「比德於地，是貳地也；與己並天爲三，是參天也。」六臣註文選揚雄劇秦美新：「參天貳地，兼并神明。」唐劉良曰：「參，合也。言明德方於天，厚德比於地，如更有一地，故云貳地也。」

〔三〕幹：各本作「干」，據義改。周易乾卦：「貞固足以幹事。」唐孔穎達疏：「言君子能堅固貞正，令物得成，使事皆幹濟。」干，犯也，求也。

第八章

太上曰：上善若水。水，利萬物而不争，處衆人之所惡，故幾於道。居善地，心善淵，與善仁，言善信，政善治，事善能，動善時。夫惟不争，故無尤。

大道原無他妙，惟是神氣合一，還於無極太極，父母生前一點虚靈之氣而已矣。人若不事乎道，則神與氣兩兩分開，鉛走汞飛，水火所由隔絶也。孟子曰：「民非水火不生活。」是言也，淺之則爲日用之需，深之則爲修煉之要。有時以火温水而真陽現，有時以水濟火而甘露生。水火之妙，真有不可勝言者。然水火同宫，言水而火可知矣。水性善下，道貴謙卑，是以上善聖人，心平氣和，一腔柔順之意，任萬物之生遂，無一不被其澤者焉，究之，功蓋天下而不知功，行滿萬物而不知行，惟順天地之自然，極萬物之得所，而與世無忤，真若水之利濟萬物，毫無争心。不但此也，萬物皆好清而惡濁，好上而怨[一]下，水則處物以清，自處以濁，待物以上，自待以下。水哉水哉，何與道大適哉？聖人之性，一同水之性，善柔不剛，卑下自奉，衆人所不能安者，聖人安之若素，衆人所爲最厭者，聖人處之如常，所以於己無惡，於人無争，非有道之聖人，不能如斯，故曰：處衆人之所惡，幾於道矣。夫以道之有於己也，素位而行〔二〕，無往不利。即屬窮通得喪，患難死生，人所不能堪者，有道之人總以平等視之。君子論理不論氣，言性不言命，惟反身修德焉耳。雖然，德在一心，修不一途，又豈漫無統宗，浩浩蕩蕩，而無所底極哉？必有至善之地，止其所而不遷，方能潛滋暗長，天真日充，而人欲日滅。易曰：「艮其背不獲其身，行其庭不見其人」〔三〕，此即聖人之居善地也。居之安則資之深〔四〕，內觀其心，虛而無物，淵淵乎其淵也；外觀所與，擇人而交，肫肫乎其仁也〔五〕。至於發之爲言，千金不及一諾，言善信也。施之於政，小惠何如大德，政善治也。推之一物一事一動一静之間，無不頭頭是道。任人以事，惟期不負所能。慮善以動，只求動惟厥時〔六〕。聖人之修身治世如此，此由止於至善，得其所安，而後發皆中節也。惟其在在處處，無一毫罅漏，無一絲欠缺，又何爭之有耶？夫惟不争，而人之感恩戴德，刻骨銘心者，方且瞻依不忘，又有何怨，又有何尤？雖有惡人，亦相化於善矣。及其至也，無爲自然，群相安於不識不知之天〔七〕，幾〔八〕忘上善之若水，柔順而利貞，無往不吉焉。

指點上善之心，平平常常，無好無惡，浩浩蕩蕩，無陂無偏，極其和柔，是以居上不驕，爲下不倍，於己無尤，於人無怨。顧其所以能至此者，究非世俗之學所能造其巔，亦非無本之學所能建其極也。故太上於〔九〕「處衆人所惡」之後，旋示一善地。究竟此地是何地？吾不惜天機洩露之咎，乃爲指其真際曰：此個善地，非世人擇地而蹈之地，乃所謂心地性地，寸衷寸地是也。得其地，則性命有依；失其地，則神氣無主。無主則亂，安能事事咸宜，合内外而一致，處人己而無争哉？然謂其地爲有，則多墮於固執；若謂其地竟無，又多落於頑空。此殆有無不立，動静不拘者也。欲修至道，請細參其故。於以多積陰功，廣敦善行，庶幾上格神天〔一〇〕，或得師指，或因神悟，於以會通其地，而始不墮旁門左道，得遂生平志願也。此地了然，道過半矣。以下曰心曰言數句，明在在處處，俱當檢點至善；使不先得善地而居，以後所云，無一可幾於善者。此真頭腦學問，本原工夫。如或昧焉，則持己接物，萬事皆瓦裂矣。吾故略洩於此。願世之有志者，毋自恃才智，妄猜妄度，而不修德回天；惟虚心訪道，可也。

校註

〔一〕怨：蕭本作「惡」。

〔二〕中庸：「君子素其位而行，不願乎其外。素富貴行乎富貴，素貧賤行乎貧賤，素夷狄行乎夷狄，素患難行乎患難，君子無入而不自得焉。」宋朱熹註：「素，猶見在也。言君子但因見在所居之位而爲其所當爲，無慕乎其外之心也。」

〔三〕周易艮卦：「艮其背不獲其身，行其庭不見其人，無咎。彖曰：艮，止也。時止則止，時行則行，動静不失其時，其道光明。」宋楊簡傳：「人精神盡在乎面，不在乎背，盡在乎前，不在乎後。凡此皆動乎意、逐乎物，失吾本有寂然不動之性。故聖人教之曰：艮其背，使其面之所向，耳目鼻口手足之所爲，一如其背，則得其道矣。雖則應用交錯，擾擾萬緒，未始不寂然矣。雖行其庭，與人交際，實不見其人，蓋吾本有寂然不動之性，自是無思無爲，如水鑑，如日月，光明四達，靡所不照，目雖視而不流於色也，耳雖聽而不流於聲也。作用如此，雖謂之不獲其身、不見其人，可也。」

〔四〕孟子離婁下：「君子深造之以道，欲其自得之也。自得之則居之安，居之安則資之深，資之深則取之左右逢其原，故君子欲其自得之也。」

〔五〕中庸：「唯天下至誠，爲能經綸天下之大經，立天下之大本，知天地之化育。夫焉有所倚？肫肫其仁，淵淵其淵，浩浩其天。苟不固聰明聖知達天德者，其孰能知之？」宋朱熹註：「肫肫，懇至貌，以經綸而言也。淵淵，静深貌，以立本而言也。浩浩，廣大貌，以知化而言也。」

〔六〕尚書説命中：「慮善以動，動惟厥時。」宋林之奇解：「言心有所爲，必審思之，使合於善而後動。善者，理之所當然者也。雖然，慮善以動則又不可不審其時。時者，所以權乎善之輕重而用之也。」

〔七〕列子仲尼：「堯治天下五十年，不知天下治歟？不治歟？不知億兆之願戴己歟？不願戴己歟？顧問左右，左右不知；問外朝，外朝不知；問在野，在野不知。堯乃微服遊於康衢，聞兒童謡曰：『立我蒸民，莫匪爾極。不識不知，順帝之則。』」晉張湛注：「蒸，衆也。夫能使萬物咸得其極者，不犯其自然之性也。若以識知制物之性，豈順天之道哉？」

〔八〕幾：原作「機」字，據蕭本改。

〔九〕於：各本無，據義補。

〔一〇〕字彙：「格，感通。」朱子語類卷三：「鬼神不過陰陽消長而已。神，伸也；鬼，屈也。鬼神只是氣。屈伸往來者，氣也。天地間無非氣。人之氣與天地之氣，常相接，無間斷，人自不見。人心纔動，必達於氣，便與這屈伸往來者相感通。如卜筮之類，皆是心自有此物，只説你心上事，纔動必應也。」

第九章

太上曰：持而盈之，不如其已。揣而鋭之，不可長保。金玉滿堂，莫之能守。富貴而驕，自貽其咎。功成名遂，身退，天之道。

古云：「過河須用筏，到岸不須舟。」又曰：「未得功時當學法，既得功時當忘法。」斯數語，誠修道之至要也。若修道行工，業已造精微廣大之域，猶然兢兢致守，自詡學識高，涵養粹，未免驕心起而躁性生，不有退縮之患，即有悖謬之行。若此者，道何存焉？德何有焉？故太上曰：持而盈之，不如其已；揣而鋭之，不可長保。修行人，當精未足之日，不得不千淘萬汰，洗出我一點至粹之精，以爲長生之本；若取得真陽，朝烹暮煉，先天之精充滿一身内外，則身如壁立千尋，意若寒潭秋月，外腎縮如童子，則漏盡通之境證矣〔一〕。斯時也，精滿於身，不宜再進火符，即當止火不用，且宜無知無識，渾渾淪淪，頓忘乎精盈之境爲得。若持盈不已，難免傾丹倒鼎之虞，不如早已之爲愈也。當氣未充之時，須千燒萬煉，運起文武神火，煅煉先天一元真氣出來，以爲延壽之基。到得凡氣煉盡，化爲一片純陽，至大至剛，貫穿乎一身筋骨之内，夭矯如龍，猛力如虎，此何如之精鋭也！　我當專氣致柔，一如嬰兒之沕穆無知，庶幾長保其氣，可至形神俱妙，與道合真。　若揣鋭不休，難免燎原遍野之虞〔二〕，安望其長保乎？　若是者，猶金玉滿堂，莫之能守，一同富貴人家，怙侈滅義〔三〕，驕奢淩人，如欒氏族滅，范氏家亡，要皆不自戒滿除盈，以至横行不軌，自貽其咎。　如此徵之人事，而天道可知矣。試觀當春而温，至夏則暑陽司令而温和不在矣，至秋而涼，及冬則寒冷乘權而西風無存矣。　物育功成，時行名遂，天地於焉退藏，以畜陽和之德。　倘冬寒而間春温，夏熱而雜秋涼，即是天道反常，時節愆期，功成不退，適爲乖戾之氣，其有害於人者多矣〔四〕。故曰：功成名遂，身退，天之道也。　夫天且如是，而況於人乎？　古來智士良臣，功業爛如，聲名燦著，而不知退隱山林，如越之文種〔五〕，漢之韓信〔六〕，釀成殺身亡家之禍者不少〔七〕。　是以學道人，當精盈氣足之候，不可不忘法忘形，以免〔八〕自敗其道也。若未臻斯境者，又烏可舍法舍形哉？

此教學人，修煉大道，做一節，丢一節，不可自足自滿，怠心起而驕心生，禍不旋踵而至矣；即無滲漏之患，然亦半塗而廢，無由登彼岸以進於神化之域焉。　悟真云：「未煉還丹須速煉，煉之還須知止足。　若也持盈未已心，不免一朝遭殆辱。」足見道無止境，功無窮期，彼滿假〔九〕何爲哉？　古來修士，多罹殺身亡家之禍，皆由不知韜光養晦、混俗同塵之道也。丹經云：「修行混俗且和光，圓即圓兮方即方。隱顯逆從人莫識，教人怎得見行藏？」是以有道高人，當深藏不露，隨時俯仰，庶幾不異不同，無好無惡，可以長保其身。否則，德修而謗興，道高而毀來，雖由人之無良，亦自張揚太過。易曰「慢藏誨盜，冶容誨淫」〔一〇〕，誠自取也，又何怪自滿者之招損乎？吾願後之學者，未進步則依法行持，既深造，當止火不用，庶可免焚身之患與？

校註

〔一〕漏盡通：各本作「無漏盡通」，據義删「無」字。明伍沖虚天仙正理直論築基直論第六：「基成，由於陽精無漏而名漏盡通。」陳攖寧黄庭經講義第八斷欲：「道書所謂『男子莖中無聚精，婦人臍中不結嬰』，又謂『男子修成不漏精，女子修成不漏經』，的確具此功效。世有豪傑，不甘爲造物陰陽所播弄者，當有味於斯言乎？」

〔二〕虞：各本作「慮」，據上文改。

〔三〕尚書畢命：「怙侈滅義，服美于人。驕淫矜侉，將由惡終。」漢孔安國傳：「怙恃奢侈，以滅德義。服飾過制，美于其民。驕恣過制，矜其所能，以自侉大，如此不變，將用惡自終。」

〔四〕吕氏春秋：「孟冬行春令，則凍閉不密，地氣發泄，民多流亡。仲冬行春令，則蟲螟爲敗，水泉減竭，民多疾癘。季冬行春令，則胎夭多傷，國多固疾，命之曰逆。孟夏行秋令，則苦雨數來，五穀不滋，四鄙入保。仲夏行秋令，則草木零落，果實早成，民殃於疫。季夏行秋令，則丘隰水潦，禾稼不熟，乃多女災。」

〔五〕文種事詳見四十四章註。

〔六〕史記淮陰侯列傳：齊人蒯通説韓信曰：「大夫種，存亡越，霸勾踐，立功成名而身死亡；野獸已盡而獵狗烹；且聞勇略震主者身危，而功蓋天下者不賞。今大王功無二於天下，而略不世出者也。夫勢在人臣之位而有震主之威，名高天下，竊爲足下危之。」韓信知漢王畏惡其能，常稱病不朝，由此日夜怨望，乃謀畔逆。吕后令蕭何詐韓信入宫，使武士縛而斬之。太史公曰：「假令韓信學道謙讓，不伐已功，不矜其能，則庶幾哉！」

〔七〕少：原作「小」，據蕭本改。

〔八〕免：各本無，據義補。

〔九〕尚書大禹謨：「不自滿假，惟汝賢。」漢孔安國傳：「滿謂盈實。假，大也。言禹惡衣薄食，卑其宫室，而盡力爲民，執心謙沖，不自盈大。」

〔一〇〕治：原作「治」，據蕭本改。語出周易繫辭上。唐孔穎達疏：「若慢藏財物，守掌不謹，則教誨於盜者，使來取此物。女子妖冶其容，身不精慤，是教誨於淫者，使來淫已也。」

第十章

太上曰：載營魄抱一，能無離乎？專氣致柔，能如嬰兒乎？滌除玄覽，能無疵乎？愛民治國，能無爲乎？天門開闔，能無雌乎？明白四達，能無知乎？生之畜之，生而不有，爲而不恃，長而不宰，是謂玄德。

此章開口即説煉精化氣之道。既得精氣有於身，即要一心一德而不使偶離，離則精氣神三寶各分其途，不能會歸有極以爲煉丹之本，故太上云：載營魄抱一，能無離乎？夫營者，血也，血生於心，魄藏於肺〔一〕。其必了炤丹田，一心不動，日魂方注於月魄之中，月乃返而爲純乾〔二〕。此由心陽入於腎陰，神火炤夫血水，雖水冷金寒，卻被神火烹煎，而油然上升，自蓬勃之不可遏。至人知此玄牝爲天地人物之根，於是一呼一吸間，微陽偶動，即一眼覰定，一手拿住，運一點己汞以迎之，左旋右抽，提回中田，凝聚不散，即載魄而返，抱一而居，不片刻間，而真陽大生，真氣大動矣。由是運行河車，自虛危穴起火，引至尾閭，敲九重鐵鼓，運三足金蟾，上〔三〕升於頂，俱要一心專注，不貳不息。及至升上泥丸，牟尼寶珠已得，若不於此温養片時，則泥丸陰精不化，怎得鉛汞融和，化成甘露神水，以潤一身百脈？　既温養泥丸矣，復引之下重樓，入絳宫，即午退陰符也。　但進火之時，法取其剛，非用乾健之力，真金不能自升；退符之候，法用其柔，非以柔順之德，陽鉛依然散漫，不能伏汞成丹，故曰：專氣致柔，能如嬰兒乎？　其意教人，於陰生午後，一心朗炤，任其氣機下降，如如自如，了了自了，卻不加一意，用一力，此即坤卦「柔順利貞，君子攸行」〔四〕之道也。　至絳宫温養，送歸土釜，牢牢封固，惟以恬淡處之，沖和安之，一霎時間，氣息如無，神機似絶，此致柔也。　温養片晌，神氣歸根，自如爐中火種。　久久凝注，不令紛馳，自然真氣流行，運轉周身，一心安和，四肢蘇軟，不啻嬰兒之體，如絮如縷，有柔弱不堪任物之狀〔五〕，此足徵丹凝之象。從此鉛汞相投，水火既濟，又當洗心滌慮，獨修一味真鉛。　苟心一走作，丹即奔馳，不惟丹無由就，即前取水鄉之鉛亦不爲我有。　清静經云：「心無其心，物無其物，空無所空，無無亦無，湛然常寂」〔六〕。　又何瑕疵之有？　故曰：滌除玄覽，能無疵乎？　倘外丹雖得，内炤不嚴，則人欲未净，天理未純，安得一粒黍珠，虚而成象？　到得丹有於身，猶須保精裕氣以成聖胎。　雖然，其保精也，要順自然，其裕氣也，須隨自在，此不保之保勝於保，不裕之裕勝於裕。　否則，矜持寶貴，鮮不危焉。　夫以丹爲先天元氣，無有形狀，何須作爲？若執迹象以求，未免火動後天，而先天大道亡矣，故曰：愛民治國，能無爲乎？　民比精也，國喻氣也。治世之要，推恩以愛民，立法以治國，霸者之驩虞小補，大遠乎王者之無爲而治〔七〕。重熙累洽〔八〕，氣象所争，在有爲無爲間耳。治身之道，以精定爲民安，以氣足爲國富。煉己則精定，直養則氣足，極之浩然剛大，充塞兩間，亦若視爲固有之物，平常之端，不矜功能，不逞才智，渾渾沌沌，若並忘爲盈滿者然，無爲也而大爲出焉矣。學人到此，精盈氣足，養之久久，自然裂頂而出，可以高駕雲霞，遨遊海島，視昔之恪守規中，專氣致柔者，大有間矣，故曰：天門開闔，能無雌乎？此言前日調神養胎，不能不守雌也；而今則陽神充壯，脱離凡體，沖開天門，上薄霄漢，誠足樂也，氣何壯乎！到此心如明鏡，性若止水，明朗朗天，活潑潑地，舉凡知覺之識神，化爲空洞之元神矣，前知後曉，燭炤靡遺，此明明白白，所以四達而不悖也。然常寂而常炤，絶無寂炤心，常明而常覺，絶無明覺想，殆物來畢炤，不啻明鏡高懸，無一物能匿者焉，而要皆以無爲爲本，有爲爲用。當其陽未生，則積精累氣以生之；及其陽已生，則寶精裕氣以畜之。迨其後留形住世，積功累仁，雖生而不誇輔育之功，爲而不恃矜持之力，長而不假制伏之勞，一劫此心，萬劫此心，真可爲天上主宰分司造化之權，是以謂之玄德。

此將築基得藥，煉己還丹，脱胎得珠，九節工夫，一一説出，要不外虚極静篤，含三抱一，恍惚杳冥爲主；自守中以至還丹，皆離不得渾有知於無知，化有爲於無爲。夫以先天一元真氣，隱於虛無，不在見見聞聞之地；人能泯其知覺，去其作爲，則一元真氣常在，故太上曰：「惚兮恍，其中有象；恍兮惚，其中有物；杳兮冥，其中有精。」此可知，道生天地，原是渾渾沌沌，無可擬議。惟渾其神知，沒其見聞，道即在其中矣。倘起大明覺心，則後天識神應念而起，已非先天元神。故必恍惚中求，杳冥中得，修士其亦知所從事矣。

校註

〔一〕肺：各本作「心」，據理改。黄帝内經素問陰陽應象大論：「心生血。」○素問宣明五氣：「心藏神，肺藏魄，肝藏魂。」○靈樞經本神：「隨神而往來者謂之魂，並精而出入者謂之魄。肝藏血，血舍魂。肺藏氣，氣舍魄。」

〔二〕黄元吉樂育堂語録卷四邵子月窟天根詩解：「月者，金水之精，人身之用，指坎水也。坎有水而無金，何以名月？不知坎中之一陽，得乾金之中爻，乾爲金，此爻即金精也。金與水俱，是以謂之月。」

〔三〕蟾上：原作「蟬二」，據蕭本改。

〔四〕宋蘇軾東坡易傳：「坤之爲道，可以爲人用而不可以自用，可以爲和而不可以爲倡，故君子利有攸往，往求用也，先則迷而失道，後則順而得主，此所以爲利也。」攸，所也。

〔五〕明陸西星三藏真詮：「精神攢簇，愈細愈微，其人愈覺濡弱，不可擔當。或者不知，譏其無功，不知此非酒肉粗暴之氣可比也。昔人有修煉得手者，一日入寺，立佛像傍，其佛忽倒，此人急以背撐之。此特尋常一夫之力耳，其人便爲所損，卒成怯細而亡。由此觀之，得氣之後，保護當如嬰兒，不可暴也。」

〔六〕清静經：「内觀其心，心無其心；外觀其形，形無其形；遠觀其物，物無其物。三者既悟，唯見於空。觀空亦空，空無所空。所空既無，無無亦無。無無既無，湛然常寂。寂無所寂，欲豈能生？欲既不生，即是真静。真常應物，真常得性。常應常静，常清静矣。如此清静，漸入真道。既入真道，名爲得道。雖名得道，實無所得；爲化衆生，名爲得道。能悟之者，可傳聖道。」五十九章註文有引用。

〔七〕孟子盡心上：「霸者之民，驩虞如也。王者之民，皞皞如也，殺之而不怨，利之而不庸，民日遷善而不知爲之者。夫君子所過者化，所存者神，上下與天地同流，豈曰小補之哉？」宋朱熹注：「驩虞，與歡娱同。皞皞，廣大自得之貌。程子曰：『驩虞，有所造爲而然，豈能久也？耕田鑿井，帝力何有於我，如天之自然，乃王者之政。』」

〔八〕重熙累洽：累世升平昌盛。漢班固東都賦：「至於永平之際，重熙而累洽。」唐張銑注：「熙，光明也。洽，合也。」

第十一章

太上曰：三十輻共一轂，當其無，有車之用。埏埴以爲器，當其無，有器之用。鑿户牖以爲室，當其無，有室之用。故有之以爲利，無之以爲用。

夫道，生於鴻濛之始，混於虚無之中，視不見，聽不聞，修之者又從何下手哉？聖人知：道之體無形，而道之用有象，於是以有形無、以實形虚，盗其氣於混沌之鄉，斂其神於杳冥之地，以成真一之大道，永爲不死之神仙焉。所謂「實而有」者何？真陰真陽，同類有情之物是也。所謂「虚而無」者何？先天大道根源，龍虎二八初弦之氣是也。有氣而無質，大道彰矣，故曰：「陰陽合而先天之氣見，陰陽分而後天之器成。」易曰「形上謂之道，形下謂之器」〔一〕，是非器無以見道，亦非道無以載器也。太上借喻於車曰：車有輻有轂，輻共三十，以象日月之運行，轂居正中，爲衆輻〔二〕所貫；轂空其内，輻湊其外，所以運轉而無難。若非其中有空隙處，人何以載，物何以貯乎？故曰：當其無，即車之用。又如陶器然，以水和土，揉土爲器，一經冶煉，外實中空，究之，凡人利用，不在埏埴之實，而在空洞之虚，如陶侃運甓〔三〕，非其間虚而無物，安能運轉自如？故曰：當其無，即器之用。再擬諸築室，必鑿户牖於其中，而後光明大放；及入此室處，户牖亦覺無庸，務於空閒之間，乃堪容膝；雖借有形以爲室，必從空際以爲居，故曰：當其無，即室之用。從此三者觀之，無非有象以爲車爲器爲室，無象以爲載爲藏爲居，而凡涉於有象者，即屬推行之利矣，凡居於無象者，即裕推行之用矣，故曰：有以爲利，無以爲用。有有無無，亦互爲其根焉耳。要之，道本虛無，非陰陽無以見；氣屬陰陽，非道無以生。陰陽者，後天地而生，有形狀方所，不可爲長生之丹；惟求道於陰陽，由陰陽而返太極，則先後混合，而大道得矣。後之修金丹者，徒服有形之氣，不知煉無形之丹，欲其成仙也，不亦南轅而北轍耶？

道本無名，强名曰道。道本無修，强名曰修。夫以道之爲物，至虛至無，方能至神至聖。試觀天地，一氣清空，了無一物，及伏之久，而氣機一動，陰陽生焉，於是形形色色，莫不斐然有文，燦然成章，充滿於四塞之中。誰爲造之？誰與生之？何莫非道生一氣，一氣化爲陰陽，而萬物於是滋生矣，故曰：「道自虛無生一氣，便從一氣産陰陽。陰陽自是成三姓，三姓重生萬化昌。」〔四〕修行人欲求至道之真，以成仙聖之體，必先以陰陽爲利器，後以虛無爲本根，而大道得矣。章内三「無」字，指其空處曰無，大約言修煉人，自無而有，自有還無，以至清空一氣，而大道乃成，其意殆取此耳。

校註

〔一〕周易繫辭：「形而上者謂之道，形而下者謂之器。」晉王弼周易注疏卷首：「形而上者謂之道，道即無也；形而下者謂之器，器即有也。故以無言之，存乎道體；以有言之，存乎器用。」唐孔穎達疏：「道是無體之名，形是有質之稱。凡有從無而生，形由道而立，是先道而後形，是道在形之上，形在道之下，故自形外已上者謂之道也，自形內而下者謂之器也。形雖處道器兩畔之際，形在器不在道也。既有形質，可爲器用，故云形而下者謂之器也。」

〔二〕輻：原作「軸」，據義改。唐玄宗御製道德真經疏：「輻三十，貫於一轂。」

〔三〕晉書陶侃傳：「侃在州無事，輒朝運百甓於齋外，暮運於齋內。人問其故，答曰：『吾方致力中原，過爾優逸，恐不堪事。』」甓，磚也。案：運甓、運甕，古書中見有混用。甕，小口大腹的陶製汲水罐。

〔四〕悟真篇原文作：「陰陽再合成三體，三體重生萬化昌。」四十二章註文引此語，文字又有不同。

第十二章

太上曰：五色令人目盲，五音令人耳聾，五味令人口爽，馳騁田獵令人心發狂，難得之貨令人行妨。是以聖人爲腹不爲目，故去彼取此。

世之營營逐逐，馳心於聲色貨利之場，極目遐觀，爽心悦口者，非以此中佳境誠足樂耶？孰知人世之樂，其樂有限，惟吾心之樂，其樂無窮。又況樂之所在，即憂之所在，有益於身者，即有損於心。如五采之章施也，其色光華，其文燦爛，誰不見之而色喜，望之而神驚？詎知目之所注，神即眩焉。人生精力，能有幾何？似此留心物色，縱性怡情，以爲美觀，未有不氣阻神銷，胸懷繚亂，而目反爲之盲者，故曰：五色令人目盲，誠至論也。至若絲桐之韻，簫管之聲，古聖亦所不廢；胡昏庸之子，暱女樂，比歌童，竭一己之精神，取片時之歡樂？究之，曲調未終，鏗鏘猶在，而耳靈之内藴者盡馳於外，而耳反爲之聾矣，故曰：五音令人耳聾，不誠然哉？他如口之於味，甘旨調和，濃淡適節，聖人亦所必需；無如饕餮者流，貪口腹，好滋味，嘉殽滿座，異物充廚，雖一箸數金、一餐萬費不辭，其亦知利於口者不利於心乎？況人心中有無限至味，不肥腯而自甘，不膏粱而自飽，彼徒資饜飫者，亦只求適口焉耳，故曰：五味令人口爽，良非虚矣。若夫田獵一事，古帝王原爲生民除殘去害、樂業安耕起見；後世人民，從禽從獸，于獵于田，專以走狗爲事，甚至燎原徧野，縱犬搜山，直使無辜之蛇蝎昆蟲受害不少；更有逞殘毒以傷物命，專殺害以爲生涯，毫不隱痛；卒之，天道好還，冥刑不貸，一轉瞬間，而禍患隨之矣。又況馳騁田獵之時，即暴戾性天之時，其身狂，其心亦狂，太上所以有「馳騁田獵令人心發狂」之戒也。再者，異采珍奇，帝王不寓於目，所以風醇俗美，群相安於無事之天；後人以奇異爲尚，於是百計經營，千方打算，半生精氣盡銷磨於貨物之中，詎知己之所羡，人亦羡之，以其羡者而獨有諸己，此劫奪之風所由日熾也。古云：「匹夫無罪，懷璧其罪。」是知藏愈厚，禍彌深，洵不誣矣。即使極力防閑〔一〕，多方保護，而神天不佑，終亦必亡而已矣。人生性命爲重，一旦魄散魂飛，貨財安在？何不重内而輕外耶？太上所以有「難得之貨令人行妨」，諄諄爲世告也。是以有道高人，虚其心以養性，實其腹以立命；知先天一氣，生則隨來，死則隨去，爲吾身不壞之至寶，一心專注於此，而外來一切皆視若浮雲，所以虚靈不昧，或受人間禋祀，或爲天上真宰，至今猶昭然耳目也。試問舜琴〔二〕、牙味〔三〕、趙璧〔四〕、齊廬〔五〕，今猶有存焉者乎？早已湮没無聞矣。是知物有盡而道無盡，人有窮而道無窮。人欲長生，須將人物之有限者置之，性命之無形者修之，庶知所輕重矣。嗚呼，非見大識卓之君子，烏能去彼而取此耶？

教人修身大旨，原與塵世相反。須知：世人之所好者，道家之所惡；世人之所貪者，道家之所棄〔六〕。蓋聲色貨利，百般美好，雖有利於人身，究無利於人心；又況人心一貪，人身即不利焉。惟性命一事，似無形無象，不足爲人身貴者，若能去其外誘，充其本然，一心修煉，毫不外求，卒之，功成德備，長生之道在是矣。天下一切寶貴，孰有過於此乎？但恐立志不堅，進道不勇，理欲雜乘，天人迭起，遂難造於其極。願後之學者，始則閑邪存誠，繼則煉鉛伏汞，及至返本還原，抱樸歸真，又何難上與仙人爲伍耶？是以聖人修内不修外，爲腹不爲目，去彼存此，於以壹志凝神，盡性立命，豈不高出塵世之榮華萬萬倍乎？

校註

〔一〕極力：各本作「急力」，據義改。防閑，防備禁止。

〔二〕舜琴：禮記樂記：「昔者舜作五絃之琴以歌南風。」

〔三〕牙味：孟子告子上：「至於味，天下期於易牙。」易牙，春秋時齊桓公寵臣，長於調味。

〔四〕趙璧：和氏璧之别稱，春秋時楚人卞和自山中所得之寶玉，戰國時爲趙惠文王所得，故稱。秦昭王曾恃强遺書趙王，願以十五城請易璧。藺相如奉璧出使，完璧歸趙。

〔五〕齊廬：左傳襄公十七年：「齊晏桓子卒，晏嬰麤縗斬，苴絰、帶、杖，菅屨，食鬻，居倚廬，寢苫，枕草。」倚廬，古人爲父母守喪時居住之簡陋棚屋。

〔六〕太平廣記卷五十七：「萼緑華曰：修道之士，視錦繡如弊帛，視爵位如過客，視金玉如礫石，無思無慮，無事無爲，行人所不能行，學人所不能學，勤人所不能勤，得人所不能得。何者？世人行嗜欲，我行介獨；世人學俗務，我學恬淡；世人勤聲利，我勤内行；世人得老死，我得長生。」（出真誥）

第十三章

太上曰：寵辱若驚，貴大患若身。何謂寵辱若驚？寵爲下，得之若驚，失之若驚，是謂寵辱若驚。何謂貴大患若身？吾所以有大患者，爲吾有身；及吾無身，吾有何患？故貴以身爲天下者，則可以寄於天下；愛以身爲天下者，乃可以託於天下。〔一〕

孟子曰：「守孰爲大？守身爲大。」詩曰：「既明且哲，以保其身。」〔二〕古人於身亦何重哉？夫以此身也，不但自家性命依之而存，即一家之内，無不賴之以生。推而言之，「爲天地立心，爲萬物立命，爲往聖繼絶學，爲萬世開太平」〔三〕，無非此身爲之主宰。雖然，主宰宇宙者此身，而主宰此身者惟道。道不能憑空而獨立，必賴人以承之，故曰：「身存則道存，身亡則道亡。」大修行人，當大道未成〔四〕之時，身遠塵世，跡遁山林，韜光養晦，樂道安貧，耳不聞人聲，口不談時世，足不履紅塵，豈徒避禍以全身哉？亦欲安身以立命也。至於人世榮寵之事，恥辱之端，皆視爲平常故事，毫不足介意者然。雖無端而弓旌〔五〕下逮，幣聘來臨，君相隆非常之遇，蓬蓽增蓋代之輝，人所喜欲狂者，己則淡彌甚也。倘不幸而聞望過隆，戮辱旋及，奸邪肆讒謗之口，身家蒙不白之寃，亦惟不諉罪於人，歸咎於己而已。古聖人居寵不滅性，受辱不亡身，良有以也。要皆明於保身之道，不以功名富貴養其身，而以仁義道德修其性，所以成萬年不壞之軀，爲古今所倚賴也。倘一有其身，自私自重，與人争名争利，爲己謀食謀衣，逐逐營營，擾擾紛紛，争競不息，攘奪無休，不旋踵而禍患隨之矣，君子所由貴藏器以待時，安身以崇德也〔六〕。太上見人不能居寵思畏，弭患無形〔七〕，所以有寵辱若驚、貴大患若身之慨。何謂寵辱若驚？蓋以寵爲後起之榮，非本來之貴，故曰：寵爲下。但常人之情，營營於得失，故得之若驚，失之若驚，是爲寵辱若驚。其曰貴大患若身者何？殆謂人因有身，所以有患，若吾無身，患從何來？凡人當道未成時，不得不留身以爲修煉之具，一到脱殼飛昇，有神無身〔八〕，何禍之可加哉？即留形住世，萬緣頓滅，一真内含，雖雲遊四境，亦來去自如，又何大患之有？世之修士，欲成千萬年之神，爲千萬人之望，造非常之業，建不朽之功，須一言一行，不稍放肆，即貴其身而身存，乃可爲天下所寄命者；一動一静，毫不敢輕，即愛其身而身在，乃可爲天下所託賴者。如莘野久耕，而三聘抒忱，慨然以堯舜君民自任〔九〕；南陽高卧，而幾經束帛，儼然以鼎足三分爲能〔一〇〕。所謂「託六尺之孤，寄百里之命」〔一一〕者，非斯人，其誰與歸？彼自私其身而高蹈遠引，不思以道濟天下，使天下共遊於大道之中者，相去亦遠矣。

此言人身自有良貴，不待外求，有非勢位之榮可比者。人能從此修持，努力不懈，古云「辛苦二三載，快樂千萬年」〔二〕，洵不誣矣，有何寵辱之驚，貴患之慨耶？學者大道未得時，必賴此身以爲修煉；若區區以衣服飲食，富貴榮華，爲養身之要，則凡身既重，而先天真身未有不因之而損者；先天真身既損，而後天凡身亦斷難久存焉。此凡夫之所以愛其身而竟喪其身也。惟至人知：一切事物，皆屬幻化之端，有生滅相，不可認以爲真；惟我先天元氣，纔是我生生之本，可以一世，可以千萬年。若無此箇真身〔三〕，則凡身從何而有？此爲人身内之身，存之則生，失之則死，散之爲物，凝之爲仙，不可一息偶離者也。太上教人兢兢致慎，不敢一事怠忽，不敢一念游移，更不敢與人争强角勝，惟恬淡自適，清静無塵，以自適其天而已；雖未出身加民，而芸芸赤子，早已慶安全於方寸。斯人不出，如蒼生何？民之仰望者，深且切矣。所謂「不以一己之樂爲樂，而以天下之樂爲樂；不以一己之憂爲憂，而以天下之憂爲憂」，其寄託爲何如哉？

校註

〔一〕則可以寄於天下，乃可以託於天下：蕭本作「可以寄天下，可以託天下」。

〔二〕語出詩經大雅烝民。唐孔穎達疏：「既能明曉善惡，且又是非辨知，以此明哲，擇安去危，而保全其身，不有禍敗。」説文：「哲，知也。」

〔三〕宋張載張子全書卷十四：「爲天地立心，爲生民立命，爲往聖繼絶學，爲萬世開太平。」

〔四〕成：原作「存」，據後文及梅本改。

〔五〕弓旌：左傳昭公二十年：「昔我先君之田也，旃以招大夫，弓以招士。」〇孟子萬章下：「敢問招虞人何以？曰：『以皮冠。庶人以旃，士以旂，大夫以旌。』」〇古文苑邯鄲淳後漢鴻臚陳君碑：「初平之元，禁罔蠲除，四府並辭，弓旌交至。」宋章樵注：「弓旌，所以招聘賢者。」

〔六〕周易繫辭下：「利用安身，以崇德也。……君子藏器於身，待時而動，何不利之有？」晉王弼注：「利用之道，皆安其身而後動也。若役其思慮以求動用，忘其安身以徇功美，則僞彌多而理愈失，名愈美而累愈彰矣。」

〔七〕居寵思畏，弭患無形：梅本作「居寵以思畏，弭患於無形」。

〔八〕身：各本作「氣」，據義改。十六章註文：「形雖亡而神不亡，身雖没而氣不没。」

〔九〕孟子萬章上：「伊尹耕於有莘之野。」漢趙岐注：「有莘，國名。伊尹初隱之時，耕於有莘之國。」〇史記殷本紀：「伊尹名阿衡。阿衡欲干湯而無由，乃爲有莘氏媵臣，負鼎俎，以滋味説湯致於王道。或曰：伊尹，處士，湯使人聘迎之，五反然後肯往從湯。」

〔一〇〕指諸葛亮，事詳三國志蜀書諸葛亮傳。

〔一一〕論語泰伯：「曾子曰：『可以託六尺之孤，可以寄百里之命，臨大節而不可奪也，君子人與？君子人也。』」漢鄭玄注：「六尺之孤，年十五已下。」明陸深儼山外集春風堂隨筆：「古以二歲半爲一尺，十五歲則稱六尺。」漢孔安國曰：「六尺之孤，幼少之君。寄百里之命，攝君之政令。」

〔一二〕性命圭旨大道説：「吕祖有云：辛勤二三年，快活千萬劫。」唐吕洞賓敲爻歌：「堅志苦心三二載，百千萬劫壽彌疆。」

〔一三〕真身：各本作「真修」，據上下文改。

第十四章

太上曰：視之不見名曰夷，聽之不聞名曰希，搏之不得名曰微。此三者不可致詰，故混而爲一。其上不皦，其下不昧，繩繩兮不可名，復歸於無物。是謂無狀之狀，無象之象，是謂恍惚。迎之不見其首，隨之不見其後。執古之道，以御今之有。能知古始，是名道紀。

大凡天下事，俱要有個統緒，始能提綱挈領，有條不紊，況修道乎哉？且夫大道之源，即真一之氣也；真一之氣，即大道之根也。何謂真一之氣？詩曰「維天之命，於穆不已」是。何謂大道之根？詩曰「上天之載，無聲無臭」是。理氣合一即道也。修士若認得者個綱紀，尋出者個端倪，以理節情，以義定性，以虛無一氣爲本根，長生之道得矣。如以清清朗朗、明明白白爲修，吾知：道無真際，修亦徒勞焉。太上所以狀先天大道曰：視之不見曰夷，聽之不聞曰希，搏之不得曰微。夫心通竅於目也，目藏神；腎通竅於耳也，耳藏精；脾通竅於四肢也，四肢屬脾，脾屬土，土生萬物，真氣凝焉，即精神寓焉。若目有所見，耳有所聞，手有所把捉，皆後天有形有色有聲有臭之精氣神，只可以成形，不可以成道。惟視無所見，則先天木性也；聽無所聞，則先天金情也；摶無所得，則先天意土也。故曰：後天之水火土，生形者也；先天之金木土，成仙者也。其曰夷曰希曰微者，皆幽深玄遠，不可捉摸之謂，真有不可窮詰者焉。能合五氣爲一氣，混三元爲一元，則真元一氣在是，天然主宰亦在是。所以悟真云：「女子著青衣，火生木（一）。郎君披素練，水生金。見之不可用，後天水火土。用之不可見，先天木金土。恍惚裏相逢，混而爲一。杳冥中有變。霎時火燄飛，真人自出現。」修士知此，即知大道之源，修道之要矣。若不知始於虛無，執着一身尸穢之氣、雜妄之神，生明覺心，作了炤想，吾恐藏蓄未深，發皇安暢？此煉精煉氣煉神之功，所以不離乎混沌焉。既混沌，久之，則胎嬰長，陽神生，而其間毓胎養神之法，又不可不知，即前章「愛民治國，行無爲道」是。陽神出入，運行自然，時而神朝於上，則不知其所自，上所以不皦也；時而神斂於下，則不忽其所藏，下所以不昧也。由此綿綿密密，繼繼繩繩，無可名狀，亦無有作爲，仍還當年父母未生之初，渾然無一物事。易曰「洗心退藏於密」，是其旨矣，故云：復歸於無物。雖然，無物也，而天下萬事萬物皆自此無中生來，太上所以有「無狀之狀，無象之象」之謂也。然究有何狀何象哉？不過恍恍惚惚中偶得之耳。果能恍惚，真陽即生，迎其機而導之，殆不見其從何而起，是前不見其首也；隨其氣而引之，亦不見其從何而終，是後不見其尾也。道之浩浩如此。此不亦「大周沙界、細入毫芒」者乎？是道也，何道也？乃元始一氣，人身官骸之真宰也，得之則生，失之則死，完則爲人，歉則爲物，所争只毫釐間耳。學人得此元始之氣，調攝乎五官百骸，則毛髮精瑩，肌膚細膩，是謂「執古之道以御今之有」者此也。人能認得此開天闢地，太古未有之元始一氣，以爲一身綱紀，萬事主腦，斯體立而用自行，本正而末自端矣。倘學人不以元始一氣爲本，欲修正覺，反墮旁門，可悲也夫！

此狀道之體。學道人會得此體，方有下手工夫。若真一之氣，是先天性命之源，非後天精氣神可比。欲見真氣，必將性命融成一片，始得真一之氣。第此氣，渾渾淪淪，浩浩蕩蕩，雖無可象可形，而天下之有象有形者皆從此無形無象中出，誠爲大道綱維，天地人物之根本也。道曰守中，佛曰觀空，儒曰慎獨，要皆同一功用。故自人視之，若無睹無聞，而自家了炤，卻又至虚至實，至無至有，所以子思曰：「莫見乎隱，莫顯乎微。」君子慎獨之功，誠無息也。要之，隱微幽獨之地，雖有見顯可據，而大道根源，只是希夷微妙，無可狀而狀，無可象而象，極其渾穆。學道人總要於陽之未生，恍惚以待之，於陽之既産，恍惚以迎之，於陽之歸爐入鼎，恍惚以保之養之，絶不起大明覺心〔二〕，庶幾無時無處而不得大道歸源焉。前言陽神出現，明天察地，通玄達微，及了悟之候，光明界景〔三〕，純任自然，有知若無知，有覺若無覺；況下手之初，可不恍恍惚惚，死人心以生道心乎？

校註

〔一〕火生木：各本作「火生水」，據義改。先天金木土，後天水火土。常道順行，先天生後天，故木生火，金生水。丹道逆行，「後天竅裏先天出」，故火生木，水生金，悟真篇所謂「兒産母」，參同契所謂「金爲水母，母隱子胎。水者金子，子藏母胞」。

〔二〕心：原無，據梅本及第十、六十二章註文補。

〔三〕界景：蕭本作「景界」。

第十五章

太上曰：古之善爲士者，微妙玄通，深不可識。夫惟不可識〔一〕，故强爲之容：豫兮若冬涉川，猶兮若畏四鄰，儼兮其若客，渙兮若冰之將釋，敦兮其若樸，曠兮其若谷，渾兮其若濁。孰能濁以澄，静之徐清？孰能安以久，動之徐生？保此道者不欲盈。夫惟不盈，故能敝不新成。

太上前章言道體〔二〕，此章言體道之人。人與道，是二而是一也〔三〕。道無可見，因人而見。人何能仙？以道而仙。道者何？真一之氣也。真一之氣，即中庸之德也。欲修大道，豈有他哉？文王小心翼翼昭事上帝〔四〕，孔子足縮縮如有循〔五〕。人之爲道〔六〕，不外一敬焉耳。人能以敬居心，一念不苟，一事不輕，大道不即此而在乎？雖然，道無奇怪，尤賴有體道者存乎其間，斯道乃不虚懸於天壤，故太上云：古之善爲士者，「其爲物不貳，則其生物不測」，何其至微而至妙乎？「寂然不動，感而遂通」，何其至玄而至通乎？顧其心之浩浩、氣之洋洋，不啻江海之深，令人無從測識，故太上曰：夫惟不識，故强爲之容，以明其内之真不可得而測，其外之容有可强而形焉。其心心慎獨，在在存誠，如豫之渡河，必俟冰凝而後渡；若猶之行夜，必待風靜而後行，最小心也。其整齊嚴肅，亦如顯客之遥臨，不敢稍慢。其脱然無所累，夷然無所繫，又似冰釋爲水，杳無形迹可尋。其忠厚存心，仁慈待物，渾如太樸完全，彫琢不事，而渾然無間。其休休有容〔七〕，謙謙自抑，何異深山窮谷，虚而無物，大而能容耶？其形如此，其性可知。要皆渾天載於無聲，順帝則而不識，宛若舜居深山，了無異於深山野人者，其渾噩之風，豈昏濁者所得而擬乎？但渾與濁相肖，聖與凡一理。凡人之濁，濁真濁也；聖人之濁，渾若濁也，實則至濁至清而已〔八〕。然聖不自聖，所以爲聖；凡不自凡，竟自終凡。孰能於心之染污者而澄之使靜，俟其靜久而清光現焉？孰能於性之本安者而涵泳之，擴充之，迨其養之久久，而生之徐徐，採以爲藥，煉以爲丹？保生之道，不誠在是乎？此靜以凝神，動以生氣，即守中，即陽生活子時也。由此一升一降，收歸鼎爐，漸採漸煉，漸煉漸凝，無非一心不二，萬緣皆空，保守此陽而已。有而不有，虚而愈虚，有至虚之心，無持盈之念，是以能返真一之氣，得真常之道焉。又曰能敝不新成者何？蓋以凡事之新成者，其敝必速，兹則敝之無可敝也，敝者其迹，不敝者其神，一真内含，萬靈外著，其微妙玄通，固有如是焉耳。

此言體道者之謹慎小心。雖曰道本虚無，而有道高人，自能無形而形，無象而象，若内外一致者然。章内「若」字七句，皆借物以形容道妙，正見微妙通玄〔九〕，淵深不可測度處。「孰能」以下數句，是言未能成德而求以入道者，濁不易澄，静存則心體自潔〔一〇〕；安貴於久，動察則神智不窮。滿招損，故不欲盈也；速易敝，故不新成也。吾願學人，虚而有容，樸而無琢，渾渾灝灝，隨在昭誠慤之風，斯人心未有不化爲道心，凡氣未有不易爲真氣者。切勿以深莫能測，遂逡巡而不前也！

校註

〔一〕惟：原作「爲」，梅本作「唯」，據下註文改。底本「惟」、「爲」兩字偶有混用，後文重出者，徑予改正，不出校記。

〔二〕道體：原無「道」字，據前章註文及梅本增。

〔三〕是二而是一也：各校本作「是二而一也」。

〔四〕詩經大雅大明：「維此文王，小心翼翼，昭事上帝。」宋朱熹注：「小心翼翼，恭慎之貌，即敬也。昭，明。」

〔五〕論語鄉黨：「足蹜蹜如有循。」漢鄭玄注：「舉前曳踵行也。」宋朱熹注：「蹜蹜，舉足促狹也。如有循，記所謂『舉前曳踵』，言行不離地，如緣物也。」篇海類編：「蹜，通作縮。」

〔六〕人之爲道：各本作「道之爲道」，據義改。

〔七〕尚書秦誓：「其心休休焉，其如有容。」漢鄭玄注：「休休，寬容貌。」漢何休注：「休休，美大貌。容，含容。」

〔八〕至濁至清而已：梅本作「至濁而至清」。

〔九〕通玄：蕭本作「玄通」。

〔一〇〕潔：原作「潋」，據蕭本改。

第十六章

太上曰：致虚極，守静篤，萬物並作，吾以觀其復。夫物芸芸，各復歸其根。歸根曰静，静曰復命，復命曰常，知常曰明。不知常，妄作，凶。知常，容，容乃公，公乃王，王乃天，天乃道，道乃久，没身不殆。

人欲修大道，成金仙，歷億萬年而不壞，下手之初，不可不得其根本。根本爲何？即玄關竅也。夫修真煉道，非止一端，豈區區玄關妙竅可盡其藴哉？蓋天有天根，物有物蒂，人有人源，斷未有無始基而能成絶大之功、不朽之業者。試觀天地未開以前，固闃寂無聞也；既闢而後，又浩蕩無極矣。謂未開爲天根乎？茫蕩而無著，固不可以爲天根。謂已闢爲天根乎？發育而無窮，亦不得指爲天根。是根究何在哉？蓋在將開未開處也。又觀人物未生之時，固渺茫而無象也；既育以後，又繁衍而靡涯矣。謂未生爲本乎？冥漠而無狀，固不得以爲人物之本。謂既育爲本乎？變化而靡窮，亦不得視爲人物之本。是本果何在哉？亦在將生未生時也。欲修大道，可不知此一竅而妄作胡爲乎？太上示人養道求玄之法曰：致虚極，守静篤，吾以觀其復。

此明修士要得玄關，惟有收斂浮華，一歸篤實，凝神於虛，養氣於靜，致虛之極，守靜之篤，自然萬象咸空，一真在抱，故易曰：「復，其見天地之心乎？」又邵子云：「冬至子之半，天根理極微。一陽初動處，萬物未生時。」此時即天理來復，古人喻爲活子時也。又曰：「一陽初發，杳冥沖醒。」此正萬物返本，天地來復之機，先天元始祖氣於此大可觀矣。但其機甚微，其氣甚迅，當前即是，轉念則非，不啻石火電光，俄頃間事耳。請觀之草木，當其芸芸有象，枝枝葉葉，一任燦爛成章，豔彩奪目，俱不足爲再造之根、復生之本；惟由發而收，轉生爲殺，收頭結果，各歸其根，乃與修士丹頭無或異也。歸根矣，是由動而返靜矣。既返於靜，依然復誕降嘉種之初，在物爲返本，在人即復命，非異事也。一春一秋，物故者新；一生一殺，花開者謝。是知修士復命之道，亦天地二氣之對待，爲一氣之流行，至平至常之道也。能知常道，即明大道。由此進功，庶不差矣。世之旁門左道，既不知大道根源，又不肯洗心滌慮、原始要終，或煉知覺之性，或修形氣之命，或採七金八石以爲藥，或取童男幼女以爲丹，本之既無，道從何得？又況狃於一偏，走入邪徑，其究至於損身殞命者多矣。是皆由不知道爲常道，以至索隱行怪，履險蹈危，而招凶咎也。惟知道屬真常，人人皆有，物物俱足，知之不以爲喜，得之不以爲奇，如水火之於人，一任取攜自如，休休乎虛而能容，物我一視，有廓然大公之心焉。至公無私如此，則與王者「民，吾同胞；物，吾同與」〔一〕，「體天地而立極，合萬物以同源」，不相隔也，斯非「與天爲一」乎？夫天即道，道即天，天外無道，道外無天。惟天爲大，惟王則之；惟道獨尊，惟天法之。故人則有生而有死，道則長存而不敝。雖至飛昇脱殼，亦有殞滅之時，然形雖亡而神不亡，身雖没而氣不没。詩曰「文王在上，於昭于天」〔二〕，其斯之謂歟？是皆從虚極静篤而觀來復之象，乃能如此莫測也。學者可不探其本而妄作招凶哉？

太上示人本原上工夫，頭腦上學問。此處得力，則無處不得力。學者會得此旨，則恪守規中，綿綿不息，從無而有，自有而無，雖一息之瞬，大道之根本具焉；即終食之間〔三〕，大道之元始存焉。從此一線微機，採之煉之，漸漸至於蓬勃不可遏抑，皆此一陽所積而成也。縱浩氣塞乎天地，陽神貫乎斗牛，何莫非一點真氣所累而致乎？學人不得者個真氣，但以後天形神爲煉，不過如九牛之一毛、滄海之一粟耳，何敢與天地並論乎？惟行此道而與天地同體，乃極億萬年而不壞。修道者，須認真主腦，採取不失其時，可也。

校註

〔一〕宋張載正蒙乾稱：「民，吾同胞；物，吾與也。」與，黨與，結交之人。

〔二〕語出詩經大雅文王。宋朱熹注：「於，音烏，歎辭。昭，明也。文王既没，而其神在上，昭明于天。」

〔三〕論語里仁：「君子無終食之間違仁，造次必於是，顛沛必於是。」宋朱熹注：「終食者，一飯之頃。」

第十七章

太上曰：太上，不知有之；其次，親之譽之；其次，畏之；其次，侮之。信不足焉，有不信焉。猶兮其貴言。功成事遂，百姓皆謂「我自然」。「不知有之」，諸家皆作「下知有之」，然與經意不合，此傳寫之誤也。「猶兮」句，言優游感孚，慎重其誥言。

太上治身之道，即治世之道，總不外一真而已。真以持己則己修，真以應物則物遂，雖有內外之分，人己之別，而此心之真，則無或異焉。人能至誠無息，則人之感之者亦無息〔一〕；人或至誠有間，則物之應之者亦有間。蓋人同此心，心同此理，修其身而天下自平，喪其真而天下必亂也。自三皇五帝以逮於今，從未有或異者。太上欲人以誠信之道自修，即以誠信之道治人。不見而章，不動而變，無爲而成，在己不知有治之道，在人觀感薰陶，亦不覺其自化而不知其所之。此上古之淳風，吾久不得而見矣，故太上曰：太上，不知有之。以君民熙熙皞皞，共嬉遊於光天化日之下，倘非誠信存存，烏有如斯之神化乎？至皇古之休風已邈，太上之郅治〔二〕無聞，則世風愈降，大道愈乖，有不堪語言見聞者。若去古未遠，斯道尚存，天性未漓，真誠尚在，但非太古之篤實，亦爲今世之光華。同一治也，一則無心而自化，一則有意以施仁，保民如保赤子，愛民如愛家人，斯時之尊上而敬長者，亦若如響斯應；即感乎不一，德化難齊，亦惟親之愛之，獎之譽之，絶不加以詞色，俾之懷德畏威，是雖不及乎太上，然亦遵道遵路之可嘉，所謂「大道廢，有仁義」者是。是皇降爲帝，帝降爲王，皆本天德以行王道者也。以後古風愈遠，大道愈偷，王降爲霸，假以行真，心各一心，見各一見，與帝王之一德感乎者，遠矣。故禮教猶是，政刑猶是，法制禁令亦猶是，而此心之真僞，則杳不相若焉。惟借才華以經世，憑法度以導民，處置得宜，措施合法，使民望而畏之，不敢犯法違條，即是精明之主，太平之世。等而下之，不堪言矣。恃智巧以驅民，逞奸謀而馭衆，以神頭鬼面之心，爲神出鬼没之治；當其悻悻自雄，囂囂自得〔三〕，未有不以爲智過三王、才高五霸，而斯世之百姓，卒惕惕乎中夜各警，其侮民也實甚，斯民雖不敢言，而此心睽違，終無一息之浹洽，所以不旋踵而禍亂隨之矣。孔子曰：「上好信則民用情。」〔四〕倘信不足於己，安能見信於民？此上與下所以相欺而相詐也。夫制度文誥條教號令之頒，雖聖人亦所不廢，然情僞分焉，感應殊焉。惟帝王以身作則，以信孚民，法立而政行，言出而民信，卒至光被四表〔五〕，功成事遂，如堯之於變時雍〔六〕，舜之恭己無爲，而百姓皆謂「我自然」。噫！此真信之所及，以視信不足於內者，相判何啻天淵哉？

道德一經，原是四通八達，修身在此，治世在此，推之天下萬事萬物，亦無有出此範圍者。即如此章「太上」二字，言上等之人，抱上等之質，故曰太上。上德清净無爲，六根皆定。其次愛敬化民，有感即通。其次以威嚴馭世。其次以智巧導民，所謂術也。而其極妙者，莫如信。信屬土，修煉始終，純以意土爲妙用，故太上云「其精甚真，其中有信」，是丹本也。信非他，一誠而已。人能至誠無息，則丹之爲丹，即在是矣。但信與僞，相去無幾。克念作聖，罔念作狂〔七〕，人禽界，生死關，所争只一間耳。吾願後學，尋得真信，以爲真常之道，可也。信在何處？即是玄關一竅。人其知之否？

校註

〔一〕晉干寶搜神記卷十一：「楚熊渠子夜行，見寢石，以爲伏虎，彎弓射之，没金鎩羽。下視，知其石也，因復射之，矢摧無迹。漢世復有李廣，爲右北平太守，射虎得石，亦如之。劉向曰：『誠之至也，而金石爲之開，況於人乎？夫唱而不和，動而不隨，中必有不全者也。夫不降席而匡天下者，求之己也。』」

〔二〕郅治：至治，大治。郅，大也，盛也，至也，與至通。

〔三〕悻悻（音倖），剛愎傲慢貌。嚚嚚，自得不肯受言之貌。

〔四〕論語子路：「上好信則民莫敢不用情。」唐孔穎達曰：「以信待物，物亦以實應之，故上若好信，則民莫不用其情。情猶情實也，言民化於上，各以實應也。」

〔五〕尚書堯典：「光被四表，格於上下。」漢孔安國傳：「光，充。格，至也。」唐孔穎達疏：「其名遠聞，旁行則充溢四方，上下則至於天地。」

〔六〕尚書堯典：「黎民於變時雍。」漢孔安國傳：「黎，衆。時，是。雍，和。言天下衆民皆變化從上，是以風俗大和。」於，音烏，歎辭。

〔七〕尚書多方：「惟聖罔念作狂，惟狂克念作聖。」宋陳經尚書詳解卷二十五：「聖狂相去遠矣，而實根於一念之微。」宋黄倫尚書精義卷四十二：「惟聖罔念作狂者，所謂『捨則亡』是也。惟狂克念作聖者，所謂『操則存』是也。」説文：「克，肩也。」南唐徐鍇繫傳：「肩者，任也。能勝此物謂之克。」

第十八章

太上曰：大道廢，有仁義。智慧出，有大僞。六親不和，有孝慈。國家昏亂，有忠臣。

嘗觀上古之世，俗尚敦厖〔一〕，人皆渾樸，各正其性，定其命，安其俗，樂其業，一如物之任天而動，率性以行，無事假借，不待安排，順其性之常然，有不知其所以然者。莊子謂臃腫鞅掌之徒〔二〕，蠢樸勞瘁，動與天隨，饒有真意，此所以「不識不知，順帝之則」，是何如之化理哉！要不過渾渾淪淪，無思無慮，與大道爲一而已矣。無如皇風日降，大道愈衰，爲上者於是有仁義之説，兢兢業業，無敢或荒。夫由義居仁，亦聖賢美事，未可厚非，而特擬諸古昔盛時，大道昌明，人心渾噩，不言仁義而仁義自在個中者，固大有間矣。故太上爲之嘆曰：大道廢，有仁義。由是上與下，慕仁義者竊其名，假仁義者行其詐，雖仁義猶是，而作爲壞矣。此豈仁義之不良耶？殆由穿鑿日甚，拘於仁、狃於義者之爲害耳。然猶曰仁義也，雖不及大道之真，尚未至於大僞也。自此以後，世俗愈乖，人心彌壞，即仁義之傳，其所存者亦幾希。但見朝野内外，上下君臣，一以智而炫其才，一以慧而施其伎，此來彼往之内，大都爾詐我虞矣。不能一道同風，安望齊家治國？所以父子生嫌，兄弟啓釁，甚至夫婦朋友，親戚鄉鄰，人各一心，心各一見，幾如胡越之不相親也，何況其他？萬一有子能孝，朝廷特爲獎之；有父能慈，鄉里共爲稱之。噫！父慈子孝，原屬天地之常經，家庭之正軌，又何足表揚哉？乃自三黨六親不和，而忤逆之風日熾，鬩牆之釁〔三〕時聞，所以有能孝能慈者，固不勝鄭重而表其里居，以風〔四〕天下焉。不誠遠遜大道隆盛之朝，子有孝而不知其爲孝，父克慈而並忘其爲慈者哉！雖然，即此能孝能慈，亦是因不和而返爲和之道。但今之世，好爲粉飾，徒事鋪張，言慈孝而襲取夫慈孝之名者，殊難枚舉。又況五霸而後〔五〕，骨肉〔六〕相摧，君臣交質，無怪乎上有昏庸之主，下有跋扈之臣，而國家自此不靖矣。賴有忠肝義胆者，出而安邦定國，雖成敗利鈍未可預知，而盡瘁鞠躬，一片孤忠可表，數不可回，以力挽，勢不可救，以心全，如諸葛武侯之六出祁山，姜伯約之九伐中原是也。況人臣事主，願爲良臣，不願爲忠臣。幸而國祚承平，同襄補衮之職；不幸而强梁迭起，各展濟世之才。世有昏亂，天所以顯忠臣也；世有忠臣，天所以維昏亂也。然忠臣出矣，即使昏亂能除，一洗干戈之氣，化爲禮義之邦，亦不及皇古之無事遠矣。嗚呼！忠靖之臣，願終身埋没而不彰！不然，一人獲忠臣之名，天下蒙昏亂之禍，不大可痛哉！

此太上感慨世道，傷今思古，欲人返樸還真，上與下同於無知，其德不離，同乎無欲，其道常足，熙熙皡皡，大家相安於無事而不知其所之者。即有仁義智慧，孝子忠臣，一概視爲固然，不知其爲有，且羞稱其爲有，此何如之渾樸乎？雖然，此爲治世之論，推之修身之法，亦不外是。首句喻言渾淪之俗，太璞未彫，猶童真〔七〕之體，不假作爲，自成道妙。若一喪其本來之天，則不得不借先天陰陽以返補之。夫陰陽，一仁義也，即「大道廢，有仁義」之説也。至於審取一身内外兩個真消息，憑空以智慧採之取之，温之養之，此中即不純正，多雜後天，不能不有僞妄，此又「智慧出，有大僞」之意也。他如採陰補陽，所以和六根之不和，使歸於大定，即孝慈之喻也。猛烹急煉，所以靖一身之昏亂，使躋於清明，即忠臣之旨也。知此，則道不遠矣。此太上明復命歸根之學，究有何道哉？不過率其渾然粹然之天而已，修之者亦修此而已。

校註

〔一〕敦厖：各本作「敦龐」，據三十八章註文改。左傳「民生敦厖」，唐陸德明釋文：「敦，厚也。厖，大也。」

〔二〕莊子庚桑楚：「擁腫之與居，鞅掌之爲使。」唐陸德明經典釋文：「郭云：擁腫，樸也。崔云：擁腫，無知貌。向云：二句，樸累之謂。司馬云：皆醜貌也。」唐孔穎達曰：「鞅掌爲煩勞之狀，言事煩鞅掌然，不暇爲容儀也。」

〔三〕鬩牆之釁：原作「釁牆之門」，據蕭本改。釁，間隙也。鬩，鬥也。詩經小雅常棣：「兄弟鬩于牆。」○説郛卷七十：「兄弟有鬩牆之釁則家用不和。」

〔四〕漢書食貨志「以風百姓」，唐顏師古注：「風，讀曰諷。」諷、風，告也，教也。

〔五〕而後：蕭本作「之後」。

〔六〕骨肉：原作「骨月」，據蕭本改。

〔七〕童真：各本作「童貞」，據三十章註文改。明伍沖虛天仙正理直論增注先天後天二氣直論第二：「未漏童真之體，即用童真修法。」

第十九章

太上曰：絶聖棄智，民利百倍；絶仁棄義，民復孝慈；絶巧棄利，盜賊無有。此三者以爲文不足，故令有所屬：見素抱璞〔一〕，少私寡欲。

天下人物之衆，賢愚貴賤不等，總不外理氣貫通而已。其所以扞隔不通〔二〕，情睽意阻者，皆由上之人無以爲感，下之人無以爲化耳。古來至聖之君，順自然之道，行無爲之政，不好事以喜功，不厭事而廢政，雖有聰明睿智，一齊收入無爲國裏，清静鄉中；而下觀而化，自然親其親，長其長，安其俗，樂其業，無一民不復其性，無一物不遂其生者。此上古之世，人皆敦厚，物亦蕃衍，其利不誠百倍哉？若至仁之主，素抱慈良〔三〕之性，惻怛之心，一以濟人利物爲事，浩浩蕩蕩，渾渾淪淪，不言是非，不言曲直，而任天以動，率性以行，自然無黨無偏，歸於大中至正之域；斯民之觀感而化者，爲子自孝其親，爲父自慈其子，雖有不孝不慈之人，相習成風，旋且與之俱化，此何如隆盛也耶？後世聰明絶頂，敏捷超群之君，出而〔四〕宰物治世，不知道本無爲，順而導之則易，逆而施之則難，故或喜紛更而擾民，設法興條，究至國家多難，民不聊生；或好功烈而荒政，窮兵黷武，卒至府庫空虛，民不堪命，無怪乎民窮國病，攘竊劫奪之風起，而盜賊公行天下。若是者，皆由至巧之君，不知用巧於無爲之天、自在之地，欲富國而貪利，以至國勢不振、民風不靖如此也。苟能至巧無巧，如其心以出之，順其勢以導之，「正其誼不謀其利，明其道不計其功」〔五〕，「君子之德風，小人之德草」〔六〕，自然如水之趨下，火之炎上，有不可遏抑者焉。斯時之民，猶有不顧廉恥，作盜賊，好非爲者乎？無有也。此大聖若愚，大仁若忍，大巧若拙，後人視之，若有不堪爲君，不足爲政者然。然而聖德之涵濡，仁恩之感被，知巧之裁成，雖文采不足於外，而質實則多於内也。理欲原不相謀，足於外，自歉於中，減其文，自饒其實。聖之所以棄智，仁之所以棄義，巧之所以棄利，無非自敦其實，自去其文而已。雖然，下民至愚，恒視上之所爲以爲去就。如此黜華崇實，自使小民一其心於本原之地而不彫不琢，蓋所見者爲質實無文之政，斯所抱者皆太璞不鑿之真。如此渾完自然，衣服飲食，各安其常，酬酢往來，各率其分，雖氣禀有限，難保無私欲之偶萌，然亦少矣寡矣。總之，聖也、仁也、巧也，皆質也；智也、義也、利也，皆文也。絶聖棄智，絶仁棄義，絶巧棄利，皆令文不足，質有餘，而各有專屬也。民之食德飲和於其中者，又烏有不利益無窮，孝慈日盛，盜賊化爲善良耶？此隆盛之治，吾久不得而見之矣。

此喻修養之道，先要存心養性。心性一返於自然，斯後天之精氣亦返爲先天之精氣。倘未見性明心，徒以後天氣質之性、知覺之心爲用，則精屬凡精，氣屬凡氣，安得有真一之精，真一之氣，合而成丹乎？修行人，須從本原上，尋出一箇大本領、真頭腦，出來作主，於是煉精、煉氣、煉神，在在皆是矣。悟得此旨，不但知太上之經，治世修身，處處一串，即四書五經，無在非丹經矣。他註言，在上之人，絶棄聖智，而民只知有利，故趨利者百倍；絶棄仁義，而民不知愛親，故大反乎孝慈，此不當絶棄者而絶棄之，其弊如此。至於巧利，與聖智仁義相悖，能絶之棄之，盜賊何有？此當絶棄者而絶棄之，其效如此。此講甚高。三者以下，謂治民不必以令，但命令必本於躬行所繫屬者爲要。見素則識定，抱璞則神全，少私寡欲，所謂「有天下而不與也」〔七〕，非裕無爲之化者，曷克臻此？

校註

〔一〕璞：蕭本作「樸」。玉篇：「璞，玉未治者。」説文：「樸，木素也。」清段玉裁注：「素猶質也。以木爲質，未彫飾，如瓦器之坯然。作璞者，俗字也。」

〔二〕扞隔：蕭本作「扞格」。歷代名臣奏議卷三百四十九：「東南有海道，所以扞隔諸蕃。」○禮記學記「則扞格而不勝」，漢鄭玄注：「扞格，堅不可入之貌。」

〔三〕慈良：蕭本作「慈善」。

〔四〕而：原作「其」，據蕭本改。

〔五〕漢董仲舒語，見漢書董仲舒傳。清段玉裁説文解字注：「誼、義古今字，周時作誼，漢時作義，皆今之仁義字也。」

〔六〕論語顏淵：「君子之德風，小人之德草，草上之風必偃。」宋邢昺疏：「在上君子爲政之德若風，在下小人從化之德如草，加草以風，無不仆者，猶化民以正，無不從者。偃，仆也。」

〔七〕論語泰伯：「巍巍乎，舜禹之有天下也，而不與焉。」唐顏師古注：「舜禹治天下，委任賢臣，以成其功，而不身親其事也。與讀曰預。」（引自漢書王莽傳）預，參預，干預。

第二十章

太上曰：絶學無憂。唯之與阿，相去幾何？善之與惡，相去何若？人之所畏，不可不畏。荒兮其未央哉！衆人熙熙，如享太牢，如登春臺；我獨泊兮其未兆，如嬰兒之未孩，是未離母腹時。**乘乘兮，**是任天而動。**若無歸，**是不著迹。**衆人皆有餘，我〔一〕獨若遺。我愚人之心也哉，沌沌兮！俗人昭昭，我獨昏昏；俗人察察，我獨悶悶。澹兮，**謂無欲於外。**其若晦，漂兮，**謂不泥於形。**若無所止。衆人皆有以，我獨頑且鄙。我獨異於人，而貴求食於母。**

聖人造詣極高，稱爲絶學，純是一腔生意，融融洩洩〔二〕，無慮無思。詩曰：「上帝臨汝，毋貳爾心。」以故素位而行，一任窮通得喪，無入而不自得，故曰無憂。此等境界，以常人不學無術者較之，殆不啻天淵之别。然亦所隔不遠焉，如應聲然：同一應也，唯者之直與阿者之諛，應猶是也，而所以應者，相去究竟有幾何哉？自古聖凡之分不過善惡，而善惡之别祇在敬肆，所争僅一念間耳，又相去何若哉〔三〕？人能塵根悉拔，色相俱空，自有真樂，不待外求，又何憂之有？雖然，無憂之旨，惟聖能之，凡人之所畏而卻步者也。有志聖學者，切不可視以爲難，而畏人之所畏也。古德云：「絶學無爲閒道人，不除妄念不求真。」〔三〕易曰：「樂天知命故不憂。」〔四〕只在還於虛寂，純任自然，適己之天，復己之命而已矣，又何足畏之有耶？但下手之初〔五〕，務須收斂神光，一歸混沌，於動於靜，處常處變，俱如洪荒之世，天地未闢，浩浩蕩蕩，不啻夜之未央。如此，則中有所主，外物不擾，於以施之事爲，措諸政令，自然衆人化之，熙熙然，食聖人之德者，如享太牢之榮，遊聖人之宇者，如登春臺之樂，此豈孤修寂煉〔六〕可比其性量哉？所以，「功滿天下而不知功，行滿天下而不知行」。衆人所喜，我獨淡泊恬靜，渺無朕兆，如嬰兒初胎，孩子未成之時，一團元氣渾然在抱，上下升降，運行不息，適與天地流通，杳不知其歸宿矣。人有爲而我無爲，是衆人有餘地以自容，我竟遺世而獨立，迥非衆人所能知、所能及也。自人視之，鮮不謂爲愚；返而觀之，惟覺洗心退藏於密，安其天，定其命，此豈愚人之心哉？不過大智若愚，大巧若拙焉耳。不然，何以使人樂業安居，如此之感而神、化而速也？若此者，皆由太極一團渾淪在抱，沌沌兮如鷄子之未雛，無從見爲陰陽，亦且毫無知識。俗人則昭昭然無事不詳，我獨昏昏然一無所識；俗人則察察然無事不曉，我獨悶悶然一無所明。豈真昏而無知、悶而無覺哉？殆晦迹韜光，寓精明於渾厚，日增月益，丹成九轉，德極聖人，而成萬古不磨之仙也。其大而化也，若天地之晦蒙，萬象咸包念内；其妙而神也，若行雲流水之無止所，群生悉毓箇中。由其外而觀之，衆人皆有用於世，我獨愚頑而鄙陋；就其中而言，道則高矣美矣，爲超群拔萃，絶世特立之聖人，此所由獨異於人，而爲人不可及也。蓋凡人紛馳於外，失其本來之天；聖人涵養於中，保其固有之性。聖異於凡，皆由後天以返先天故耳。夫後天爲情，子氣也；先天爲性，母氣也。由情以歸性，一如子之戀母，依依不舍，故曰：貴求食於母。孟子云：「學問之道無他，求其放心而已矣。」〔七〕聖狂之分，只在一念，道豈遠乎哉？術豈多乎哉？人欲修道，不於沖漠無朕之際求之，又從何處用功？故曰：「玄牝玄牝真玄牝，不在心兮不在腎。窮取生身受氣初，莫怪天機都洩盡。」生身之初，究何有乎？於此思之，道過半矣。

首言聖人絶學，已得常樂我静，並無憂慮，日用行習，一歸混沌之天，不彫不琢，無染無塵，所謂「仰之彌高」，令人無從測度，真有可望而不可即者。顧功雖如此之極，究其相隔，不過一念敬肆之分。人可畏其高深莫測而卻步不前耶？顔子謂「舜何人？予何人？有爲者亦若是」〔八〕，洵不誣矣。然卻非等頑空之學，了無事功表見於世。聖人自明其德，以至新民，使群生食德飲和，嬉遊於光天化日。斯道也，何道也？至誠盡己性、人性、物性之道也〔九〕。噫！盡性至此，復何學哉？不過食母之氣而已。

他註云，絶學是聖學，斷絶之時，別無他憂，惟是非得失之間，有應答而無問難，爲可懼耳。唯者未必即阿，而相去正自不遠；善惡原是各異，而辨別介於幾希，此人所宜戒懼者，不可不知。又云，本文是「不可不畏」，此連二「畏」字，有錯。「未央」以下，言修道人要混混沌沌，方得玄關一竅，故人皆智而我獨愚，人皆明而我獨暗，正養此玄關一竅。「無極之真，二五之精」〔一〇〕，正吾人受氣之本，是爲母氣，又曰一粒陽丹，號爲母氣，人得食之，可以長生。此講亦是〔一一〕。

校註

〔一〕我：各校本皆作「而我」。

〔二〕左傳隱公元年：「公入而賦：『大隧之中，其樂也融融。』姜出而賦：『大隧之外，其樂也洩洩。』」西晉杜預注：「融融，和樂也。洩洩，舒散也。」武姜，隱公之母。

〔三〕古德：原作「古仙」，據佛家用語改。引語出玄覺永嘉證道歌。

〔四〕語出周易繫辭上。宋胡瑗周易口義：「孟子曰：『莫之爲而爲者，天也；莫之致而至者，命也。』是言人之性命之理，死生之道，皆本於天，固無可柰何。然則富貴稟於天，死生繫乎命，既無可柰何，則宜順從於天道，樂天而知命，原始而思終，安靜而居，則無憂恤也。」〇列子仲尼：「孔子曰：汝徒知樂天知命之無憂，未知樂天知命之有憂之大也。今告若其實：修一身，任窮達，知去來之非我，亡變亂於心慮，爾之所謂樂天知命之無憂也。」晉張湛注：「此直能定內外之分，辨榮辱之境，如斯而已，豈能無可無不可哉？」〇清紀曉嵐閱微草堂筆記灤陽消夏録一：「道士曰：一身之窮達當安命，不安命則奔競排軋，無所不至。至國計民生之利害，則不可言命。天地之生才，朝廷之設官，所以補救氣數也。身握事權，束手而委命，天地何必生此才，朝廷何必設此官乎？晨門曰『是知其不可而爲之』，諸葛武侯曰『鞠躬盡瘁，死而後已；成敗利鈍，非所逆覩』，此聖賢立命之學。」逆覩，預見。逆，預先，事先。

〔五〕「人能塵根悉拔」至「下手之初」，各校本皆作：「蓋『人心惟危，道心惟微』，毫釐之差，千里之謬，人所戰兢惕厲、時以爲畏者，我亦安可不畏人之所畏哉？是以下手之初……」

〔六〕煉：各本作「静」，據二十九章註文改。

〔七〕語出孟子告子上。宋蔡模孟子集疏卷十一：「今人之心，静時昏，動時擾亂，便皆是放了。雞犬放則未必有可求者，惟是心，纔求則便在，未有求而不可得者。知其爲放而求之，則不放矣。不是在外求得放心來，只是求時便在，『我欲仁，仁斯至矣』。求放心，非以一心求一心，只求底便是已收之心，雖放之千百里之遠，只一收，便在此，他本無去來也。」

〔八〕語出孟子滕文公上。北宋孫奭疏：「言其人即一耳，但有能爲之者，亦若此舜矣。」

〔九〕中庸：「唯天下至誠，爲能盡其性；能盡其性，則能盡人之性；能盡人之性，則能盡物之性；能盡物之性，則可以贊天地之化育；可以贊天地之化育，則可以與天地參矣。」

〔一〇〕宋周惇頤（敦頤）太極圖説：「無極之真，二五之精，妙合而凝。乾道成男，坤道成女，二氣交感，化生萬物。」宋朱熹注：「真以理言，無妄之謂也。精以氣言，不二之名也。妙合者，無極、二五，本混融而無間也。凝者，聚也，氣聚而成形也。人物之始，以氣化而生者也。」○明劉宗周劉子遺書卷一：「理本無形，故謂之無極。無乃轉落註腳，太極之妙，生生不息而已矣，生陽生陰，而生水火木金土，而生萬物，皆一氣自然之變化，而合之只是一箇生意，此造化之蘊也。」

〔二〕此一段文字，爲底本所獨有，各校本無。

第二十一章

太上曰：孔德之容，唯道是從。道之爲物，惟恍惟惚。惚兮恍，其中有象；恍兮惚，其中有物；窈兮冥，其中有精，其精甚真，其中有信。自古及今，其名不去，以閱衆甫。吾何以知衆甫之然哉？以此。甫者，始也，言萬物初生之始。

孔德之容，即玄關竅也。古云：「一孔玄關竅，乾坤共合成。中藏神氣穴，名爲坎離精。」又曰：「一孔玄關大道門，造鉛結丹此中存。」契曰：「此兩孔穴法，金氣亦相胥。」故道曰玄牝之門，儒曰道義之門，佛曰不二法門，總之皆孔之德器能容，天地人物咸生自箇中〔一〕，無非是空是道，非空非道，即空即道，空與道兩不相離，無空則無道，無道亦即無空，故曰：惟道是從。欲求道者，舍此空器，何所從哉？但空而無狀，即屬頑空，學者又從何處以採藥而煉丹乎？必須虛也而含至實，無也而賅至有，方不爲一偏之學。修行人，但將萬緣放下，靜養片晌，觀炤此竅，惚兮似無，恍兮若有，虛極靜篤之中，神機動焉，無象者有象，此離己之性光，木火浮動之象，即微陽生時也。再以此神光偶動之機，合目光而下炤，恍兮若有覺，惚兮若無知，其中之陽物動焉，此離光之初交於坎宫者。其時氣機微弱，無可採取，惟有二候採牟尼法，調度陰蹻之氣，相會於氣穴之中。調度採取爲一候，歸爐温養爲一候。依法行持，不片晌間，火入水底，水中金生，杳杳冥冥，不知其極，此神氣交而坎離之精生矣。然真精生時，身如壁立，意若寒灰，自然而然，周身蘇軟快樂，四肢百體之精氣，盡歸於玄竅之内，其中大有信在，溶溶似冰泮，浩浩如潮生，非若前此之恍恍若有，惚惚似無，不可指名者也。此個真精，實爲真一之精，非後天交感之精可比，亦即爲天地人物發生之初，公共一點真精是矣。如冬至之陽，半夜之子，一歲一日之成功，雖不僅此，而氣機要皆自此發端，儼若千層臺之始於累土，萬里行之始於足下一般。此爲天地人物生生之本。本原一差，末流何極？以故自古及今，舉凡修道之士，皆不離此真氣之採，然後有生發之象。遍閱衆物初生，無不同此一點真精，成象而成形。我又何以知衆物之生有同然哉？以此空竅之中，真氣積累久，則玄關開而真精生焉。要之，恍是光之密，惚是機之微，離中真陰是爲恍惚中之物，坎中真陽是爲杳冥中之精。學者必知之真，而後行之至也。

此恍兮惚，是性光發越，故云有象；惚兮恍，是以性光下炤坎宫，而真陽發動，故云有物。窈冥之精，乃二五之精，故云甚真。欲得真精，須知真信。真信者，陰陽迭運，不失其候之調，俟其信之初至，的當不易，即行擒伏之功，得矣。凡人修煉之初，必要恍惚杳冥，而後人欲浄盡，天理常存，凡息自停，真息乃見〔二〕。此何以故？蓋人心太明，知覺易生；若到杳冥，知覺不起，即元性元命打成一片。此個恍惚杳冥，大爲修士之要。學人當静定之時，忽然偶生知覺，此時神氣凝聚胎田〔三〕，渾然粹然，自亦不知其所之，此性命返還於無極之天也。雖然，外有是理，而丹田中必有融和氣機，方爲實據。由此一點融和，採之歸爐，封固温養，自能發爲真陽一氣。但行工到此，大有危險。惟有一心内守，了炤當中，方能團聚〔四〕爲丹藥，可以長生不老。若生一他念，此個元氣即已雜後天而不純矣。若動一淫思，此個氣機即馳於外，而真精從此洩漏矣。古人云：「洩精一事，不必夫婦交媾，即此一念之動，真精已不守舍，如走丹一般。」學人必心與氣合，息與神交，常在此腔子裹，久之自有無窮趣味生來。然而真難事也。設能識透玄機，亦無難事。起初不過用提掇之功，不許者點真氣馳而在下，亦不許者個真氣分散六根門頭，總是一心皈命，五體投誠，久久自然精滿不思色矣。願學者，保守元精，毫不滲漏，始因常行熟道，覺得不易，苟能一忍再忍，不許念頭稍動，三兩月間，外陽自收攝焉。外陽收攝，然後見身中元氣充足，而長生不老之人仙，從此得矣。仙又何遠乎哉？

校註

〔一〕箇中：原作「筒中」，蕭本作「個中」，據蕭本及形義改。

〔二〕明陸西星玄膚論真息論：「所謂息者有二焉，曰凡息，曰真息。凡息者，口鼻出入之氣也。真息者，胎息也，上下乎本穴之中，晦翁（朱熹）所謂『静極而噓，如春沼魚；動極而翕，如百蟲蟄』者是也。凡息既停，則真息自動。而凡息之所以停者，非有心以屏之也，虚極静篤，故心愈細而氣愈微耳。」

〔三〕胎田：梅本作「丹田」。

〔四〕團聚：梅本作「團結」。

第二十二章

太上曰：曲則全，枉則直，窪則盈，弊則新〔一〕，少則得，多則惑，是以聖人抱一爲天下式。不自見故明，不自是故彰，不自伐故有功，不自矜故長。夫惟不争，故天下莫與之争〔二〕。古之所謂「曲則全」者，豈虚言哉？誠全而歸之。 窪，音羽，言其卑也〔三〕。

大道之要，必至無而含至有，卻至有而實至無，始爲性命雙修之道。蓋以性本無也，無生於有；命本有也，有生於無。若著於虚無，便成頑空，著於實有，又拘名象，縱不流於妄誕不經，亦是一邊之學，究難與大道等。修行人必先萬緣放下，纖塵不染，於一無所有之中，尋出一點生機出來，以爲丹本，古人謂之真陽，又曰真鉛，又曰真一之氣，是也。太上云「曲則全」，言人身隱微之間，獨知獨覺之地，有一個渾淪完全，活潑流通之機，由此存之養之，採取烹煉，即可至於丹成仙就。昔人喻冬至一線微陽至於生生不已，又喻初三一彎新月漸至十五月圓，無非由曲而全之意也。夫曲，隱也。隱微之處，其機至微，其成則大，即中庸云「曲能有誠」是。要之，一曲之内莫非理氣之元，全體之間亦是太極之粹，即曲即全，故曰：曲則全。聖人尋得此曲，兢兢致慎，迴環抱伏，如鷄温卵，如龍養珠，一心内守，不許外露，久則浩浩如潮，逆而上伸，一股清剛之氣，挺然直上，出乎日月之表，包乎天地之外。坤卦謂「坤至柔而動也剛」，皆由致曲之餘，潛伏土釜，積而至於滔天，勃不可遏，有如是耳。且夫枉而爲陰爲柔是此氣，直而爲陽爲剛亦此氣，雖曰由枉而直，其實即枉即直。自隱曲中洞徹本源之後，其見則易，爲守則難，惟優焉游焉，直養其端倪，更卑以下人，謙以自待，庶無躁暴急迫之性，不生邪見，不動凡火，方能養成金丹。由是以神馭氣，以氣合神，隱顯無端，變化莫測，所謂「至誠無息」，「體物不遺」，無在而無不在，何其盈乎？然要必謙乃受益，窪乃爲盈也。不然，烏能包涵萬有哉？況乎一曲之微，皆吾人本來之物，所謂弊也，弊即故也，論語「温故而知新」〔四〕是。學人欲得新聞生新意，非從此故有之物温之，何能得新？是亦即弊即新也。雖然，弊亦無幾耳，惟從其少而養之浩然之氣，大可以塞天地，貫斗牛。若謂：道，浩瀚彌綸，無在不是，取其多而用之，吾恐理欲雜乘，善惡莫辨，時而守中，時而採藥，時而進火退符，著象執名，多多益善，究屬無本之學，未得止歸，終是一個迷團，無怪乎畢生懷疑莫悟也。聖人抱一以自修，又將施之天下，爲天下楷模。使不知一曲之道實爲一貫之道，而偶有所離，偶離則無式，無式則無成，道何賴乎？夫道本天人一理，物我同原，爲公共之物，何今之學者每固執己見，謂人莫己若？即此矜驕之念，已覺障蔽靈明，而不知酌古準今，取法乎上。中庸云「君子之道，闇然日章；小人之道，的然日亡」〔五〕，誠修士所宜凜凜矣。縱使幾於化神，亦屬分所宜然，職所當盡，何必炫耀於世，誇大其功？若使自伐，不但爲人所厭，即功亦僞而不真。古人功成告退，並不居功之名，宜其功蓋天下，爲萬世師也。至於自修自煉，猶衣之得煖，食之得飽，皆自得之而自樂之，且爲人所各有而各足之，何必驕傲滿假，自矜其長？雖云智慧日生，聰明日擴，亦是人性所同然，不過我先得之耳，何長之有？若使自矜其長，則長者短矣。人雖至愚，誰甘居後？爭端有不從此起耶？君子無所爭，故天下莫與爭能。古所謂「曲則全」者，誠非虛言也，謂非「全受而全歸之」者歟？

此即中庸「其次致曲，曲能有誠」之道。曲即隱曲，道曰玄竅，佛曰那個，儒曰端倪是。又非虛而無物也。天地開闢，人物始生，盡從此一點發端，隨時皆有動靜可見。其靜而發端也，不由感觸，忽然而覺，覺即曲也；其動而顯象也，偶然感孚，突焉而動，動即曲也。要皆從無知無覺時，氣機自動，動而忽覺，此乃真動真覺。但其機甚微，爲時最速，稍轉一念，易一息，即屬後天，不可爲人物生生之本，亦不可爲煉丹之根。吾人受氣成形，爲人爲物，都從此一念分胎。是修道之邪正真僞，孰不自此一息發源耶？周書曰：「罔念作狂，克念作聖。」聖狂一念之分，如此其速，即此一曲之謂也。

古人喻如電光石火，又如乘千里驥絶塵而奔，此時須有智珠朗炤，方能認得清楚〔六〕。既識得此個端倪，猶要存養之，擴充之，如孟子所謂「火始然，泉始達」，浩浩炎炎，自然充塞天地。然擴充之道，又豈有他哉？非枉屈自持，則不能正氣常伸；非卑窪自下，則不能天德常圓。惟守吾身故物，不參以貳，不雜以三，温其故，抱其一，不求之於新穎之端，不馳之於名象之繁，斯乃不至愈學愈迷，而有「日新又新」之樂矣。古聖人知一曲爲成仙證聖之階，遂將神抱氣，氣依神，神氣合一而不離，以爲自修之要，以爲天下之式。倘自見自是，即昧其明而不彰，況自伐則勞而無功，自矜則短而不長，智起情生，往往爲道之害。惟不自見、自是、自伐、自矜，斯心平氣和，自然「在彼無惡，在此無斁」〔七〕，又誰與争哉？造〔八〕之潛移默契如此，非抱一者，烏能全受全歸，以返其太始之初乎？

校註

〔一〕弊：各校本作「敝」。玉篇：「弊，壞也，敗也。」説文：「敝，敗衣。」清段玉裁注：「引伸爲凡敗之偁。」弊與敝通。

〔二〕莫與之争：各校本作「莫能與之争」。

〔三〕窪音羽言其卑也：蕭本作「窪音洼，同窊」。

〔四〕論語「温故而知新」：各本誤作「中庸」。語出論語爲政，據改。

〔五〕中庸：「君子之道，闇然而日章；小人之道，的然而日亡。」唐孔穎達疏：「章，明也。言君子以其道德深遠謙退，初視未見，故曰闇然；其後明著，故曰日章明也。若小人，好自矜大，故初視時的然；以其才藝淺近，後無所取，故曰日益亡。」的，明。

〔六〕唱道真言卷一：「萬境皆空，忽然一覺，非玄關而何？從此便要認得這箇機關清。譬如有人乘千里驥絶塵而奔，吾要認得這箇馬上人，暫一經眼，牢牢記著，頻上三毫宛在目中，如此玄關方爲我有。長生不死，超出萬劫之外，全憑此時一覺爲我主張；千變萬化，全憑此時一覺爲我機括。」

〔七〕詩經周頌振鷺：「在彼無惡，在此無斁。庶幾夙夜，以永終譽。」漢鄭玄箋：「斁，音亦，厭也。永，長也。譽，聲美也。」唐孔穎達疏：「在於彼國，國人皆悦慕之，無怨惡之者。今來朝周，周人皆愛敬之，無厭斁之者。猶復庶幾於善，夙夜行之，以此而能長終美譽。」

〔八〕造：各校本作「道」。孟子離婁下：「君子深造之以道。」宋朱熹注：「造，詣也。深造之者，進而不已之意。」

第二十三章

太上曰：希言自然。故飄風不終朝，驟雨不終日。孰爲此者？天地。天地尚不能久，而況於人乎？故從事於道者：道者同於道，德者同於德，失者同於失。同於道者，道亦樂得之；同於德者，德亦樂得之；同於失者，失亦樂得之。信不足焉，有不信焉。

道本無聲無臭，故曰希言。道本無爲無作，故曰自然。夫物之能恒、事之能久者，無非順天而動，率性以行，一聽氣機之自運而已。若矯揉造作，不能順其氣機，以合乾坤之運轉，日月之升恒〔一〕，適有如飄蕩之風，狂暴之雨，拔大木，湧平川，來之速者去亦速，其勢豈能終日終朝哉？雖然，孰是爲之？問之天地，而天地不知也。夫天地爲萬物之主宰，不順其常，尚不能以耐久，況人在天地，如太倉一粟，又豈不行常道而能悠久者乎？故太上論道之原，以無爲爲宗，自然爲用。倘不從事於此，别誇捷徑，另詡神奇，誤矣。試觀學道之士，雖東西南北之遥，聲教各異，然既有志於道，不入邪途，無不脗合無間。行道而有得於心，謂之德。既知修道，自然抱德。凡自明其德，絶無紛馳者，無不默契爲一，故曰：道者同於道，德者同於德。又何怪誕之有耶？下手之初，其修也有道有德，有軌有則，脱然灑然，無累無繫，到深造自得之候，居安資深，左右逢原，從前所得者，至此爽然若失；工夫純粹，打成一片，恰似閉門造車，出而合轍，無不一也，故曰：失者同於失。此三者工力不同，進境各别。至於用力之久，苦惱之場亦化爲恬淡之境，洋洋乎别饒佳趣，詡詡然自暢天機，苦已盡矣，樂何極乎？故曰：同於道者，道亦樂得之；同於德者，德亦樂得之；同於失者，失亦樂得之。可見，無爲之體，人所同修；自然之工，人所共用。雖千里萬里之聖，千年萬年之神，時移地易，亦自然若合符節，有同歸於一轍者焉。倘謂自然者不必盡然，則有臆見横於其中，有異術行乎其内，或執於空而孤修寂煉〔二〕，或著於實而固執死守，如此等類，不一而足，皆由不信無爲之旨、自然之道，而各執己見以爲是，無惑乎少年學道，晚景無成，志有餘而學不足，終身未得真諦，悮入旁門也，可悲也夫！可慨也夫！

此言無爲自然之道，即天地日月，幽冥人鬼，莫不同此無爲自然，以生以遂，爲用爲行而已矣。凡人自有生後，聰明機巧，晝夜用盡，本來天理，存者幾何？惟有道高人，一順天理之常，雖下手之初，不無勉强作爲，及其成功，一歸無爲自然之境，有若「不思而得，不勉而中，從容中道」者焉。故以聖人觀大道，則無爲自然之理，昭昭在人耳目，有不約而同者；若以後人觀大道，則無爲自然之詣，似乎惟仙惟聖方敢言此，凡人未可語此也。中庸云：生學困勉，成功則一〔三〕，不將爲欺人之語哉？非也，緣其始有不信之心，由不道之門，其後愈離愈遠，所以無爲自然之道不能盡同，而分門别户從此起也。學者明此，方不爲旁門左道所惑也夫。

校註

〔一〕詩經小雅天保：「如月之恒，如日之升。」漢鄭玄箋：「月上弦而就盈，日始出而就明。」漢毛亨傳：「恒，弦也。」

〔二〕煉：原作「滅」，據梅本及二十九章註文改。

〔三〕中庸：「或生而知之，或學而知之，或困而知之，及其知之，一也；或安而行之，或利而行之，或勉强而行之，及其成功，一也。」

第二十四章

太上曰：跂音器。**者不立，跨**音胯。**者不行，自見者不明，自是者不彰，自伐者無功，自矜者不長。其於道也，曰餘食贅**追去聲。**行，物或惡之，故有道者不處也。**

前云希言自然，非若世之蚩蚩蠢蠢，頑空以爲無爲，放曠以爲自然者比，其殆本大中至正之道，準天理人情，循聖功王道，操存省察，返本還原，以上合乎天命，故無爲而無不爲，自然而無不然也。易曰「窮理盡性，以至于命」〔一〕，殆其人歟？過則病，不及亦病，書曰「無偏無黨，王道蕩蕩」是也。即如人之立也，原有常不易。跂者，兩足支也，詩曰「跂予望之」〔二〕，以之望人則可高瞻而遠矚，若欲久立，其可得乎？跨者，兩足張也，以之跨馬則可居於鞍背，若欲步行，又焉能乎？明者不自是，自是則不明。彰者不自見，自見則不彰。自伐者往往無功，有功者物莫能掩，何用伐爲？自矜者往往無長，有長者人自敬服，奚用矜爲？若不信無爲自然之道，不知「莫之爲而爲，莫之致而至」〔三〕，致爲皆聽諸天，何等自在？「行乎不得不行，止乎不得不止」，行止渾於無心，何等安然？倘不知「虛而無朕」即是「大而能容」，或加一意，參一見，若食者之過飽，行者之過勞，非徒無益，而又害之。學者須順天德之無違，循物理之自得，不惟人不可參雜作僞於其間，即物亦當聽其安閒，調其飲食；苟稍不得其宜，越乎常度，或多食之，或苦行之，如犬之過飽則傷，牛之過勞則困，是亦不安於内而有惡於己焉，故曰：物或惡之。彼矯揉造作，以期能立能行，昭明表彰，功堪動人，長可邁衆者，斷斷乎其難之也。有道之君子，深爲鄙之，不屑處已。

此希言自然，不外一箇清凈。何謂清？一念不起時也。何謂凈？纖塵不染候也。總要此心如明鏡無塵，如止水無波，只一片空洞了靈之神，即清凈矣。倘若世之庸夫俗子，昏昏罔罔，終日無一事爲，即非清凈。惟清中有光，凈中有景，不啻澄潭明月，一片光華，乃得清凈之實。若有一毫自見自是自伐自矜之意，便是障礙。所以學道人，務使心懷浩蕩，無一物一事，攪我心頭，據我靈府，久久涵養，一點靈光普炤，恍如日月之在天，無微不入焉。只怕一念之明，復一念之肆，則明者不常明矣。昔孟子之所長在於養氣，氣不動則神自靈，神靈則心自泰，故不曰養心而曰養氣，誠以志壹則動氣，氣壹則動志也。苟不求養氣而徒曰養心，無惑乎終身不得其心之甯者多矣。心果清凈，真陽自生，一切升降運行，順其自然爲要。如跂者必使之立，跨者必使之行，餘食過飽，贅行過勞，皆未得其當，物猶惡之，而況人乎？是以有道之君子，不忍出此也。

校註

〔一〕語出周易說卦傳。宋邵雍觀物内篇：「所以謂之理者，物之理也；所以謂之性者，天之性也；所以謂之命者，處理性者也。所以能處理性者，非道而何？」觀物外篇：「天使我有是之謂命，命之在我之謂性，性之在物之謂理。」

〔二〕予：原作「於」，據蕭本改。語出詩經衛風河廣。漢鄭玄箋：「予，我也。我跂足則可以望見之。」

〔三〕至：各本皆作「致」，據引文出處改。孟子萬章：「莫之爲而爲者，天也。莫之致而至者，命也。」漢趙岐注：「莫，無也。人無所欲爲而横爲之者，天使爲也。人無欲致此事而此事自至者，是其命而已矣，故曰命也。」北宋孫奭疏：「人莫之爲然而爲然者，故曰天使然也。人莫能致之此事而其事自至者，是其命有是也。言天與命者，究其義則一也，以其無爲而無不爲，故曰天也。天之使我有是之謂命，故曰命也。」致，使之至也。

第二十五章

太上曰：有物混成，先天地生，寂兮寥兮，獨立而不改，周行而不殆，可以爲天下母。吾不知其名，字之曰道，强爲名之曰大。大曰逝，逝曰遠，遠曰反。故道大，天大，地大，王亦大。域中有四大，而王居其一焉。人法地，地法天，天法道，道法自然。

道者何？即鴻濛未判之前，天地未兆，人物無形，混混沌沌，渾然一氣，無涯無際〔一〕，無量無邊，似有一物，由混沌而成，盤旋空際，先天地而生者，所謂「無極」是也。寂虚而毓生機，寥廓而含動意，所謂「太極」是也。萬物皆有兩，惟太極無二。自一動而開天地、分陰陽，四象五行包含個内，人物繁衍，日月充盈，豈不生育多而太極衰乎？不知此個混成之物，視不見，聽不聞，無物不有，無時不在，孑然獨立，渾然中處，卻又生生不已，化化無窮，自混沌以迄於今，初不改其常度，且獨立之中，一氣流行，周通法界，開闔自如，循環不已。以凡物而論，似乎其有困殆矣，孰知周流三界，充滿群生，天賴之以清，地賴之以甯，谷賴之以盈，人賴之以生，無非順其自然之運，其間生者自生，成者自成，而太極渾然完全，卻不因之而稍殆〔二〕，雖千變萬化，迭出不窮，莫不由此而有兆有名，故可爲天下母也。夫天，至高也，以高而可名；地，至厚也，以厚而可名；惟此無極之極、不神之神，無聲無臭，無象無形，而於穆不已，吾亦不知其所名，惟字之曰道，以道爲天地群生共由之路，公共之端。道可包天地，天地不能包道；道可育群生，群生不能育道。以其浩浩淵淵，靡有窮極，强名之曰大。大哉道乎！何其前者往，後者續，長逝而靡底乎？大之外又曰逝。何其超沙界，充絶域，悠遠而難測乎？逝之外又曰遠。凡事變極則通，窮極則反，何其宛轉流通，迴環而不已乎？故又名之曰反。如此之名，不一其稱，只可稍狀其大。然大孰有過於道哉？道之外惟天爲大，天之外惟地爲大，地之上惟王爲大，故東西南北之中有四大焉，王處其一。王爲庶物首出之元，以管理河山，統轄人物，可與天地並稱爲大。但王爲地載，故王法地以出治也。地爲天覆，故地法天以行令也。且天爲道毓，故天法道以行政也。而要皆本於自然，無俟勉强，不待安排。是道豈別有所法哉？吾亦强名之曰「道法自然」而已矣。學者性命交修，惟法天地之理氣以爲體，法天地之功效以爲用，斯修性而性盡，煉命而命立矣，豈空言自然者所可比歟？

天地間渾淪磅礴，浩蕩彌綸[三]，至顯至微，最虚最實，而凡形形色色，莫不自個中生來。此何物耶？生於天地之先，宰乎天地之内，立清虚而不稍改易，周沙界而無有殆危，真可爲天下母也。未開闢以前，有此母氣而後天地生，既開闢以後，有此母氣而後人物肇，吾不知其名，强字之曰道、曰大。大則無所不包，逝則無所不到。無曰遠莫能致，須知窮極必反，道之大，不誠四大中所特出者哉？學人欲修至道，漫言自然，務須凝神調息。凝神則神不紛馳，人之心正，即天地之心亦正；調息則息不乖舛，人之氣順，即天地之氣亦順。參贊乾坤，經綸天地，功豈多乎哉？只在一心一身之間，咫尺呼吸而已矣。中庸云「致中和，天地位，萬物育」，其即此歟？人果時時存心，刻刻養氣，除饑時食飯、困時打眠之外，隨時隨處，常常覺炤，不許一念游移，一息間斷，方免疾病之虞。否則，稍縱即逝，外邪得而擾之，正氣不存，邪氣易入，有必然者。古云，「人能一念不起，片欲不生，天地莫能窺其隱，鬼神不能測其機」，洵非誣也。人謂築基乃可長生，那知學道人就未築基，只要神氣常常紐成一團，毫不分散，則鬼神無從追魂攝魄，我命由我不由天也。吾不惜洩漏之咎，後之學者，苟不炤此修持，則無以對我焉。

校註

〔一〕際：原作「即」，據梅本改。

〔二〕殆：原作「始」，據蕭本改。

〔三〕礴、蕩：原皆作「薄」，據蕭本改。磅礴，廣大，充塞。彌綸，普遍包羅。周易繫辭上：「易與天地準，故能彌綸天地之道。」南朝齊劉瓛曰：「彌，廣也。綸，經理也。」

第二十六章

太上曰：重爲輕根，静爲躁君。是以君子終日行不離輜音淄。**重，雖有榮觀，燕處超然。柰何以萬乘之主而身輕天下**〔一〕**？輕則失臣，躁則失君。**

修煉之道，不外神氣二者，調之養之，返乎元始之天而已。其在先天，氣渾於無象，厚重常安，神寓於無形，虚靈難狀；一到後天，氣之重者而輕揚，神之静者而躁動，氣不如先天之活潑，常氤氲而化醇，神不似先天之光明，脱根塵而獨耀〔二〕，此命之所以不立，性之所以難修也。學者欲得長生，須知氣必歸根。夫根何以歸哉？必以氣之輕浮者，復還於敦厚之域，屹然矗立，凝然一團，則氣還於命，而浩浩其天矣；以神之躁妄者，復歸於澄澈之鄉，了了常明，如如自在，則神還於性，而渾渾無極矣。如此神返元性，氣返元命，不啻天地未兆之前，渾淪無際，浩蕩靡窮，斯其凝愈固，其行愈速也，其虚無朕，其用無方也。由是氣愈重而愈輕，所謂「浩然之氣，至大至剛，充塞天地」是；神能静而亦能動，易所謂「妙萬物而爲神」〔三〕，子思子曰「至誠如神」是。是以君子之於道也，終日行不離乎輜車之重，恐氣輕而累重，反滯其行之機。如此穩重自持，不愈速其行乎？ 縱有聲色之美，貨利之貴，是爲衆人所榮觀，不爲君子所介意，當前寓目，君子一如燕居獨處，超然於物色之外，莫知其爲有焉。 柰何以萬乘〔四〕之主，至尊至貴，可仙可佛之身，而不自愛，反以世路榮觀、人寰樂趣爲緣，不亦輕其身而自視太小耶？ 夫輕則失臣，臣即氣也，失臣則失氣矣；躁則失君，君即神也，失君則失神矣。 神氣兩失，而謂身能存，有幾乎？ 此殆不知人身難得，中土難生，而反自輕其身也，不誠大可慨歟？ 在彼戀塵世之榮華，慕當途之仕宦，只説利己者多，肥家者盛，那知富貴之場即是干戈之地，古來象以齒焚身，璧因懷獲罪，其爲害可歷數也。 人柰何只見其小，而不從其大耶？ 噫嘻！ 痛矣！

此言水輕而浮，爲後天之氣，屬外藥；金沈而重，爲先天之元命，號真鉛，又號金丹，又號白虎初弦之氣，其名不一，是爲内藥。 先天金生水，爲順行之常道，生人以之，故曰：重爲輕根。 夫人生於後天，純是狂蕩輕浮之氣作事，以故水氣輕而浮，情欲多生，命寶喪失，所以易老而衰。 君子有逆修之法，無非水復生金，輕返於重，以復乎天元一氣，是以終日行之而不離乎輜重，不過亭亭矗矗，屹然特立，厚重不遷，養成浩氣，充塞乾坤而已矣。 此爲逆修之仙道，煉丹以之。 總之，由有形以復無形，丹道之一事也。 火躁而動，爲後天之神，屬外藥；木静而凝，爲先天之元性，曰真汞，曰真精，又曰青龍真一之氣，其名亦多，要皆内藥。先天木生火，爲順行之常道，生人以之，故曰：静爲躁君。夫人成形而後，純是智慮雜妄之神用事，以故火性飛揚，變詐百出，性真牿没，所以易弱而傾。君子有倒施之工，無非火復生木，躁返於静，以還乎不二元神，於此雖有榮觀，燕處超然，無非萬象咸空，一真在抱，養成大覺金仙，昭回霄漢〔五〕而已矣。此爲逆煉之丹道，成仙以之。要之，自有覺以還無覺，又修道之一端也。皆由外藥以修内藥，自後天而返先天也。吾更爲之暢言曰：生人之道，順而生，修仙之道，逆而尅，蓋不尅則不能生，亦不尅則不能成，河圖洛書之所以生尅並用也。今之儒釋修養與吾道有異者，大抵彼用順行，一循自然之度；吾道獨逆煉，則有勉强作爲之工，倘有不尅，無以爲生成也。但順而修則易，逆而煉則難，不得真師，不明正法，妄採妄煉，鮮不爲害。既得真師，明正法矣，不結仙緣，不修功善〔六〕，則神天不佑，魔魅來纏，必有將成而敗，傾丹倒鼎，連身命俱喪者，此誠不可不慎也。何以逆之尅之？始用順道之常，效夫婦交媾之法，以火入水鄉，即是以神入氣中，此爲凡父凡母交而産藥；迨火蒸水沸，水底金生，斯時玄竅開而真信至，是爲真陽生而小藥〔七〕産，此爲外藥；金氣既生，真鉛自足，於以火促水騰，木載金升，切切催之，款款運之〔八〕，上升乾鼎，以真鉛配真汞，以真火真意引之，下入丹田，即入坤腹，以爐鼎和藥物〔九〕煉丹，此返坎爲男，復離爲女，顛倒女男，迭爲賓主，收歸坤爐，烹煉一晌，再候真陽火動，以爲金丹大藥，此爲内藥生，又曰大藥産，此爲靈父聖母交媾而育者也。且前小藥之生，動在腎管外，其氣小，故曰小藥、外藥；此則動於氣根之内，生時有天應星、地應潮、六根震動之狀，故曰内藥、大藥，又曰金丹。再以此金丹，運起河車，鼓動巽風，施用坤火，合離宫真精而煅之。真氣合真精，即以先天陽氣制伏後天陰精，陰精亦合真氣而化爲聖胎。夫真氣，自真精而生者也，爲子氣，氣復歸精，故喻子投母胎，所謂「子戀母而來，母戀子而住，子母相抱，神氣相依」。即内用天然真火〔一〇〕，外用陰符陽火，内外交煉，即結爲聖胎，所謂「鉛將盡，汞亦乾，化成一塊紫金霜」。金丹大道與生人異者，只此處處逆施造化，顛倒乾坤耳。凡有功有德有緣有道之士，遇吾此註，儘可施功，不受異端惑亂。然而天機盡洩於此，如有功德之人，得天啓沃〔一一〕，明白此旨，亦毋得輕洩，致干罪咎焉。至若經云「萬乘之主」，即人心中之元神也。夫人之心，莫不欲一身安泰，百歲康强，柰何知誘物化，欲起情生，而以身輕用於天下也？此氣虚浮而喪氣，此神躁率而失神，身之存者蓋亦鮮矣，何況金丹大道乎哉？此註已將築基煉己、結丹還丹、玉液金液、小大周天之法則，詳細剖明，生等當書諸紳〔一二〕，佩服不忘，庶知之真而行之至也。由是功成道就，永爲天上神仙，不受人間苦惱，豈不甚幸？各宜勉旃！

校註

〔一〕此一句，各校本作「柰何萬乘之主而以身輕天下」。

〔二〕宋普濟五燈會元卷三：「百丈懷海禪師曰：靈光獨耀，迥脱根塵。體露真常，不拘文字。心性無染，本自圓成。但離妄緣，即如如佛。」

〔三〕周易説卦：「神也者，妙萬物而爲言者也。」

〔四〕萬乘：原作「千乘」，下同，據經文及蕭本改。

〔五〕詩經大雅雲漢：「倬彼雲漢，昭回于天。」漢毛亨傳：「回，轉也。」漢鄭玄箋：「雲漢，謂天河也。昭，光也。」倬，著也，大也。昭回，謂星辰光耀回轉。

〔六〕功善：蕭本作「善功」。

〔七〕小藥：各本作「子藥」，據下文改。

〔八〕款款：原作「欵欵」，據蕭本改。玉篇：「款，俗作欵。」款款，徐緩，從容自如。切切，急迫。

〔九〕藥物：原作「藥爐」，據蕭本改。

〔一〇〕内用天然真火：各本作「内然真火」，據三十七章註文補。

〔一一〕尚書説命上：武丁謂傅説曰：「啓乃心，沃朕心。」唐孔穎達疏：「當開汝心所有以灌沃我心。」

〔一二〕論語衛靈公：「子張書諸紳。」宋朱熹注：「紳，大帶之垂者，書之欲其不忘也。」

第二十七章

太上曰：善行無轍迹，善言無瑕摘，善計不用籌策，善閉無關鍵而不可開，善結無繩約而不可解。是以聖人常善救人，故無棄人，常善救物，故無棄物，是謂襲明。故善人者，不善人之師；不善人者，善人之資。不貴其師，不愛其資，雖智，大迷，是謂要妙。襲者，重也，易曰「重明以麗乎天下」〔一〕是也。

聖人之心，只求諸己，不求諸人〔二〕。其施之於事物也，無爲不通，隨在皆當，內無歉於己，外無惡於人，易所謂「時止則止，時行則行，動静不失其時，其道光明」，殆斯人歟？其於行也，時而可行，行之而已，前不見其所來，後不見其所往，抑何轍迹之俱無哉？其行之善有如此。其於言也，時當可言，言之而已，內不見辱於己，外不貽羞於人，抑何瑕摘之悉化哉？其言之善有如此。至於物之當計，事之宜籌，揆之以理，度之以情，順理而施，如情而止，宜多則多，當少則少，何須籌策之勞？即此因應無心，物我俱化，非善計而何？更有宜閉宜結之事，其在他人，不閉則亂，不結則散，而聖人外緣胥絶，內念不生，完完全全，非所謂善閉善結者乎？雖無繩約之束，關鍵之防，而無隙可乘，儼若彌縫甚固，其不可開不可解也，不誠天理渾全，無懈可擊耶？之數者，殆順乎自然之天，不參以人爲之僞，故其效如此。要皆内修而無外慕，自正而無他求，所以立己立人，人無遺類，成己成物，物無棄材，其濟人利物之善，爲何如者？是皆自明明德，又推之以理民及物，不謂之重襲其明哉？然而善人初不自知也。善人渾忘物我，故不善者感之而尊爲師；善人亦不自滿也，見不善人，善人即以之爲資，見善則從，不善則改，善人所由益進於善，而至於美大化神〔三〕之域焉。若凡人，自恃其才，自逞其能，見善者，置之不問，不知奉以爲模；不善者，棄之如遺，反鄙之而不屑，不知：見賢思齊，不賢内省〔四〕，善惡雖殊，而爲己之師資則一也。似此不貴其師，不愛其資，殆愚而好自用，賤而好自專者，不誠昏昧人哉？夫善者師之，惡者戒之，隨在皆有益於己，無人不有益於身，是誠修己之要術，治身之妙道也。人其勉之！

此見聖人之語，無所不通。事物之理，即性命之道，體用原是兼賅，本末由來不離。如云善行無〔五〕轍迹，推之氣機流行，河車自運，亦是如此；若有迹象，即屬搬運存想，非自在河車，上合天道之流行。曰善言無瑕摘，即「無法可説，是名説法」，又曰「祖師西來意」，孔子曰：「天何言哉？四時行焉，百物生焉。」有瑕可摘，即有言可見，非聖人心領神會之宗旨。釋氏曰「道本無言，卻被人説壞了」，是其意矣。曰善計無籌策，周天之數，不過喻名三百之數，實非有爻策可計，有則非自然之火候。曰善閉無關鍵，本是鴻濛未破，元神默默，元氣冥冥，返還於元始之初，以結胎而成聖；若有閉則有開，非内煉之道也。曰善結無繩約，言神戀氣而凝，命依性而住，神氣腳合，復還太極，以結成黍米之珠，陽神之體；若有，則勉强撮合，非自然之凝聚，而不可以復命歸真。顧其功效如此，而修養之要，不過見善則遷，有過則改，取法乎善與不善之類，返觀内省，以爲功也。倘矜才恃智，傲法淩人，不貴其師，不愛其資，縱有才智，亦愚昧之夫，終不足以入道矣。於此見修道之要妙，聖凡原同一轍焉。

校註

〔一〕周易離卦：「彖曰：離，麗也。日月麗乎天，百穀草木麗乎土，重明以麗乎正，乃化成天下。」

〔二〕論語衛靈公：「子曰：君子求諸己，小人求諸人。」唐陸德明：「求，責也。諸，於也。」清宦懋庸論語稽：「行有不得而反求諸己，則其責己也必嚴；違道干譽而望人之知己，則其責人也必甚。其始不過求己求人一念之别，其終遂至君子小人品彙之殊，人可不慎之於所求哉！」清汪烜四書詮義：「求諸己者，凡事只求自盡，見得盡倫踐形皆己正當事務，不可不求，而窮通殀壽俟之天，用舍毁譽聽之人，於己無與也。然非勉爲也，必求自盡，心始安耳。」

〔三〕孟子盡心下：「充實之謂美，充實而有光輝之謂大，大而化之之謂聖，聖而不可知之之謂神。」清劉沅孟子恒解：「充其所有之善，至於動靜語默無不然，易所謂『美在其中』者也。理氣充實而表裏瑩然，神明煥發，德業彪炳，非形氣所能拘矣，故曰大。化，變化。聖，通明也。形神並妙，與道爲一，而無復規矩之可尋，謂性體也。不可知，性與天通而莫測其運量之奇，誠與物貫而莫名其顯晦之用，入乎世俗之中，超乎萬物之上，故曰神也。夫人之所以生者，理與氣而已。理寓於氣之中，而實超乎氣之上。先天之理氣，本諸父母者雜於欲，本諸天地者極其純，故『人生而静』之性，乃指其純乎天命者言之也。若夫後天之氣，溷於質而遠於天者，須賴存養，先克治擴充，以義理之心，養浩然之氣，而動靜交飭，博約並行，久久乃能去人心而存天心。蓋理宰乎氣，氣以載理，不可强分。先天乾元一氣，流行品物，而人得之以爲性者，不貳不雜，渾然太和，人生之始得此而異於物，本人人皆然；既生以後，形質拘而物欲誘，則先天之理氣存乎身者寡矣。聖人教人，令其以先天虛静之神，養其先天浩然之氣，陰陽闔闢，保合太和，先天一元之氣漸有其基，所謂有諸己也。由是静存動察，涵養深造，馴致乎五官百體莫非乾元真氣所周浹，則充實之謂美也。易曰『君子黄中通理，正位居體，美在其中，而暢於四支，發於事業，美之至也』，即是此義。功夫至此，言行動静，蓋已合於天理，而無人欲之私；第其充實者，猶未必粹然光華，苟一息稍間，而性體即黯，故必刻刻兢業，無貳無雜，恒久而不已焉，則至德日新，其在於身，則赫兮諠兮，睟面盎背，四體不言而喻，其見於行，則正大光明、神采焕發、儼然藹然，而可親可敬，故曰大也。學至於大，已是四十不惑之候，體用大段已全；第神明之中，空明一片，觸處洞然，則猶或未也。迨養之之久，而至於化，則向之規矩法度、森然凛然者，今則從心而不踰，形體志慮、以清以寧者，今更泊然而無爲；其存於心，則物來畢照，而無一毫之障礙；其見於行，則因物付物，而無一毫之勉强。學至於此，人道已全，更無纖毫渣滓，故曰聖人。人者，天地之心，理氣本與天一者也。人道盡，而天猶與我不相通，則終有形骸之累，其身心之清明廣大，未能與天似也。由其化者而熟之，其道不外乎致中和，但不似前此之有意著力，内而渾然粹然，性體之無聲無臭者，文王之純一，天之於穆也，外而肫然秩然，功用之時中周遍者，精義入神，一天之生成也。同一理也，而神人之理獨析於至精；同一事，而神人之事獨極於至遠。以言乎彰往察來，則千古而上、千古而下，無不悉知其始終也；以言乎應酬萬端，則智慮所窮，見聞所阻，無不處置之咸宜也。日用起居，無異常人，而光明洞照之體，無一息不與造化同遊，粹然無我之懷，無一時不以生民爲念，易稱『天地合德，日月合明，鬼神合其吉凶，先天弗違，後天奉時』者，其斯人歟？其斯人歟？夫其形神精氣，備極於虚靈洞察，天心即己心也，天氣即我氣也，造化無窮，己之性量亦與爲無窮。由聖人而爲神人，固亦非難，而功用所極，實未易臻。德造其極之謂聖，聖極其妙之謂神。夫神人之量，非聖人，亦孰能知哉？」

〔四〕論語里仁：「見賢思齊，見不賢而内自省也。」宋朱熹注：「思齊者，冀己亦有是善。内自省者，恐己亦有是惡。」

〔五〕無：原作「如」，據蕭本及經文改。

第二十八章

太上曰：知其雄，守其雌，爲天下谿；爲天下谿，常德不離，復歸於嬰兒。知其白，守其黑，爲天下式；爲天下式，常德不忒，復歸於無極。知其榮，守其辱，爲天下谷；爲天下谷，常德乃足，復歸於樸。樸散則爲器，聖人用之，則爲官長。故大制不割。

修煉之道，氣從陽生，運轉河車，行憑子午，到得鉛氣抽盡，汞精已足，是鉛汞會合爲一氣。此既得雄歸以合丹，尤要雌伏以養丹，故曰：知其雄，守其雌。夫雄，陽也；雌，陰也。陰陽和合，雌雄交感，而金藏於水；復水又生金，金氣足而潮信至，其勢有如谿澗然，自上注下，猶谿澗之所蓄靡窮。修行人知陽不生於陽而生於陰，故不守雄而守雌，久之，微陽漸生，陰滓胥化，而歸根復命之常德，不可一息偶離。從此陰陽交媾，結就仙胎，於是逐日温養以成嬰兒，有必然者，悟真云「雄裏懷雌結聖胎」是也。既鉛汞混合，打成一片，復將此交媾之精，養於坤宫煆煉，先天真鉛生矣，此謂知其白，守其黑。夫白，精也；黑，水也。此精未産之日，坤體本虛，因上與乾交，坤實爲坎，是水中金生，賴坤母以養成，故稱母氣，悟真云「黑中取白爲丹母」是也。到得真鉛既至，即運一點己汞以迎之，左提右挈，静候白虎首經，果聽地下雷鳴，實有丹心貫日、浩氣凌霄之狀，我仍守吾虚無窟子，不稍驚惶，此即煉精化氣時也。以後運轆轤，升三車，由夾脊雙關上至泥丸，行子午卯酉四正之工，合春夏秋冬四時之序，此即爲天下式。凡人物之生長收藏，亦無絲毫差忒不與天合度焉。由是上升下降，送歸土釜，化有象以還無象，復歸無極之天，此大周之候，玉煉之丹即在此矣。斯時也，金丹既歸玄竅，復合青龍真一之氣，煉成不二元神，此即煉氣化神時也。再修向上一層煉神還虚之道，惟混混沌沌，涵養虚無，渾渾淪淪，完全理氣，化識成智，渾聖如愚，一日一夜，言不輕發，心無他思，有如椎魯之夫，毫無知見，縱有侮辱頻來，儼若不識不知，一如舜之居深山，無異於深山野人焉。此即知成人之榮，而守成仙之辱也，不如此，不足以養虚合道，故曰：「口開神氣散，意亂火功寒。能知歸復法，金寶重如山。」若妄發一言，妄生一念，即同走丹。道愈高，勢愈險，煉丹到此，尤爲危險之地。是以古人道果圓成之後，粧聾賣啞，作顛放狂，殆爲養虚合道計也。否亦何樂爲此耶？所以心中無一物，實爲天下谷。既爲天下谷，尤須意冷於冰，心清似水，而真常之玄德，於此方能充足。然而真空不空，妙有不有，始而從無入有，繼而從有歸無，終則有無不立，此所以由太極而復歸渾樸，返本還原之道得矣。雖然，其聚則一，其散則萬，以至生生不已，化化無窮，何莫非器之所在，亦何莫非樸之所散？此樸散爲器之說也。而聖人用之，不尚器而尚樸，殆謂：虚寂爲一身之主宰、萬變之總持，猶人世官長無二。又曰大制不割者何？蓋以渾然之道，範圍不過，曲成不遺[一]，足爲宰制之需；若或割焉，亦是矯揉造作，初非本來性天。聖人不割，亦還其混沌之天而已。學者知之否？

此合孔德之容章並看，則知化精、化氣、化神之旨[二]，盡於此矣。雖然，其中細密處，吾不妨再言之。「昔日逢師親口訣，只要凝神入氣穴。」[三]若非回光返炤丹田，則金水必然渾濁[四]。既知凝神坤宫，或作輟不常，則水火必然散漫，先天真一之氣又從何生？雖然，修煉之法，凝神要矣，而調息亦不可少焉。苟知神凝氣穴，而不知調呼吸之息下入陰蹻穴中，則神雖住而息不暢，無以扇風動火，使凡息停而真息見，凡心死而真心生；又況神火全憑神息，若無神息吹嘘，不惟水火不清，亦且金胎不化。既凝神調息，知所歸宿矣，尤要於神融氣暢之際，如天地未開，冥冥晦晦，然後一切游思濁氣方能收拾乾浄，猶日月剥蝕一番，自有一番新氣象。如此絪絪緼緼，於無知無覺時，忽然有知有覺，即是太極開基，玄關現象，又是「一陽初動處，萬物未生時」。此際能把得住，拿得定，正所謂「捉霧拿雲手段」。丹經云「時至神知」，又云「真活子時」，正此之謂也[五]。此時急當採取，若稍遲晷刻，又起後天知覺之私，不堪爲金丹之藥矣。此個機關，總要於萬緣放下，一念不起時，急以真意尋之，方得真清藥物。總要靜之又靜，沈之又沈，於無知無覺時，尋有知有覺處，庶乎得之。既曰一念不起，又何事用意去尋？豈不是有意去尋，又落後天識神乎？殊不知，此個真意，如種火然，不見有火而火自在，不過機動而神隨，自然之感觸，有如此者。若謂真屬有意，則落於固執；若謂真果無意，又墮於頑空。此在有意無意之間，學人當自會之，易曰「寂然不動，感而遂通」，是也。如此方是真知真覺，要皆真意爲之。雖然，真意由於真心。必其心空洞了靈，不以有物而增、無物而減，有此真心，方有真意，有此真意，乃有真息。總要具有慧炤，不錯機宜，則煉一次自有一次之長益。到此地步，常常採取，自有真陽發生。還要煉己待時，不可略起一點求動之意，則後天識神不來夾雜，即先天至陽之精、真一之氣，久久薰蒸積累，自有大藥發生，可以返老還童。祇怕不肯積功累行以立外功、敦倫飭紀以修內德，無以爲承受之基耳。俗云：「不怕一，只怕積。不怕驟，只怕湊。」誠哉是言也！學人欲知用意之道，切勿徒聽自然焉〔六〕，可。

校註

〔一〕周易繫辭：「範圍天地之化而不過，曲成萬物而不遺。」俞琰周易集說：「範，如鑄金之模範；

圍，如匡郭之周圍；曲，謂委屈；成，謂成就。天地之化，大而無窮，萬物微而且衆，範圍之而不過，曲成之而不遺，此聖人用易以贊其化育也。」

〔二〕清劉沅孟子恒解盡心下：「後世道家有煉精化氣、煉氣化神、煉神還虚、煉虚合道之語，人多斥之，不知其言學聖之功、始終本末，確有至理也。精氣神之得於天者，謂之三元。其凡精凡氣凡神，如沙石之於金玉，金生於沙而沙本非金，玉生於石而石豈是玉？然金非沙不生，玉非石不養，故養其元精元氣元神，使復還受中之本然，則後天悉爲先天，所謂太極含三者也。……煉者，以火燒金之名。神即先天真火，氣爲先天大藥，以先天真神養先天真氣，如以火煉藥也。精乃二五之精，即乾元之氣，寄於人身者，有生以後，其機在坎。煉二五之精，以生乾元之氣，即『有諸己』之意也。由是涵養擴充，至於美也大也，是從先天真氣中化出先天元神。不言性而言神，以其虚靈之妙用言之。性體已全，即所謂『乾元面目』已得。由是以虚無渾穆之意，安其空明朗照之神，養之之久，而心無所爲，氣無所動，依然乾之静專、坤之静翕，而動直動闢，殊非有心，此則還虚之説，聖人之稱也。德至於虚，則心無一毫之私我，氣無一毫之垢濁，雖猶是日用，而神明意量，蓋包羅萬物而有餘矣。然且不離飲食，依然酬應，恐形氣嗜好不免滯於迹，而難與天合，故又有煉虚之名。虚本無形，尚從何煉？因不外乎神氣，故仍以煉名，非真有煉也。其意極於至虚至靈，其功惟在不息不貳。純一之至，而神明志慮，若太空之無爲；血氣之累，有若亡焉。時中之極，而言動事爲，有精微之妙用；自然之應，常亦妙焉。詩曰『帝謂文王』，夫子曰『知我其天』，天地與我，是二是一，而著爲事業，發爲文章，至平至常至奇，不離乎形骸而超乎形骸，不遺乎日用而妙於日用，道包天地而無終始，神貫古今而無消息，故曰煉虛合道。」

〔三〕宋薛道光還丹復命篇丹髓歌之五：「昔日遇師親口訣，只要凝神入氣穴。以精化氣氣化神，煉作黄芽並白雪。」

〔四〕渾濁：原作「昏濁」，據蕭本改。

〔五〕正此之謂也：原作「正此謂也」，梅本作「正謂此也」，據第三十三、五十三章註文增「之」字。

〔六〕明陸西星玄膚論抽添論：「要皆自然而然，有莫知其所以然者。所謂自然，亦有深旨。師語我曰：『順自然，非聽自然也。』」

第二十九章

太上曰：將欲取天下而爲之，吾見其不得已。天下神器，不可爲也，爲者敗之，執者失之。凡物或行或隨，或呴音虛。或吹，或强或羸，或載或隳音恢。是以聖人去甚、去奢、去泰。

緩曰呴，急曰吹。

道本無聲無臭，清浄自然，修道者亦當不識不知，純任自然，此歷代祖師心印，自開闢以至於今，無有或外者。無如世之異端旁門，反譏吾教爲孤修寂煉，卒至頑空無用，我豈不自思哉？將欲取天下而行有爲之政，吾見其不爲而不得已，愈爲而愈不得已也。蓋天下雖大，原有神器爲之先，所謂「先天大道，希言自然」者是。是天下爲神器之匡廓，神器乃天下之主宰，天下可爲，而神器不可爲也。苟有爲焉，始則紛更多事，究至蕩檢踰閑〔一〕，而天德盡廢，爲之正所以敗之也；若或執之，始則膠固自苦，究至反道敗德，而天真無存，執之正所以失之也。審是，與其有爲而僨事，何如無爲而成功乎？與其有執而失常，何如無執而得道乎？況道原於天，天道無爲而自化，生其中者又何異耶？試觀初生之時，乾元資始，或陽往而行先，坤元資生，或陰來而隨後，一動一靜，互爲其根，有必然者。他如氣之由伸而屈，吸之則油然而响；氣之由屈而伸，呼之則悠然而吹，如是則生氣暢，生機永矣。至於禀受不同，剛柔亦異，或受氣多而精强，或受氣少而精羸，要皆後天之不齊，物生之各别。故有時而伸，氣機蓬蓬上載，有時而降，氣機油油下隳，亦皆天道之自然，非人力所可致也。雖下手之初，不無勉强之迹，然亦因其勢，順其時，可行則行，可止則止，勉强中寓自然，固久遠而不弊耳。是以聖人於採藥煉丹時，要知去其已甚，去其太奢，去其過泰，在在歸於中正，時時處以和平，雖曰有爲，而亦等於無爲矣，雖曰有作，而亦同於無作矣。故有無相生，始可言大道。

此言大道無爲，無爲者先天養性之學；然亦有爲，有爲者後天煉命之工。須知：有爲、無爲，性命之修持各異，而其中之主宰，總不可以偶動，動則非中，無論有爲不是，無爲亦非。惟中有主而不亂，知時識勢，見可而進，知難則退，則無爲得矣，即有爲亦得焉。主宰者何？即天下之神器是也。人能知得本原，一歸渾渾淪淪，虚靈不昧，始而有爲，有爲也是，終則無爲，無爲也是。不然，概曰無爲自然，則孔子何必言道，何必言困知勉行，何必言擇善而固執〔二〕？知修身之道，端在性命，性命之工，須分安勉，不必强爲分别，總在人，神明其德。如治國然：治則用文，亂則用武，相時而動，聽天而行，庶乎左右逢原，無在不得其宜矣。第此可爲知者道，難爲板滯者言也。

校註

〔一〕蕩檢踰閑：行爲放縱，不受禮法的約束。蕩，破壞。檢，法度、約束。踰，越過。閑，闌也，所以止物之出入。

〔二〕中庸：「天下之達道……或生而知之，或學而知之，或困而知之，及其知之，一也；或安而行之，或利而行之，或勉强而行之，及其成功，一也。……誠者，不勉而中，不思而得，從容中道，聖人也。誠之者，擇善而固執之者也。」

第三十章

太上曰：以道佐人主者，不以兵强天下，其事好還：師之所處，荆棘生焉，大軍之後，必有凶年。故善者，果而已矣，不敢以取强。果而勿矜，果而勿伐，果而勿驕，果而不得已，果而勿强。物壯則老，是謂不道，不道早已。

上古之世，各君其國，各子其民，熙熙皞皞，共安無事之天，人已渾忘，畛域胥化，又焉有戰争之事哉？迨共工作亂而征伐起〔一〕，蚩尤犯上而兵革興〔二〕，於是文則有玉帛，武則有兵戎，治則用禮樂，亂則用干戈，朝廷所以文武並重也。然有道之君子，達而在上，輔佐熙朝，贊襄郅治，惟以道事人主，不以兵强天下。此是何故？蓋殺人之父兄，人亦殺其父兄，人心思返，天道好還，寃仇報復，靡有休息。又況兵過之鄉，人民罹害，師行之處，雞犬亦空，以故殺戮重而死亡多，尸填巨港，血滿長城，無貴無賤，同爲枯骨，生之數不啻〔三〕殺之數，死之人多於生之人，由是井里蕭條，田野荒廢，而荆棘生矣。且肅殺之氣，大傷太和，乖戾之風，上干天怒，因而陰陽不燮，雨暘不時，旱乾水溢，頻來凶荒，饑饉薦〔四〕至，民不聊生，朝不及夕。古云「大軍之後，必有凶年」，勢所必至也。然而饑寒交迫，盜心日生，年歲凶荒，亂民迭作，亦有不得不爲兵戎之詰者。古云「兵貴神速，不貴遲疑」，故善用兵者，亦果而已矣。行仁義之師，望若時雨；解倒懸之苦，迎以壺漿。如武王壹戎衣而天下定，無非我武維揚，殲厥渠魁已耳〔五〕，何敢逞殺戮於片時，取强威於一己？其果而勝也，切勿自矜，矜則有好兵之念；切勿自伐，伐則有黷武之心。就令除殘暴於反掌，登人民於春臺，亦安邦定國之常，救世扶危之道，爲將帥者分所應爾，何足驕於人哉？夫驕人者，好殺人者也。縱使果敢弭亂，出斯民於水火，然有此三心，雖無殺之事，而殺之機已伏於中，非道也。須知：行兵之事，聖人不得已而用之，即未損一兵，未折一將，不傷一民，不戕一物，亦未足語承平之雅化，何況非聖王所期許者，果而勿强焉，可也。詩云：「勸君莫覓封侯事，一將功成萬骨枯。」〔六〕以此思之，兵危事，戰凶機，非天下生生之道也。況乎主賓相敵，曠日持久，師老財殫，臣離民怨，可已而不已，其何以爲國乎？更有堅壁相持，連年轉餉，一旦偶疎，而敵或扼其險要，絶其糧餉，士聞風而預走，軍望氣以先逃，昔日雄師，今成灰燼，亦何怪其然耶？夫亦曰物壯則老，其勢有必然者。且夫用兵之事，以有道誅無道者也。如此喜兵好戰，欲安民，反致害民，欲弭亂，反將生亂，不道極矣。夫誅無道而自行不道，何如屯田防寇，休兵睦鄰，早已之之爲愈也。否則，如舜伐三苗，苗民負固，舜不修戎而修德，舞干羽於兩階，七旬而有苗格〔七〕。此不威之威、不武之武，甚〔八〕於威武者多矣。爲上者知之否？

此言用火、行符、採取、烹煉之道，是有爲有作，比之用兵克敵，大是一場凶事，不可大意作去。如曾子之戰兢自惕〔九〕，子思之戒慎時嚴，方可變化氣質之軀，復還先天面目。若童真之體，未經鑿破，未曾損壞者，固可相時而動，遵道而行，無偏無黨，無險無危，直臻神化之域。如破漏之人，與年老之體〔一〇〕，後天鉛汞將盡，性命何依？不得不用敲竹喚龜、鼓琴招鳳二法，而後有玉芝靈苗，刀圭上藥，可採可煉，化凡軀於烏有，結聖胎於靈關。第火候至密，非得真師口授，萬不能洞徹精微；即得祕密天機，然内德外功，一有不滿，猶爲神天所不佑。惟虚心訪道，積德累仁〔一一〕，事事無愧，在在懷仁，以謙以柔，以忍以下，神依於氣，氣戀夫神，綿綿不絶，造到固蒂深根，決不時而忘之，紛紛馳逐，時而憶之，切切不已，故曰：以道佐人主者，不以兵强天下。即使盡善，而火煆之後，凡氣已除，真氣未曾積累，勢必似無似有，微而難測；且有不煉而氣散，愈煉而氣愈散者，皆由心有出入，似蔓草之難除，故曰：師之所處，荆棘生焉。况夫神火一煆，而多年之殘疾，自幼之沉疴，陽火一逼，陰氣難留〔一二〕，其輕者，或從汗液濁溺而出，其重者，或外生瘡毒而化，種種不一，修士不可驚爲病也，只要心安即能化氣。

可見煉己之道，必化凡體爲玉體，變濁軀爲金軀，切不可驚，驚則又動後天凡火，而大傷元氣也，故曰：大軍之後，必有凶年。善用兵者貴果敢，善用火者貴神速，故曰：果而已矣。在修士，當此體化純乾之時，切不可恃。恃其才以爲不饑不渴，可以行步如飛，冬不爐，夏不扇，無端妙用，迥異凡人，而自以爲强也；自謂爲强，又動後天凡火，不遭外人誹謗，必至内藥傾危。況生一自强之心，即令十月懷胎，三年乳哺，件件功成告畢，不差時刻，而自矜自伐，驕傲淩人，殊非載道之器〔一三〕；縱果於成功，亦必果於僨事。傾倒之患，有不可勝言者〔一四〕。又況自恃其强，不知謙下存心始可修德凝道，是猶草木之柔脆者有生機，堅强者無生氣，日復一日，年復一年，光陰愈〔一五〕邁，歲月云遥，而年華不待，身體難康，精衰氣弱，故曰〔一六〕：物壯則老。以此言之，自高者適以自下，自豪者適以自危，不道甚矣！不如去其剛强之心，平平常常，安安穩穩，認理行將去，隨天擺布來，庶幾不强而自强，不道而有道耶？此下手用火之工，大有危險存焉，學者其慎之。

校註

〔一〕淮南子天文訓：「昔者共工與顓頊争爲帝，怒而觸不周之山，天柱折，地維絶。」

〔二〕莊子盜跖：「黄帝不能致德，與蚩尤戰於涿鹿之野，流血百里。」釋文：「蚩尤，神農時諸侯，始造兵者也。」

〔三〕啻：清朱駿聲說文通訓定聲：「適相敵之詞曰啻。」

〔四〕薦：原作「漸」，校本作「洊」，據出處改。詩經大雅雲漢：「天降喪亂，饑饉薦臻。」漢毛亨傳：「薦，重也。臻，至也。」爾雅：「穀不熟爲饑，蔬不熟爲饉。腹中空曰飢。洊，再也。」

〔五〕尚書武成「一戎衣，天下大定」，泰誓中「我武惟揚」，胤征「殲厥渠魁」，漢孔安國傳：「衣，服也；一著戎服而滅紂，言與衆同心，動有成功。揚，舉也；言我舉武事。殲，滅；渠，大；魁，帥也。」厥，其。惟同維，句中語助詞。

〔六〕唐曹松己亥歲二首之一：「澤國江山入戰圖，生民何計樂樵蘇。憑君莫話封侯事，一將功成萬骨枯。」

〔七〕典出尚書大禹謨。漢孔安國傳：「干，楯；羽，翳也；皆舞者所執。修闡文教，舞文舞於賓主階間，抑武事。討而不服，不討自來，明御之者必有道。」格，來也。六部成語訂正：「負固，倚恃其所根據之地勢堅固而不肯降服也。」

〔八〕甚：梅本作「勝」。

〔九〕論語泰伯：「曾子有疾，召門弟子曰：啓予足！啓予手！詩云：『戰戰兢兢，如臨深淵，如履薄冰。』而今而後，吾知免夫！」惕，警惕。子思語見第二章注。時嚴，時時警戒。

〔一〇〕明陸西星七破論破執論：「夫物之瓜果與食之醯酒之類，凡破其體、啓其羃者，皆變壞而不能久。破體之人亦猶是也。聖人知其如此，故求其所謂先天真一者以補之。」

〔一一〕積德累仁：蕭本作「積德累功」。

〔一二〕「況夫神火一煅」至「陰氣難留」，各校本作「況夫神火一煅，陰氣難留，而多年之殘疾、自幼之沉疴，悉被驅逼」。

〔一三〕明伍沖虛仙佛合宗最初還虛：「欲修仙道者，先須成載道之器。欲成載道之器，必須先盡還虛之功。虛也者，鴻濛未判之前，無極之初也。斯時也，無天也，無地也，無山也，無川也，亦無人我與昆蟲草木也，萬象空空，杳無朕兆，此即本來之性體也。還虛也者，復歸無極之初，以完夫本來之性體也。還虛之功，惟在對境無心而已。於是見天地無天地之形也，見山川無山川之迹也，見人我無人我之相也，見昆蟲草木無昆蟲草木之影也，萬象空空，一念不起，六根大定，一塵不染，此即本來之性體完全處也。如是還虛，則過去心不可得，現在心不可得，未來心不可得，頓證最上一乘。」

〔一四〕者：原作「哉」，據義改。此句各校本作「安可勝言哉」。

〔一五〕愈：原作「逾」，據義改。

〔一六〕「不知謙下存心」至「故曰」，校本作：「而不知謙下存心，雖與修德凝道，猶草木之堅強者無生氣，反不敵柔脆者有生機，勢必日復一日、年復一年，光陰愈邁，精氣愈衰，欲其長享生人之樂，得乎？」

第三十一章

太上曰：夫佳兵者，不祥之器，物或惡之，故有道者不處。是以君子居則貴左，用兵則貴右。兵者，不祥之器，非君子之器，不得已而用之，恬淡爲上，勝而不美。而美之者，是樂殺人也。夫樂殺人者，不可得志於天下矣。故吉事尚左，凶事尚右。是以偏將軍處左，上將軍處右，以喪禮處之。殺人衆多，以悲哀泣之；戰勝，以喪禮處之。佳者，利也。

聖人之治天下也，道德爲上，政教次之。至不得已而興征伐之師，備干戈之用，於疆埸，肆威武於邊鄙，以侵伐爲利用，以争戰爲能事者乎？如此用兵，非弭亂也，實「長子帥師，弟子輿尸」，爲貞爲凶，易所深戒也，而況逞虎視之雄，奮鷹揚之烈，耀兵革佳兵也。夫佳兵者，不祥之器。古人以止戈爲武，此則以窮兵爲能，非君子常用之器也。君子常用之器爲何？道也，德也，好生惡殺也。若言兵，則殺機見矣。夫殺伐聲張，河山震動，雖雞犬亦爲之不安，慘何極乎？況蚯蚓尚且貪生，螻蟻亦知畏死，物之至微至蠢者猶深惡之，何論乎人？是以有道之士不屑處也。凡物貴陽而賤陰。左爲陽，生氣也；右爲陰，殺機也。是以君子之居，平常尚左，獨至用兵之際，則不尚左而尚右，其賤兵可知矣。就令除殘去暴，伐罪弔民，懸正正之旗，布堂堂之陣，要屬不祥之器，聖王所不樂耳。夫國家承平，固無需乎武備；一旦邊陲告急，畔亂頻生，萬不得已而用兵，亦惟是步伍整齊〔一〕，賞罰嚴肅。凡師行之處，樂供壺漿，兵過之鄉，仍安耕鑿，所謂「克柔克剛，以威以德」者，於此可驗矣。不逞兵威，弗誇將略，惟是恬淡無爲，從容自得，雖處戎馬紛爭之地，儼具步武安祥〔二〕之風。以此攻城，何城不克？以此制敵，何敵不摧？其勝有必然者。雖然，其勝也亦兵家之常，烏得謂鐘鼎銘勳，旗裳紀績，遂以此爲後世美觀乎？倘以此爲美觀，是必忍萬姓之荼毒，博一己之功名，無生人之德，而有殺人之心，亦奚可哉？夫樂殺人者，其心殘忍，其法森嚴，不能大度以容人，常苛刻而自是，斯人也，不可得志於天下，如得志於天下，蒼生無遺類矣。古者吉事尚左，凶事尚右。彼偏將軍，將之次也，反居其左；上將軍，將之上也，轉居其右。亦知專殺伐之權者爲上將軍，而偏將軍必稟命於其上〔三〕，不得逞殺伐之威，是以喪禮處軍禮矣。夫豈若國書對壘，命士卒咸歌送葬之詞也哉！此謹慎小心之至也。又曰「殺人衆多，以悲哀泣之」者何？明戰伐之事，傷彼蒼好生之心，實出於無可柰何。故弔古戰場者，覩此尸滿城濠，血盈溝壑，天地一若含愁〔四〕，草木一若生悲，而況於人乎？即使戰而勝，群酋率服，萬姓乂安，而反己思維，覺宇下蒼蒼赤子，遭鋒鏑而流離者半，死亡者亦半，心滋戚矣，何敢以奏凱還朝，歌功頌德，而自炫其才能耶？念及此，而毫無德色，反多戚容，仍以喪禮處之而已矣。孟子曰：「我善爲陳，我善爲戰，大罪也。惟國君好仁，天下無敵焉。」又曰：「威天下不以兵革之利。」足見神武不殺〔五〕，仁者無敵，允爲治世之良模。而用兵，非聖人之常道，王者所不貴也。

此喻臨爐用火，實爲老弱之人，扶衰救弊，不得已而爲之，何敢矜奇立異，自詡爲功耶？彼旁門左道，以進火退符，採藥煉丹，一切有爲有作之法，視爲神仙之道，悞矣，遠矣！然少壯之體，不須採煉之工，可以得藥結丹，而衰老之軀，氣質物欲，濡染已久，不加猛烹急煉之功，則氣質不化，物欲難除，以污濁之身而欲行無爲自然之道，安可得乎？是猶屋宇不潔，嘉賓難迎。人須掃除身中污垢，而後色相俱空，塵根悉拔，本來真性自在箇中。雖然，勉强修持亦要安然自在，方不動後天凡火，有傷性命，故太上以恬淡爲上，勝而不美。否則，有後天而無先天，僅凡氣而無真氣，一腔火性，其能久耶？故曰：美之者，是以殺人爲樂也。以殺人爲樂，則殺機滿腹，烏足爲天下之主，受天下之福？其不可得志於天下也，必矣。是知：修煉之士，雖用作爲工夫，亦要有仁慈惻怛、謙下柔和之心，斯後天中方有先天。古人火候無爻策，藥物無斤兩，順天而動，率性以行，雖有作爲，亦不爲害也已。

校　註

〔一〕步伍：行軍之行列也。宋陳經尚書詳解卷二十二：「戰陣之事，不過於六步七步必止，而齊整其衆，此步伍之有法也。」

〔二〕步武：徐行之迹也。南朝宋謝瞻於安城答靈運「跬行安步武」，唐李善注引鄭玄曰：「武，迹也。」釋名釋姿容：「徐行曰步。步，捕也，如有所司捕，務安詳也。」

〔三〕稟命：原作「稟偏」，據蕭本改。

〔四〕含愁：原作「合愁」，據蕭本改。

〔五〕周易繫辭上：「古之聰明叡知，神武而不殺者夫。」唐孔穎達疏：「夫易道深遠，以吉凶禍福威服萬物，故古之聰明叡知神武之君，謂伏犧等用此易道能威服天下，而不用刑殺而畏服之也。」廣雅：「武，勇也。」

第三十二章

太上曰：道常無名。樸雖小，天下不敢臣。侯王若能守，萬物將自賓。天地相合，以降甘露，人莫之令而自均。始制有名，名亦既有，夫亦將知止，知止所以不殆。譬道之在天下，猶〔一〕川谷之於江海也。

道本沖漠無朕，而實萬象森列，無人不具，無物不有。人物未生以前，此物實爲之本；人物既生以後，此物又爲之根；雖至隱至微，而要不可一刻離也，離則萬事萬物皆瓦裂矣，故曰：道常無名。爲學人計，不得不强爲之名曰：黍珠一粒，陽神三寸，自在玄宮，周通法界，猶之太樸完全，其物雖小，其用則大，天下萬事萬物俱賴此以爲君，孰得臣而後之耶？即如侯王，操生殺之權，爲萬民之主，孰敢不奉其命令？人苟得此太樸，拳拳服膺〔二〕，守而弗失，雖殊方異域，莫不航海梯山而來，況近者乎？可見萬國賓服，皆由斯樸之能守也。夫人自有生後，氣質拘之，物欲蔽之，斯道之存者幾希。若欲抱樸完真〔三〕，惟效法天地而已。天氣下降，地氣上騰，猶人身坎離交媾，水火調和，天地相合，而甘露垂珠，自然降於中宮。此陰陽爕理，日月同宮，誰爲爲之，孰令致之〔四〕？ 皆由以道爲之主宰也。 然道究有何名哉？ 或曰真鉛，或曰金丹，古人制此名，皆爲後之修士計耳。 修士既知其名，即當求其實。 彼自陰陽交媾，一點落於黄庭，就當止其所而不遷，安其居而不動，斯大道乃常存矣。 既知所止，中有主而不易，又奚至生滅而遭危殆之辱耶？ 可見道散於外，浩淼無痕，渾淪莫測，及斂之於内，混混沌沌，退藏宥密。 學者苟莫知統宗，無從歸宿，則散而無紀，即立己猶不能，焉能及人？故曰：道之在天下，猶川谷之於江海。 惟有主歸，所以成其大也。 子思謂「君子之道費而隱」，其即此「一本散萬殊，萬殊歸一本」之道也歟？

此章甘露是鉛汞合而始降，知止是神氣萃於中宫，太上俱渾言之，吾再詳道之。學人欲修性命，先明鉛汞。 古云：「汞是我家固有之物，鉛乃他家不死之方。」若但言心性，無從捉摸，古仙真借名爲汞。 此個汞非他，乃心中之靈液，從涕唾津精氣血液，後天所生陰滓物中，加以神火下照，久久化爲至靈之液。 此個靈液，元性所寄。 蓋以本性原來真常清浄，不染纖塵，與太空等，非從後天色身所有之精，用起文武火，加以神光了照，則靈液不化，靈性無依，故煉丹之士必先煉精化氣。 所謂「其精不是交感精，乃是玉皇口中涎」〔五〕。 玉皇比心也，心中靈〔六〕液即涎也。 既得精生汞化，由是靈液下降坎宫，真陽亦復上升，交會於黄庭土釜，我以神氣凝注〔七〕於此，久之，真鉛從此蓬勃絪緼而有象，此即所謂得藥也。然靈液即真水，真水即汞也；真陽即真氣，真氣即鉛也。汞爲精，鉛爲氣，二者皆後天有形有象之鉛汞，只可順而生男育女，不可爲長生大藥。必從此汞之下降，鉛之上升，會合中宫，凝神調息，片刻間，兀兀騰騰，如霧如烟，如潮如海，纔算是真鉛，可爲煉丹之本，所謂「坎離交而得藥」是也。於是運起陽火陰符，逆從尾閭直上泥丸，泥丸久積陰精，與我者點真鉛之氣，配合爲一，即所謂「乾坤交而結丹」是也。陽氣上升泥丸，有何景象？覺得頭首〔八〕爽利，非等平日之昏暈，有如風吹雲散而天朗氣清，另有一番氣象，纔算是真汞。以前之汞，還是凡汞，不可以養成仙胎。鉛汞會於泥丸，斯時之凡精凡氣，合同而化，不見有鉛，並不見有汞，只是一清涼恬淡之味，化爲甘露神水，香甜可口，不似平日粗精濁氣，即古人謂「醍醐灌頂」是，從上腭落下，吞而服之，送入黄庭温養，即封固矣。此個真精一生，渾身蘇軟如綿，欲睡不睡，欲醒不醒，而平日動盪之身心，至此渾然湛然，不動不摇，自安所止而得所止，又何殆之有哉？此境非大静大定不能。若夫採取之法，即一意凝注，毫不分散，古人謂「不採之採勝於採」是。所謂交媾者，即「神入氣中，氣包神外，兩兩不分」是。學人行一步，自有一步之效驗。若無真實處，工猶未至。天機畢露。人其自取証〔九〕焉，可。

校註

〔一〕猶：原作「由」，蕭本作「由（同猶）」，據梅本及註文改。

〔二〕中庸：「子曰：『回之爲人也，擇乎中庸，得一善則拳拳服膺而弗失之矣。』」宋朱熹注：「拳拳，奉持之貌。服，猶著也。膺，胸也。奉持而著之心胸之間，言能守也。」

〔三〕真：各本作「貞」，據義改。道德經二十八章「樸散則爲器」，晉王弼注：「樸，真也。」

〔四〕致之：原作「聽之」，據蕭本及二十四章註文改。

〔五〕此一句，各本作「此精不是凡（人）精，乃是玉皇口内涎」。宋白玉蟾必竟恁地歌：「人身只有三般物，精神與氣常保全。其精不是交感精，乃是玉皇口中涎；其氣即非呼吸氣，乃知卻是太素煙；其神即非思慮神，可與元始相比肩。」

〔六〕靈：原作「真」，據上下文及梅本改。

〔七〕凝注：原作「凝住」，據梅本改。

〔八〕頭首：蕭本作「頭目」。

〔九〕証：蕭本作「證」。段玉裁説文解字注：「証，諫也，今俗以証爲證驗字。」正字通：「証與證通。」

第三十三章

太上曰：知人者智，自知者明，勝人者有力，自勝者强，知足者富，强行者有志，不失其所者久，死而不亡者壽。

修身之道，不外性命。人欲盡性立命，必先存心養性，保命全形，於以修之煉之，積之累之，則本性長圓，天命在我矣。然欲盡性，必先知性。知得人生之本，純乎天理，不雜人欲，謂之睿智。由此遏欲存理，時時省察，刻刻防閑，務令私欲盡浄，天理流行，洞見本來面目，惺惺不昧，了了常昭〔一〕，即是圓明妙覺。此非外面之想像，乃自家之真知，他人莫能喻也，故曰：知人者智，自知者明。若欲立命，必先煉己。煉己有兩端。一曰物欲，物欲不除，天真難現，舍此而欲得藥結丹，亦猶嘉穀雜荑稗之中，不先芟夷，勢必苗莠並植；非先勝人欲，常操常存，則有定守，未必有定力也，故曰：勝人者有力。一曰氣質，氣質不化，身何由固？所以剥膚存液，剥液存神，剥神還虚，層層剥盡，方能與道合真。苟非精固氣壯，焉能戰退群陰，掃除六賊，致令一身内外精瑩如玉，變化凡軀，煉成仙體哉？故曰：自勝者强。如是性已了矣，命已立矣，功不於此盡乎？道不於此成乎？雖然，起火有時，止火有候。若當火足之時，不行止火之功，精必隨氣之動而動，故知止養丹，如貧者之積財而富，常覺有餘。既知止火，尤要進火以養丹，退火以温丹。非有志修士，斷不能綿綿密密，不貳不息如此也。易曰：「天行健，君子以自强不息。」其即此「强行者有志」之謂歟？自此温養之後，但安神息，一任天然，無一時一刻之失所，子思子謂「至誠無息，不息則久」者此也。至若凡身脱化，真靈飛昇，亦猶凡人之死。但凡人之死，死則神散；而聖人之死，死猶神完，形雖死而神如生，烏得不與天地同壽耶〔二〕？

此云知人道，勝人欲，猶是窮理盡性一邊之學；惟性見心明，洞徹本原，神强氣壯，煅盡渣滓〔三〕，始能了性而立命，性命不分兩途，復還於混沌未開之天，而陰神盡滅，陽神完成矣。其間煉精化氣，煉氣化神，尚有止火養丹。悟真云：「若也持盈未已心，不免一朝遭殆辱。」此之謂也。夫煉精化氣，爲入胎之始；煉氣化神，爲成胎之終。不知止火，則氣不入於胎，精雖煉而爲氣，猶可因氣之動而復化爲精；且不知止火，則神不凝於虛空，氣雖煉而成神，猶可因神之動而復化爲氣。故知足常足，終身不辱。太上之言，非欺我也。至若神歸大定，氣亦因之大定，百年之久，渾同一日，一念游移，即同走丹。如此任重道遠，非强行有志者，不能常止其所，歷久而不敝也。三昧火化，立上凌霄，雖死猶生，其精神直與天地同壽。金丹始終，盡於此矣。

校　註

〔一〕昭：蕭本作「明」。

〔二〕莊子知北遊：「人之生，氣之聚也。聚則爲生，散則爲死。……通天下一氣耳。」○心印經：「其聚則有，其散則零。」○宋張載正蒙太和篇：「氣之爲物，散入無形，適得吾體；聚爲有象，不失吾常。……聚亦吾體，散亦吾體。知死之不亡者，可與言性矣。」

〔三〕渣滓：梅本作「陰滓」。

第三十四章

太上曰：大道汎兮〔一〕，其可左右。萬物視之以生而不辭，功成不名有，衣被萬物而不爲主。常無欲，可名於小。萬物歸焉而不爲主，可名於大。是以聖人終不爲大，故能成其大。汎者，濫也。

道本淵涵無極，浩蕩無涯。詩曰：「左之左之，君子宜之；右之右之，君子有之。」觀此可見，道之隨時取用，無人不遂，無物不充焉。斯道也，何道也？萬物生生之本也。道在天地，萬物資以爲生，而不辭其紛擾，以道無不足，故其生無不暢也。雖然，生之遂之之道既足，而物賴以成，亦若物之自生自遂，而道不見爲有，其成功爲奚若乎？雖不名爲有，而天地之大，四海之遥，無人不被其涵濡，無物不荷其帡幪，且聽物之自生自育，而道若不知其爲生爲育，普護〔二〕一切，包涵萬有，斯誠「衣被萬物而不以爲主」焉。道之功成，浩浩乎無可名也，常無欲也，無欲即常清常浄，真常之道也。就其小而名之，雖一草一木之微，無有或外，彌綸萬物，無隙可尋，渾然一團，纖塵悉化，此「小莫能破」之義也，故曰：常無欲，可名於小。就其大而名之，鋪天匝地，統育群生，亘古及今，包容萬彙，而究無一物之不歸并，無一夫之或外，此「大莫能載」之旨也，故曰：萬物歸焉而不爲主，可名於大。聖人之道，何其費而隱哉？夫聖人，與道合真，靜則守中抱一，渾同於穆之天，動則因物隨緣，儼寓時行之象。惟天爲大，惟聖則之，聖實與天同其大也。然聖終不以爲大也。惟不以爲大，故能成其大，此所以爲大聖人歟？

此言道之浩浩，生萬物而有餘，被萬物而至足，無小無大，悉包含箇中。聖人能成其大，皆由修造有本。今特詳下手之工：如打坐之時，先凝神，繼調息，到得神已凝了，不必有浩然正氣，至大至剛，充塞天地，祇要心無煩惱，意無牽罣，覺得心如空器，一點不有，意若冰融，片念不生，此身聳立，恍如山岳靜鎮，不動不摇，由是以神光下照於氣穴之中，默視吾陰蹻之氣與絳宫之氣兩相會於丹鼎之中，我即以温温神火細細烹煉，微微巽風緩緩吹嘘，自然精融氣化，此即煉精化氣也。何以知其煉精化氣哉？前此未採外來之氣與吾心内之神兩相配合，會成一家，此個坎離各自分散，全不相依，呼吸亦不相調；到得收回外氣以制内裏陰精，氣到之時，陰精自化，上下心腎之氣既合爲一，自然絳宫安閒，腎府自在，外之呼吸與内之真息合爲一氣，渾如夫婦配成，聚而不散，日充月盈，真陽從此現象矣，此即化氣之明徵也。既已化氣，再行向上之事。何謂向上之事？斯時呼吸合，神氣交，凝聚丹田，宛轉悠揚，幾如活龍游泳〔三〕，一日有無數變化；我惟凝神於中，注息於外，聽其天然，自然静極而動，動極而静，此即煉氣化神也〔四〕。到得静定久久，我氣益調，前此宛轉流行於丹田者，此時烹煉極熟，覺得似有似無，若動若静，粗看不覺，細會始知。此際務將知覺之心一齊泯去，百想無存，萬慮全消，即丹田交會之神氣，聽他自鼓自調，自温自煅，我惟致虚守寂，純任自然，神入氣中而不知，氣周神外而不覺。如此烹煉一陣，自有一陣香風上沖百脈，遍體薰蒸，此所謂神生氣也。又覺精神日長，智慧日開，一心之内，但覺一念從規中起〔五〕，清浄微妙，精瑩如玉，此所謂氣生神也。如此神氣交養，兩兩相生，斯時正宜撒手成空，不粘不脱，若有心，若無意，此煉神還虚之實際也。此三件功夫，一時可行可到〔六〕。學人須遵道而行，不可但到神氣粗交，未至大静，即行下榻；又不可但到神氣大交，凝成一片，兩不分明，未到虚無清浄自然之境，速離坐地。必須照此行持，從煉精起，至於氣長神旺，久久化爲清浄自然，再加歸爐封固工法，然後合乎天地盈虚消息，與一年春夏秋冬氣象，如此始完全一周工夫。照此修持，自然我氣益調，我神益静，中有無窮變化，不盡生機。由是日夜勤工，綿綿密密，寂照同歸，自有真氣薰蒸，上朝泥丸，下流丹府，透百脈而貫肌膚，勃然有不可遏之狀。此河車之路，自然而通，我不過順其所通而略爲引之，足矣，非若旁門左道，以自家私意，空空去運，死死去行，不觀他自動自静，而爲之起止也。久之，丹成道立，走霧飛空，與天爲徒。聖人之成其大，誠非輕易也已。

校註

〔一〕氾：原作「汎」，據註文及梅本改。説文：「氾，濫也。汎，浮貌。」

〔二〕普護：各本同，疑作「布濩」。吴都賦唐劉良注：「布濩：遍滿貌；流布也。」

〔三〕游泳：原作「遊詠」，據蕭本改。

〔四〕元張三丰玄機直講煉丹火候説二篇：「回光返照，凝神丹穴，使真息往來，内中静極而動，動極而静，無限天機，即是煉氣化神之功也。」

〔五〕念：底本作「氣」，梅本作「息」，據義改。元張三丰道言淺近説：「神要真神，方算先天。真神者，真念是他，真心是他，真意是他。如何辨得真？訣曰『玄關火發，杳冥沖醒，一靈獨覺』者是也。丹家云『一念從規中起』，即真神，即真念也。」

〔六〕元張三丰玄機直講煉丹火候説二篇：「夫静功在一刻，一刻之中亦有煉精化氣、煉氣化神、煉神還虚之功夫在内，不獨十月然也，即一時一日一月一年皆然。」

第三十五章

太上曰：執大象，天下往，往而不害，安平泰。樂與餌，過客止。道之出口，淡乎無味。視之不可見，聽之不可聞，用之不可既。

何謂大象？即生天、生地、生人、生物〔一〕之大道。以其無所不包，故曰大；象，究何象哉？殆無極而已矣。顧無象爲象，究將何所執乎？亦無執爲執，斯於道不悖矣。人能常操常存，勿忘勿助，則大象執焉，大道在焉。昔孔子告顏淵曰：「一日克己復禮，天下歸仁。」〔二〕是知大道所歸，即天下所歸；無論歸人歸道，俱是心悅誠服，又何害之有耶？吾知一氣相貫通，萬物皆默化，融融洩洩，上下相安於泰運之天。此皆自然之依歸，非一時所感激。苟徒飾片時之耳目，未始不源源而來，但如世之雅樂可懷，香餌可口，亦足令過客停驂，流連不去，然可暫而不可常也。惟道無味，不似肥濃甘脆，令人咀嚼不已，饜飫無窮，而人之爽口悦心者，自不厭焉。此無味中有至味，非世味之濃所可擬。雖然，道無方體，亦無形狀，難想像，亦難捉摸，故曰：視不見，聽不聞；而取之靡窮，用之不竭，有如是也，誠「範圍天地而不過，曲成萬物而不遺」，斯道之所以爲大耳。學者其知所向往哉！

此言人必效天地交泰，而後融融洩洩，不啻雅樂可懷、香餌堪味，令人嘆賞不置。然其境非易到也〔三〕。苟當私欲甚熾，血氣將衰之候，不先從極動之處，漸而至於靜地，則人心不死，道心不生，凡息不停，真息不見。惟動極而靜之際，忽來真意以主持之，此意屬陰，謂之己土。少焉恍恍惚惚，陰陽交媾，大入杳冥之境，似夢非夢，似醒非醒。於此定靜之中，忽覺一縷熱氣，混混續續，氣暢神融，兩兩交會於黄房之間，將判未判，未判忽判，此即真鉛現象；心花發露，暖氣融融，元神躍躍，不由感觸，自然發生，斯乃玄關兆象，太極開基也。斯時惟用一點真心發真意以收攝之，此意屬陽，爲戊土。其實一意，不過以動靜之基，分爲戊己之土而已。蓋玄牝未開，混沌之中，有此真意爲主，即無欲觀妙之意，謂之陰土；及玄牝開而真機現，即有欲以觀其竅，謂之陽土。一爲無名天地之始，一爲有名萬物之母。生天、生地、生人、生物，皆此一點真意爲之貫注。修行人能以真意主宰運行，庶不至感而有思，動而他馳。所謂「天關由我，地軸由心」，「宇宙在乎身，萬化生於心」〔四〕，皆此時之靈覺，爲之運用而主持也。故曰：略先一息〔五〕，則真機未現，採之無益；略後一息，則凡念已起，採之又多夾雜，不堪爲我煉丹大藥。此須有大智慧、大力量，方能於此一息中，認得清，把得定，以爲成仙證聖之本。雖然，此個玄關，始而其氣柔脆，只覺微有熱意從下元起，久則踴躍周身，似有不可遏抑之勢。學人須於至微處辨得明白，以我真意主持，毫不分散，久之，氣機大有力量，一任兀兀騰騰，隨其所至，不加一意，不參一見，斯得之耳。到得氣機壯旺，一静即天機發動，迅速如雷，雖一切喧譁之鄉，不能禁止。總要有靈覺之心，爲之主持，乃無差也已。

校註

〔一〕生物：原無「生」字，據蕭本增。

〔二〕論語顏淵：「克己復禮爲仁。一日克己復禮，天下歸仁焉。爲仁由己，而由人乎哉？」

〔三〕然其境非易到也：原作「然其境正非易到也」，樂育堂語録卷二有「然而此境未易到也」，據删「正」字。

〔四〕陰符經：「宇宙在乎手，萬化生乎身。」宋俞琰注：「人能動其機以奪天地之機，則天地之造化在我矣，故曰『宇宙在乎手，萬化生乎身』。邵康節觀易吟云：『一物其來有一身，一身還有一乾坤。能知萬物備於我，肯把三才别立根。天向一中分造化，人從心上起經綸。天人安有兩般義，道不虚行即在人。』此之謂也。」

〔五〕息：原作「意」，據蕭本及上下文改。

第三十六章

太上曰：將欲噏之，必固張之；將欲弱之，必固强之；將欲廢之，必固興之；將欲奪之，必固與之：是謂微明。柔勝剛，弱勝强，魚不可脱於淵，國之利器不可以示人。

天有盈虚消長，人有壽殀窮通，此亦氣數之常，然只可以概凡夫，而不可以律聖人。聖人則有挽回天地之能，扭轉乾坤之德，要不外顛倒陰陽，逆施造化而已。即如時至秋也，萬物將收，而欲噏弱而難整，聖人則有張天地之氣運，强血氣之功能焉；時至冬也，萬物皆廢，而欲槁奪而難生，聖人則有氣象之重興，歲月之我與者。此至微而至明，實常而實異，非聖人莫喻也。易危爲安，反亂爲治，非神勇者，不能臻此神化。然究其所爲返還之術，不過曰柔曰弱。惟其柔也，故能勝剛；惟其弱也，故能勝强〔一〕。所用者何？人無精則絶，魚無水則滅，一旦脱之於淵，則水涸而生機息矣，亦猶人無真一之精則所存者幾希。人之與魚，同一不離乎水，但非天露之水，乃造道淵深而一元之水汩汩乎來頻相灌溉也。昔莊子謂「相濡以沫，相呴以濕，不若相忘於江湖」，是其旨矣。後世旁門，以有形有質之精，爲修煉長生之本，殆不知，道之爲物，剛健中正，純粹以精，都從恍惚杳冥，虚無自然而生者。其中火藥之密機、烹煉之的旨，非聖師不授，非至誠不幾，非有功有德，虚心訪道，竭誠求師者，未易仙緣湊合。蓋天機密祕，天地至重，鬼神最欽，妄傳匪人，殃遺九祖，猶國家利用之密器不可以輕示人，是以君子慎密而不出也。學者亦見及此乎？

此言修道之士，真有宇宙在手、萬物〔二〕生心之妙，然亦不過：觀天之道，執天之行，順而取之，逆而施之，足矣。其寓生機於殺機之中，即所謂「至陰肅肅，至陽赫赫，肅肅出乎天，赫赫出乎地」〔三〕；由至陰而取至陽，所謂「盜機」者此也。人能於「黑山窟取陽，鬼窩裏取寶」，即是盜生機於殺機之内，要皆在天地虚空中取，人身虚静處奪，此精纔是真精，非世之凡精可擬。人能盜之不失其時，用一度工，自有一度之進益。勸學者，以柔以弱，立德立功，庶得神天之佑，自有仙人傳授口訣。否則，最大事情，驚天地而動鬼神，縱是神仙，要皆不傳者多。蓋天機至密，天律最嚴，不可違也〔四〕。莊子曰：「使道可獻人，則人莫不獻之於君。使道可進人，則人莫不進之於親。使道可與人，則人莫不與之於弟兄。使道可傳人，則人莫不傳之於子孫。而皆不可者何？誠以中無德而道不立，中無主而道不行也。」〔五〕合數聖之言觀之，則知國之利器不可輕以示人矣。後世修士，切勿以大道爲公，不擇人而授，以致自遭天譴，悔之無及。斯殆有公而不公，不公而公之旨，非下學所能參其微也。尚其懔之。

校註

〔一〕淮南子詮言訓：「能成霸王者，必得勝者也；能勝敵者，必强者也；能强者，必用人力者也；能用人力者，必得人心也；能得人心者，必自得者也；能自得者，必柔弱也。强勝不若己者，至於與己同則格；柔勝出於己者，其力不可度。故能以衆小不勝成大勝者，唯聖人能之。」格，鬪也。

〔二〕萬物：蕭本作「萬化」。

〔三〕肅肅、赫赫：各本兩詞位置顛倒，據出處更正。莊子田子方：「老聃曰：至陰肅肅，至陽赫赫，肅肅出乎天，赫赫發乎地，兩者交通成和而物生焉。」唐成玄英疏：「肅肅，陰氣寒也；赫赫，陽氣熱也。」

〔四〕漢武内傳：「西王母謂漢武帝曰：傳非其人，謂之洩天道；得其人不傳，是謂蔽天寶；非限妄傳，是謂輕天老；受而不敬，是謂慢天藻。洩、蔽、輕、慢四者，取死之刀斧，延禍之車乘也。洩者身死於道路，受上刑而骸裂；蔽者盲聾於來世，命凋枉而卒殁；輕者鍾禍於父母，詣玄都而考罰；慢則暴終而墮惡道，棄疾於後世。此皆道之科禁，故以相戒，不可不慎也。」

〔五〕莊子天道：「老子曰：使道而可獻，則人莫不獻之於其君；使道而可進，則人莫不進之於其親；使道而可以告人，則人莫不告其兄弟；使道而可以與人，則人莫不與其子孫。然而不可者，無他也，中無主而不止，外無正而不行。」

第三十七章

太上曰：道常無爲而無不爲。侯王若能守，萬物皆自化。化而欲作，吾將鎮之以無名之樸。無名之樸，亦將不欲。不欲以静，天下將自正。

道雖自然無爲，然著於無爲，又成頑空之學，須於無爲植其本，有爲端其用，無爲而有爲，有爲仍無爲，斯體立而用行，道全而德備矣。所謂「常應常静」，「常寂常惺」，「放之則彌綸六合，卷之則潛伏寸衷」，即此沖漠無朕之時，有此坐照無遺之概。雖曰無爲，而有爲寓其中，雖曰有爲，而無爲賅其内，斯大道在我，大本常存。任尊貴王侯，若無此道爲根本，則萬物皆隔閡而難化。惟能持守此道，則天下人物，性情相感，聲氣相通，自默化潛移，而太平有象矣。雖然，承平日久，古道難敦，此亦情所必至，理有固然，無足怪也。及創造頻仍，繁華肇起，人心愈險，禍亂彌多，此又天地之氣數，人所不能逃者。惟聖人具保泰持盈之法，久安長治之謀，於文物初開之世，而以無爲無作，無思無慮，渾然無名之太樸，爲之修諸己而措諸民，導於前而引於後，純乎天，不雜以人，所以内鎮宫庭，外鎮天下。《屯之初九曰「盤桓，利居貞」，爲草昧初開者之一鎮也。夫石藴玉而山輝，水懷珠而川媚，凡樸之鎮猶且如此，况無名之樸，合民物而一，爲之鎮乎？倘不歸渾穆，斷難使會極歸極〔一〕，咸登袵席之安。惟不識不知，順帝之則，渾忘道德，不識天人，斯爲得之，故曰：無名之樸，亦將不欲，不欲以静，天下自正。此殆恬淡無欲，郅治無爲，上不知所爲化，下不知所爲應，上與下兩相安於無爲之道，有不知其然而然者。舜之無爲而治，所以獨隆千古也。爲民上者，可不以無爲爲本哉？

此論治世之道，無爲爲本。修身之道，亦不外此〔二〕。王侯比人之身，至尊至貴。俗云「一劫人身萬劫難，既得人身遇已奇」矣，又聞正法，不更美乎？於此不修，則精神必耗，身命難延，一轉眼間，氣息泯滅，又不知爲鬼爲蜮，或獸或禽，輪迴六道，輾轉不停，何時纔得出頭？今逢法筵大展，大道宏開，可不急急修持，而令歲月之蹉跎耶？萬物比人身中五官百體，血氣精神。能守此無爲常道，則諸慮自息，百骸俱理，肌膚潤澤，毛髮晶瑩，不啻金相玉質〔三〕。侯王能守，萬物自化，比一心内照，則變化通靈。然火候未純，氣質尚在。當此精神大整，智慧頻生，或好談過去未來以逞其才，或喜語建功立業以誇於世〔四〕，種種作爲，皆由道德未純之故。惟此玉液丹成，重安爐鼎，再闢乾坤，仍以無名太樸，傾於八卦爐中，内用天然神火，外加增減凡爐，久久火化，連無名之樸亦渾忘焉。如此〔五〕無知無欲，恬然淡然，則凡身變化，自返還於先天一氣，而仙道成矣。所謂「不欲以靜，天下將自正」者，太上治世修身之道，其一以貫之者歟？

校　註

〔一〕尚書洪範：「會其有極，歸其有極。」漢孔安國傳：「言會其有中而行之，則天下皆歸其有中矣。」

〔二〕外此：原作「可外」，據蕭本改。

〔三〕金相玉質：形容人或物的外表（相）和内在（質）俱美。漢王逸離騷序：「所謂金相玉質，百世無匹，名垂罔極，永不刊滅者矣。」周書蘇綽傳：「若刀筆之中而得志行，是則金相玉質，内外俱美，實爲人寶也。」

〔四〕世：原作「其」，據蕭本改。

〔五〕如此：各本無「如」字，據義補。

第三十八章

太上曰：上德不德，是以有德。下德不失德，是以無德。上德無爲而無以爲，下德爲之而有以爲。上仁爲之而無以爲，上義爲之而有以爲。上禮爲之而莫之應，則攘臂而仍之。故失道而後德，失德而後仁，失仁而後義，失義而後禮。夫禮者，忠信之薄而亂之首也；前識者，道之華而愚之始也。是以大丈夫處其厚，不處其薄，居其實，不居其華，故去彼取此。

上古之風，渾渾噩噩，一任其天，浩浩淵淵，各安其性，上下無爲，君民共樂，忠厚成風，訟争不起，何世道之敦厖若此乎？皆由安無爲之天，率自然之性，一時各老其老，幼其幼，賢其賢，親其親，安耕樂業，食德飲和，不知道德之名，更不聞仁義禮智之説，然而抱樸完真，任氣機之自動，與天地以同流，儼若不教而化，無爲而成，自與道德爲一，仁義禮智不相違焉。夫以道德並言，道爲體，而德爲用；以道德仁義禮智合論，則道德又爲體，而仁義禮智又爲用。後世聖人，雖爲化民起見，而立道德之名，分爲仁義禮智之説，其實道德中有仁義禮智，仁義禮智内有道德，無彼此，無欠缺也。降至後世，而道德分矣；等而下之，仁義禮智亦多狃於一偏。此皆由氣數之推遷，人心之變詐，故至於此。太上欲人返本還原，歸根復命，乃爲之嘆曰：上德無爲之人，惟率其性，不知有德，是以其德常存；下德有爲之士，知德之美，因愛其名，好行其德，惟恐一失其德，頓喪其名，此兩念紛馳，渾淪頓破，不似上德之一誠不貳，片念無存，由有德而反爲無德也。且上德無爲，斯時天下之民，一道同風，群安無爲之世；下德有爲，際此繁華漸起，俗殊政異，共樂有爲之常。豈非「忘機者息天下之機，好事者啓天下之事」乎？然時窮則復，物窮則變，人窮則返。當此多事之秋，風俗澆漓，人心變亂，滔滔不返，天真牿没久矣，必有好仁之主，發政施仁，清源正本，易亂爲治，轉危爲安，勢不能不有爲，然雖有爲之跡，而因時制宜，順理行去，有爲仍屬無爲，所以垂衣裳而天下治也；更有好義之人，際此亂離之日，欲復承平〔一〕，大興掃除之功，欣欣自喜，悻悻稱雄，不能一歸淡定，雖或乂安宇宙，人物一新，而上行下效，民物之相争相奪者，不能已也。至於上禮之君，人心愈變矣，習往來之儀，論施報之道，或厚往而薄來，或施恩而報怨，則不能相安於無事；朝有因革，俗有損益，不能彼此相合，遠近同情〔二〕，稍有不應，而攘臂相争，干戈旋起，不能與居與處而相安，故曰：失道而後德，失德而後仁，失仁而後義，失義而後禮。迄於今，人愈變，事愈繁，而忠信之壞已極，不得不言禮以維持之。

無如徒事外面之粉飾，不由中心之發皇，酬酢日多，是非愈衆。彼緣禮以爲維繫人心之計者，殆未思：應於外，不由於中，必至凶終而隙末〔三〕，欲安而反危，故曰：忠信之薄，而亂之首也。他如智非奇計異謀，預度先知之糾察，乃由誠而明，不思而得，不學而能，自然虛明如鏡，豈逆詐億信〔四〕所可比哉？然道之華，非道之實。且察察爲明，必流於虛誣詐僞而不覺，在己或矜特識，其實愚之始也。是以大丈夫有真識定力，知敦厚以爲禮，故取其厚，不取其薄；知虛華之非智，故取其實，不取其華。去取攸宜，而大道不難復矣。

此言道德廢而有仁義，仁義廢而有禮智，愈趨愈下，亦人心風俗使然，無足怪者。至於修養一事，噏津〔五〕服氣出而道一變，採藥煉丹出而道一變，迄於今，紛紛左道，不堪言矣，誰復知玄關一竅爲修道之要務乎？吾今爲人示之：人欲識此玄關，須於大塵勞大休歇後，方能了徹得者個玄機。又曰「念起是病，不續即藥」，又曰「放下屠刀，立地成佛〔六〕」，總不外塵情雜慮紛紛擾擾時，從中一覺而出，即是玄關，所謂「回頭是岸」，又曰「彼岸非遥，回光返炤即是」。但恐於玄關未開之前，先加一番意思去尋度，於玄關既開之後，又加一番意思去守護，此念慮紛紛，猶天本無雲翳，雲翳一散即現太空妙景，而卻於雲翳已散之後，又復加一番烟塵，轉令清明廣大之天，因之而窄逼難容，昏暗莫辨矣。佛云：「應如是住，如是降伏其心。」此等玄機，總著不得一毫擬議，擬議即非，著不得半點思慮，思慮即錯。惟於玄關未開時，我只順其了照之意，於玄關既開候，我亦安其坐照之常；念若紛馳，我即收回，收回即是；神如昏罔，我即整頓，整頓即是，是何如之簡而捷、便而易乎？特患人於牀上安牀，動中尋動，静裏求静，就涉於穿鑿，而玄關分明在前，卻又因後天知慮遮蔽，而不在矣。吾今示一要訣：任他〔七〕思念紛紜，莫可了卻，我能一覺而動，即便掃除，此即是玄關。足見人之修煉，只此覺照之心，亦如天宫赤日，常須光明洞照，一毫昏黑不得，昏黑即落污暗地獄。苟能撥開雲霧，青天白日，明明在前，如生他想，即落凡夫窠臼，非神仙根本。總之，仙家無他玄妙，惟明心見性乃修煉要訣。至若〔八〕丹是何物，即吾丹田中絪緼元氣是也。然此元氣，與我本來不二元神，會合一處，即是返還太極無極，父母未生前一點天命。人能以性立命，以命了性，即可長生不死。但水府求玄，欲修成金液之丹，不得先天神息，採取烹煉，進退温養，則先天元性與先天元命，不能自家會合爲一，攢五簇六而成金丹。雖然，既得元性元命矣，若無真正胎息，猶人世男女，不得媒妁往來交通，亦不能結爲夫婦，故丹經云：「真意爲媒妁。」兹又云「真息爲媒妁」，豈不與古經相悖乎？不知：真意者，煉丹交合之神，真息者，煉丹交合之具，要皆以神氣二者合之爲一而已矣。第無真息，則真氣不能自升自降，會合温養，結成玄珠；既得真息，若無真意爲之號令，攝持嚴密，則使真息亦不能往來進退，如如自如。故曰：真意者，煉丹之要。然真意不得真正元神，則真意從何而始？惟於玄關竅開之初，認取這點真意，於是返而持之，學顔子拳拳服膺，斯得之矣。況元神所流露，即是真意，即是「一善」，亦即「得一而萬事畢」之道。學人認得分明，大丹之本立矣。昔邱祖云：「息有一毫之未定，命非己有。」吾示學人，欲求長生，先須伏氣。然伏氣〔九〕有二義：一是伏藏此氣，歸於中宫，如如不動；一是管攝嚴密，降伏後天凡息，不許内外呼吸出入動摇吾固有之神氣。久久降伏，自能洗心退藏於密。長生即在此伏氣中，除此别無他道。修行人須照此行持，乃不負吾一片苦衷耳。

校註

〔一〕承平：原作「成平」，據蕭本及第十八、三十、三十一、三十七章註文改。承平，太平，治平相承。漢書食貨志上：「今累世承平，豪富吏民訾數鉅萬，而貧弱俞困。」

〔二〕同情：蕭本作「同群」。

〔三〕凶終隙末：謂交道不永，朋友最終變成仇人。宋李綱梁谿集論交深：「夫交深而望輕者，惟有德者能之，若管鮑是已。不然，凶終隙末，可勝道哉？」宋胡三省曰：「隙，怨隙也，釁隙也。物之有罅釁者爲有隙，人之與人有怨者亦爲有隙。」

〔四〕論語憲問：「不逆詐，不億不信，抑亦先覺者，是賢乎？」宋朱熹注：「逆，未至而迎之也。億，未見而意之也。詐，謂人欺己。不信，謂人疑己。抑，反語辭。言雖不逆不億，而於人之情僞自然先覺，乃爲賢也。」宋謝顯道曰：「賢者於事能見之於微，謂之先覺，如履霜可以知堅冰也。」逆，揣度。億，預料。

〔五〕嚥津：原作「嚥精」，據梅本改。黄庭内景經：「口爲玉池太和官，漱嚥靈液災不干。體生光華氣香蘭，卻滅百邪玉煉顔。」務成子注：「口中津液爲玉液，一名醴泉，亦名玉漿。」雲笈七籤卷五十六：「仙人所以目八字妙門，一元真法，謂之『虚心實腹，飢氣渴津』八字是也。……飢即吞氣，渴即嚥津。」

〔六〕立地成佛：原作「立成佛地」，據蕭本改。

〔七〕任他：原作「在他」，據蕭本改。

〔八〕至若：原無「至」字，梅本作「若問」，據義補「至」。至若，連詞，表示另提一事。

〔九〕伏氣：原無「氣」字，據梅本補。

第三十九章

太上曰：昔之得一者，天得一以清，地得一以寧，神得一以靈，谷得一以盈，萬物得一以生，侯王得一以爲天下貞。其致之，一也。天無以清，將恐裂；地無以寧，將恐發；神無以靈，將恐歇；谷無以盈，將恐竭；萬物無以生，將恐滅；侯王無以貞貴高，將恐蹷〔一〕。故貴以賤爲本，高以下爲基。侯王〔二〕自謂孤、寡、不穀，此其以賤爲本也，非乎？故致數車無車，不欲琭琭音祿。如玉，落落如石。

大道無他，一而已矣。一者何？即鴻濛未判之元氣，混沌未開之無極，生成萬物之太極。要之，元氣無形，謂之無極；萬物皆從無極而有形，實爲天下之根，謂之太極。即此是道，聖人無可名而名之，故曰一。若無一，則無物，無物便無一，得之則生，失之則没。自昔元始以來，其得一而成形成象，繩繩不已，生生不息者，大周沙界，細入微塵，無或外也。中庸云，「視之不見，聽之不聞，體物不可遺」，孰非此一乎？故綜而計之，天之清也，得一而清；地之寧也，得一而寧；神之靈也，得一而靈；谷之盈也，得一而盈；萬物之生也，得一而生；侯王之正己以正天下也，無非得一以貞而已。縱或大小異象，貴賤殊途，表裏精粗，幽明人鬼，至於不可窮詰，孰能外此一以爲包羅哉？即如天至高也，無一將恐崩裂；地至厚也，無一將恐發決；神至妙也，無一將恐不靈；空谷傳聲，氣至盈也，無一則恐竭矣；萬物負形，氣至繁也，無一則恐滅矣；侯王至高而至貴也，無一以貞天下，恐位高則危，名貴則敗矣，是一安可忽乎？果能由一散萬，浩蕩無垠，淵深莫測，則天地神谷萬物侯王俱賴此一以爲主宰，而蟠天際地，彌綸無隙，充周不窮，如此其極，是高莫高於道，貴莫貴於一也。雖然，自無而有，有何高焉？由微而著，又何貴焉？即使貴莫與京，亦由氣之自微而顯，故曰：貴以賤爲本；即使高至無極，亦由氣之自下而上，故曰：高以下爲基。他如世之位高如侯，分貴如王，知道之自下而高、由賤而貴，故自稱曰孤、曰寡人、曰不穀，此非以賤爲本歟？否或不居於賤，自置太高，則中無主而道不立，心已紛而神不凝，欲於事事物物之間，合夫大中至正，復歸於一道，蓋亦鮮矣。猶推數車者，不能居中制外，反不如驅一車者之尚處其內而得以操縱自如。噫！有車而等於無車，貪多誠不如抱一。又如玉之琭琭而繁多，多則賤生焉，如石之落落而層疊，疊則危起焉，均太上所不欲也。何若抱一者之自賤而自下，後終至於高不可至、貴莫可言之爲愈哉！

此言修道成真，只是此一，無有二也。孔子曰：「吾道一以貫之。」孟子曰：「夫道，一而已矣。」然究何一哉？ 古人謂：鴻鴻濛濛中，無念慮，無渣滓，一個虛而靈、寂而惺者之一物也。 此物，寬則包藏法界，窄則不立纖塵，顯則九夷八荒無所不到，隱則纖芥微塵無所不察，所謂無極之極，不神之神，真無可名言、無從想像者。 性命之道，惟此而已。 太上以侯王喻人之心。 心能常操常存，勿忘勿助，刻刻返觀，時時內照，即不失其一。 一即獨也。 獨知獨覺之地，戒慎恐懼，斯本來之至高至貴者，庶可長保。 然此是修性之學，故一慎獨便可了得。 若煉命，則有爲有作。 倘非從下處做起，賤處煉來，藥猶難得，何況金丹？ 下即下丹田也，賤即下部污穢處也。 學者欲一陽來復，氣勢沖沖，非由下而升至於頂上，安得清剛之氣，以爲我長生至寶？ 非從下田濁鄉，以神火下照，煉出至陽之氣，何以爲藥本丹基？ 古人謂「陰中求陽，鬼窟盜寶」，洵不誣矣。 尤須一心，無兩念，方是守一之道。 到得自然，人我俱忘，即得一矣。 修士到此地位，一任天下事事物物，無不措之而咸宜，處之而恰當，所謂「得一而萬事畢」，其信然耶？ 倘著形著象，紛紛馳逐，與夫七情六欲，身家妻孥，死死牽纏，不肯歇手，則去道遠矣。 莫説外物紛紜，不可言道，即如存心養性，修道煉丹，進火退符，採取封固，一切名目，皆是虛擬其象，爲後之學者立一法程。 若其心有絲毫未淨，即爲道障。 太上所以說：致數車無車，不欲琭琭如玉，落落如石焉。 夫道只一道，學者又何事他求哉？

校註

〔一〕蹷：各本作「蹷」，據通行本及註文之義改。説文：「蹷，僵也。」清段玉裁注：「僵，僨也。僨，引伸之爲凡倒敗之偁。大學曰『一人僨事』，注云『僨猶覆敗也』。」説文新附字：「蹷，迫也。」廣雅：「蹷，急也。」

〔二〕侯王：各校本「侯王」之前有「是以」二字。

第四十章

太上曰：反者道之動，弱者道之用。天下萬物生於有，有生於無。

夫道〔一〕，人人具足，個個圓全，又何待於復哉？不知人自有生而後，氣拘欲蔽，知誘物化〔二〕，斯道之爲所汩者多矣。苟非内祛諸緣，外祛諸擾，凝神調息，絶慮忘機，安得一陽發生，道氣復返乎？故曰：反者道之動，煉丹之始基也。迨至藥已歸爐，丹亦粗結，汞鉛渾一，日夜内觀，而金丹産焉。自此採取之後，綿綿不絶，了了常存，以謙以下，以辱以柔，就是還丹之妙用。然非但還丹當如此，自下手以至丹成，無不當冥心内運，專氣致柔。蓋丹乃太和一氣煉成，修道者當以謙和處之，苟稍有粗豪，即動凡火，爲道害矣，故曰：弱者道之用。天下萬事萬物，雖始於有形有象，有物有則，然其始不自有而肇也。聖人當大道之成，雖千變萬化，無所不具，而其先必於至虚至無中採之煉之，然後大用流行，浩氣充塞於兩大；若非自無而煉，焉得彌綸天地，如此其充周靡盡乎？故曰：有生於無。學人修養之要，始也，自無而有，從静篤中煉出微陽來；繼也，自有而無，從蓬勃内復歸於恬淡；其卒也，又自無而有，混混沌沌，人我俱忘，久之，自煉出陽神三寸，丈六金身。可見有有無無，原迴環不已，迭運靡窮。學者必照此行持，方無差忒。

此言金丹大道，非有他也，只是真氣流行，充周一身，其静也，如淵之沈，其動也，如潮之湧。惟清修之子，冥心内照，自考自証，方能會之，非言語所能罄也。人能明得動機是我生生之本，彼長生不老之丹，豈外是乎？况人人共有之物，無異同，無歉缺，只爲身動而精不生，心動而氣不寧，於是乎生老病死苦，輾轉不休，輪迴不已。若欲脱諸一切，非先致養於静，萬不能取機於動，反我生初元氣。但此個動機，其勢至微，其氣至嫩，稍不小心，霎時而生癸水，變經流，爲後天形質之私，不可用矣，故曰：「見之不可用，用之不可見。」由此一動之後，採不失時，則長生有本，大丹有根。如執所有而力行之，篤所好而固守之，雖得藥有時，成丹可俟，無如沖氣至和，而因此後之採取不善，烹煉不良，一團太和之氣，遂被躁暴凡火傷之。道本至陽至剛，必須忍辱柔和，始克養成丹道，太上所以有「挫鋭，解紛，和光，同塵」之教也。然道雖有氣動，猶是無中生有；有而不以弱養之，則不能反於虚無之天，道又何自而成乎？人第知一陽來復乃道之動機，而不知反本還原，有象者仍歸無象。蓋有象者，道之迹，無象者，道之真也。知此，則修煉不患無基矣。

校註

〔一〕夫道：各本作「大道」，據義改。

〔二〕禮記樂記：「人生而静，天之性也；感於物而動，性之欲也。物至知知，然後好惡形焉。好惡無節於内，知誘於外，不能反躬，天理滅矣。夫物之感人無窮，而人之好惡無節，則是物至而人化物也。人化物也者，滅天理而窮人欲者也。」

第四十一章

太上曰：上士聞道，勤而行之；中士聞道，若存若亡；下士聞道，大笑之，不笑不足以爲道。故建言有之：明道若昧，進道若退，夷道若類，上德若谷，大白若辱，廣德若不足，建德若偷，質直若渝，大方無隅，大器晚成，大音希聲，大象無形。夫惟道，善貸且成。

天地未有之先，原是虚虚無無，鴻鴻濛濛，一段氤氲太和之氣，醖釀久之，氣化充盈，忽焉一覺而動，太極開基矣。動而爲陽，輕清之氣上浮爲天；静而爲陰，重濁之氣下凝爲地。天地開闢而人物滋生，芸芸萬姓有幾能效天地之功用哉？惟聖人從混沌中一覺而修成大丹，以此治身，即以此淑世；雖未敢緘口不言，卻亦非概人而授；隨緣就緣，因物付物，方合天地大公無我之量。時而遇上士也，聞吾之道，欣然向往，即勤而行之，略無疑意，此其人，吾久不得見之矣。時而遇中士也，出於予口，入於伊心，亦屬平常，了無奇異，未始不愛之慕之，一蹴而欲幾之，無柰世味濃而道味淡，聖念淺而俗念深，或遷或就，若存若亡，知不免焉。至於下等之士，習染日深，氣性多戾，一聞吾道，不疑爲妖言惑世，便指爲聚衆斂財，詎知君子之修，造端夫婦，聖人之道，不外陰陽，順則成人〔一〕，逆則成仙，其事雖殊，其理則一，而貿貿〔二〕者乃謂神仙爲幻術，豈有如此修持遂能上出重霄乎？否則謂天地至廣，萬物至繁，如此成性存存，即上下與天地同流乎？何以自古仙聖至今無幾也？於是笑其言大而夸，行僞而僻。噫，斯道只可爲知己者道，難與淺見寡聞者言矣！夫蜉蝣不知晦暮，蟪蛄不知春秋，井蛙不知江海〔三〕，又何怪其笑耶？不笑不足以見道之至平而至常，至神而至奇，神奇即在平常中也。況道本無聲色，何有所言？其有所言，亦因後之修士無由循途而進，歷階而升，故不得不權建虚詞、假立名號以引之。人果知虚無爲道，自然爲功，尤須自陰而陽，由下而上，昧爲明本，退爲進基，雖明也而若昧，庶隱之深而明之至焉，雖進也而若退，庶卻之愈速而進之彌遠焉。道原遠近皆具，我雖與道大適，亦若於己無增，於人無減，夷若類焉。道本大小兼賅，我雖與德爲一，亦若無而不有，虚而不盈，德若谷焉。時而大顯於世也，嘖嘖稱道，不絕人口，我若無益於己，反多抱愧，故曰：大白若辱。時而德充於内也，處處施爲，不窮於用，亦若有缺於中，益形支絀，故曰：廣德若不足。即其修德立身，建諸天地而不悖〔四〕，我若自安偷薄，絶無振拔之心，故曰：建德若偷。或已至誠盡性，質諸鬼神而無疑，我若常變可渝，毫無堅固之力，故曰：質直若渝。如此存養心性，惕厲神明，雖有讒言，無間可入，縱多亂德，何隙可乘？世有修道明德而遭侮辱者，其亦返觀内省？果如此藏蹤斂迹，卑微自下，忤辱爲懷，德廣而不居，德建而弗信，亦若忠直難言，譸張爲幻〔五〕者耶？吾知其未有此也。縱或數有前定，劫莫能逃，天之所爲〔六〕，人當順受，安於命而聽諸天，是以「君子有終身之憂，無一朝之患」，我於此益信焉。且道無方所形狀聲臭可言，彼世之廉隅自飭者，規規自守，不能圓轉自如，我則大方無方，渾然一團，不落邊際，又何模稜之有？凡物之易就者無美觀，急成者非大器，我能循循善造，弗期近效，不計淺功，久於其道，自可大成，又何歉於己乎？要之，道本希言自然，恍惚爲狀，我能虛極靜篤，則無音而大音出矣，無象而大象形矣。施之四海皆準，傳之萬世不窮，豈僅推重於一時而不能揚徽於萬代耶？詩曰：「在彼無惡，在此無斁。」道之建施，實有如此神妙者。其間孰是爲之，孰是與之？亦曰：夫惟道，善貸且成而已。此言抱道人間，用無不足，給萬物而不匱，周沙界而有餘，且使化功大成，真上士也。

太上爲世之不自韜光養晦、立德修身者言，彼稍有所得，便矜高自詡，五蘊未空，六塵不浄，猶屋蓋草茅，火有所借而然。若只修諸己，不求諸人，渾渾乎一歸於無何有之鄉、廣漠之野，縱有外侮，猶舉火焚空，終當自息。如此修己，真修己也。惟其如此，故人與己兩相安於無事之天，否則於道無得，反招尤也。孔子曰：「無而爲有，虛而爲盈，約而爲泰。」〔七〕其見惡於人也，宜矣。修道者知此，可以免務外之思，亦可無外侮之患焉。

校註

〔一〕成人：原作「死人」，蕭本作「生人」。元張三丰大道論：「易曰：『男女媾精，萬物化生。』人有此身，亦因父母而得；倘無父母，身何存乎？故作金丹之道與生身事同，但順則成人，逆則成仙；順逆之間，天地懸隔。只要逆用陰陽，自然成就。」據改。

〔二〕貿貿：引申爲昏庸糊塗。禮記檀弓下：「有餓者蒙袂輯屨貿貿然來。」漢鄭玄注：「貿貿，目不明之貌。」

〔三〕莊子逍遥遊：「朝菌不知晦朔，蟪蛄不知春秋。」秋水：「井蛙不可以語於海者，拘於墟也。夏蟲不可以語於冰者，篤於時也。曲士不可以語於道者，束於教也。」

〔四〕中庸：「故君子之道，本諸身，徵諸庶民，考諸三王而不繆，建諸天地而不悖，質諸鬼神而無疑，百世以俟聖人而不惑。」

〔五〕尚書無逸：「民無或胥譸張爲幻。」漢孔安國傳：「譸張，誑也。君臣以道相正，故下民無有相欺誑幻惑也。」

〔六〕爲：原作「危」，據梅本改。

〔七〕論語述而：「亡而爲有，虛而爲盈，約而爲泰，難乎有恒矣。」宋邢昺疏：「恒，常也。此明時無常德也。亡，無也。時既澆薄，率皆虛矯，以無爲有，將虛作盈，内實窮約而外爲奢泰，行既如此，難可名之爲有常也。」

第四十二章

太上曰：道生一，一生二，二生三，三生萬物。萬物負陰而抱陽，沖氣以爲和。人之所惡，孤、寡、不穀，而王公以爲稱。故物或損之而益，或益之而損。人之所教，我亦教之：强梁者不得其死，吾將以爲教父。父與甫同，從上聲，言其衆也，將以之教衆人也。

道家始終修煉，惟以虛無爲宗。元始天王，道號虛無自然，即是此義。由虛而實，是謂真實；由無而有，是謂妙有。倘不虛不無，非但七情六慾，窒塞真靈本體，無以應萬事，化陽神，即觀空了照，有一點强忍意氣持之，亦是以心治心，直將本來面目遮蔽無存。總之，虛無者，道之體，沖和者，道之用，人能如是，道庶幾矣。太上曰道生一，道何有哉？虛而已矣。然至虛之中，一氣萌動，天地生焉，故曰：有物混成，先天地生也。無極之先，混混沌沌，祇是一虛；及動化爲陽，静化爲陰，即「易有太極，是生兩儀」是，所謂道生一，一生二也。其在人身，即微茫之中，一覺而動，乾坤闔闢，氣機往來，静而凝聚者，爲陰爲精，動而流行者，爲陽爲氣；若無真意主之，則陰陽散亂，無由生人而成道。可見陰陽二氣之間，甚賴元神真意主持其際，所謂二生三也。由是一陰一陽，一動一静，氣化流行，主宰如故，而萬物生生不窮矣，所謂三生萬物也。或曰：「天一生水，金生水也；地二生火，木生火也；天三生木，水生木也；地四生金，土生金也。」以五行所生，解太上一二三萬物生生之義，總屬牽强；不若道爲無極，一爲太極，二爲陰陽，天一地二合而成三，斯爲明確之論。「萬物負陰而抱陽，沖氣以爲和」，明明道元始虚無一氣，化生陰陽，萬物之生即陰陽爲之生。沖者，中也，陰陽若無沖氣，則中無主而神不寧，物之生也猶且不能，況修道乎？易曰：「天地絪緼，萬物化醇。」可見精氣神三者俱足，斯陰陽合太極而不分。使陰陽雖具，太極無存，則造化失權，萬物之生機盡滅。大凡修道煉丹，雖離不得真陰真陽，若無太和元氣，則丹無由結，道亦難成，蓋道原太和一氣所結而成也。生人生仙，只是一理，所争在順逆間耳。惟以元氣爲體，陰陽爲用，斯金丹之道於是得矣。試觀王公大人，位至高也，分至貴也，而自稱曰孤、曰寡、曰不穀，其意何居？蓋高者易危，滿者易傾，電光之下，迅雷乘之。惟高不恃其高，貴不矜其貴，而以謙下柔和之心處之，斯可長保其富貴，而身家不至危殆焉，所以孤、寡、不穀，凡人所惡，王公反以之自稱也。然則道爲天地至寶，修之者可不矣〔一〕謙柔之意乎？書曰：「滿招損，謙受益。」從無有易之者。夫益不始於益，必先損而後益；損不始於損，必先益而後損。可見富貴貧賤，窮通得喪，屈極則伸，伸極必屈，此天道循環，自然之運，雖天地莫能逃，何況乎人？噫，人道如斯，大道奚異？修士欲得一陽來復，必先萬緣俱寂，純是和平之氣，絶無躁切之心。如此損之又損，以至於無，則群陰凝閉之中，始有真陽發生，爲吾身之益不少。倘或自恃其才，自多其智，心不虚而志自滿，未有不爲識神悮事，邪火焚身者。欲益而反損，天下事大抵如斯，豈獨修道乎哉？至於一切事宜，無非幻景，不足介意，而人猶以爲後起者教。須知：金丹大道，所爲在一時，所關在萬世，豈可不以爲法耶？太上所以云：人之所教，我亦教之也。所教維何？至柔已耳。若不用柔而用剛，必如世上强梁之徒，横行劫奪，終無一人不罹法網而得以善終。是知：横豪者，死之機，柔弱者，生之路，此誠修道要術，吾之教人所以柔弱爲先也，修士其可忽乎？悟真云：「道自虚無生一氣，便從一氣産陰陽。陰陽自是成三體，三體重生萬物昌。」此即「一生二，二生三，三生萬物」之謂。修行人打坐之初，必先寂滅情緣，掃除雜妄，至虚至静，不異癡愚，似睡非睡，似醒非醒，此鴻濛未判之氣象，所謂道也。忽焉一覺而動，杳冥沖醒，我於此一動之後，只覺萬象咸空，一靈獨運，抱元守一。或云真意，或云正念，或云如來正等正覺，此時只一心，無兩念焉。觀其陽生藥産，果能蓬勃絪緼，即用前行二候法，採取回宫一候，歸爐封固一候。是即一動爲陽，陽主升；一静爲陰，陰主降。再看氣機壯否？若已大壯，始行河車運轉，四候採取烹煎，餌而服之，立乾己汞。此即採陽配陰，皆由一而生者也。至於一呼一吸，一開一闔，無不自一氣而分爲二氣。然心精腎氣，心陰腎陽，無不賴真意爲之採取、烹煉、交媾、調和。此即陰陽二氣合真意爲三體，皆自然而然，無安排，無湊合也，而要必本於謙和退讓；稍有自矜自强之心，小則傾丹，大則殞命，故曰：强梁者不得其死，吾將以爲教父。學者須知：未得丹時，以虛静之心待之；既得丹後，以柔和之意養之，慎毋多思多慮、自大自强，可也。此爲要訣中之要訣，學者知之。否則，滿腔雜妄，道將何存？如此而煉，是瞎煉也。一片剛强，即得亦喪，如此而修，是盲修也。似此無藥無丹，遽行採煉運轉，不惟空燒空煉，且必傷性傷精，其爲害於身心不小，乃猶不肯自咎，反歸咎於大道非真，金丹之難信，斯其人殆不知：道之爲道，至虛至柔，惟以虛静存心，和柔養氣，斯道乃未有不成也已。

此言道家修煉，卻病延年，成仙作聖，不外精氣神三寶而已。然精非交感之精，所謂「元始真如，一靈炯炯」，前云「惚兮恍，其中有象」是，是由虛而生。虛即道，道生一，即虛生精，精即性也。氣非呼吸之氣，所謂「先天至精，一氣氤氲」，前云「恍兮惚，其中有物」是，是由一而生。一即精，一生二，即精生氣，氣即命也。神非思慮之神，所謂「靈光獨耀，惺惺不昧」，前云「杳兮冥，其中有精，其精甚真，其中有信」是，自二而化。

二即氣，二生三，即氣化神，神即元神真意也。要皆太和一氣之所化也，惟以柔和養之，斯得之耳。若著一躁心，生一暴氣，皆不同類，去道遠矣。去道既遠，保身猶難，安望成仙？所以有强梁之戒也。太上以忍辱慈悲爲教，故其言如此。孔子繫易，嘗於謙卦三致意〔二〕，而金人〔三〕、欹器之類〔四〕，示訓諄諄，其即此意也歟？

校註

〔一〕矢：梅本作「知」。矢，陳也，誓也，肆也。

〔二〕周易謙卦：「謙，亨，君子有終。彖曰：謙，亨。天道下濟而光明，地道卑而上行，天道虧盈而益謙，地道變盈而流謙，鬼神害盈而福謙，人道惡盈而好謙。謙，尊而光，卑而不可踰，君子之終也。」繫辭：「謙也者，致恭以存其位者也。……謙，德之柄也。」

〔三〕孔子家語觀周第十一：「孔子觀周，遂入太祖后稷之廟，廟堂右階之前有金人焉，三緘其口，而銘其背曰：『古之慎言人也！戒之哉！無多言，多言多敗。無多事，多事多患。安樂必戒，無所行悔。勿謂何傷，其禍將長。勿謂何害，其禍將大。勿謂不聞，神將伺人。焰焰不滅，炎炎若何。涓涓不壅，終爲江河。綿綿不絕，或成網羅。毫末不札，將尋斧柯。誠能慎之，福之根也。曰是何傷，禍之門也。强梁者不得其死，好勝者必遇其敵。盜憎主人，民怨其上。君子知天下之不可上也，故下之；知衆人之不可先也，故後之。温恭慎德，使人慕之。執雌持下，人莫踰之。人皆趨彼，我獨守此。人皆或之，我獨不徙。內藏我智，不示人技。我雖尊高，人弗我害。誰能於此？江海雖左，長於百川，以其卑也。天道無親，而能下人。戒之哉！』孔子既讀斯文也，顧謂弟子曰：『小子識之：此言，實而中，情而信。詩曰：「戰戰兢兢，如臨深淵，如履薄冰。」行身如此，豈以口過患哉？』」王肅注：「無所行悔，言當詳而後行，所悔之事不可復行。綿綿，微細。札，拔也；尋，用也。或之，東西轉移之貌。戰戰，恐也；兢兢，戒也。」

〔四〕孔子家語三恕第九：「孔子觀於魯桓公之廟，有欹器焉。夫子問於守廟者曰：『此謂何器？』對曰：『此蓋爲宥坐之器。』孔子曰：『吾聞宥坐之器，虛則欹，中則正，滿則覆，明君以爲至誡，故常置之於坐側。』顧謂弟子曰：『試注水焉。』乃注之，水中則正，滿則覆。夫子喟然嘆曰：『嗚呼！夫物惡有滿而不覆哉？』子路進曰：『敢問持滿有道乎？』子曰：『聰明睿智，守之以愚；功被天下，守之以讓；勇力振世，守之以怯；富有四海，守之以謙。此所謂「損之又損之」之道也。』」三國魏王肅注：「欹，傾。宥，與右同，言可置於坐右以爲戒也。」

第四十三章

太上曰：天下之至柔馳騁天下之至堅，無有入於無間，吾是以知無爲之有益。不言之教，無爲之益，天下希及之。

道者何？鴻濛一氣而已。天地未開以前，此氣在於空中；天地既闢而後，此氣寓於天壤。是氣，固先天地而常存，後天地而不滅也。天地既得此氣，天地即道，道即天地，言天地而道在其中矣。惟天地能抱此氣。故運轉無窮、萬年不敝者此氣，流行不息、群類資生者亦此氣，一氣原相通也〔一〕。聖人效天法地，其誠於中者，即所以形於外，内外雖異，氣無不同；其盡乎己者，即所以成乎人，人己雖殊，氣無不一。究何狀哉？空而已矣。空無不通，一物通而物物皆通；空無不明，一物明而物物俱明。孔子云：「爲政如北辰居所而衆星自共。」〔二〕孟子云：「君子過化存神，上下與天地同流。」是誠有不待轉念移時，而自能如此一氣潛乎、一理貫注者，故曰：「天下之大，自我而安。人物之繁，自我而育。古今之遥，自我而通。」〔三〕聖道之宏，真不可及也。以是思之，宇宙何極，道能包之，抑何大乎？金玉至堅，道能貫之，不亦剛乎？然聞之詩曰：「維天之命，於穆不已。」又曰：「上天之載，無聲無臭。」是柔莫柔於此矣。雖然，天地無此氣，則塊然而無用；人物無此氣，亦冥頑而不靈；有之則生，無之則沒，是天下之至柔馳騁天下之至剛，以無氣則無物也。大而三千世界，小而塵埃毫髮，無不包含箇中。不惟至柔，抑且無有，非孔子所謂「視之不見，聽之不聞，體物不可遺」者歟？夫何相閒之有？顧物至於極柔，則無用矣，惟道之至柔，乃能撑持天下之至堅；物至於無有，又何爲哉？惟道之無有，乃能主宰天下之萬有，此不過渾然一氣，周流不滯焉耳，故太上曰：吾是以知無爲之大有益焉。且夫天地無爲而自化，聖人無爲而自治，究無一民一物不被其澤，非由此氣之彌綸而磅礴也哉？其在人身，浩氣流行，不必搬運，自然灌溉週身，充周毛髮，其獲益良非淺矣。至於教之一事，古人以身教，不以言教，是有教之教，誠不若無教之教爲倍真也。夫天不言而四時行，聖不言而天下化，視之端拱垂裳，無爲而平成自治者，不同一轍耶？故曰：不言之教，無爲之益，天下希及之。孔子曰：「中庸之爲德，民鮮能久。」〔四〕不誠然哉？何今之執迷不悟，甘居下流者，竟甚多也？噫，良可慨矣！

此狀道之無爲自然，包羅天地，養育群生，本此太和一氣，流行宇宙，貫徹天人，無大無小，無隱無顯，皆具足者也。是至柔而能御至剛，至無而能包至有，以故一通百通，一動群動，如空谷傳聲，聲聲相應。道之神妙，無以加矣！非聖人，孰能與於此哉？若在初學之士，具真信心，立大勇志，循塗守轍，自淺而深，由下而上，始由勉强，久則自然，方能洞徹此旨。總要耐之又耐，忍之又忍，十二時中，不起厭心，不生退志，到深造有得，居安資深，左右逢原，乃恍然於太上之言，真無半句虛誑。至於修煉始基，古云：「精生有調藥之候，藥産有採取之候。」先天神生氣，氣生精，是天地生物之理，順道也。若聽其順，雖能生男育女，而精耗氣散，敗盡而死。太上悲憫凡人流浪生死，輪迴不息，乃示以逆修之道，反本歸根，復老爲少，化弱爲强，致使成仙證聖，永不生滅。始教人致虛養静，從無知無覺時，尋有知有覺處，易曰「寂然不動，感而遂通」是也。後天之精有形，先天之精無迹，即「恍恍惚惚，其中有物」，所謂「玄關一動，太極開基」也。自此凝神於虛，合氣於漠，冥心内照，觀其一呼一吸之氣息，開闔往來，升降上下，收回中宫，沐浴温養，少頃杳冥之際，忽焉一念從規中起，一氣自虛中來，即精生氣也。此氣非有形也。若有形之氣，則有起止，有限量，安望其大包天地，細入毫毛，無微不入，無堅不破者哉？是氣原天地人物生生之本也，得之則生，失之則亡，雖至柔也，而能御至堅，雖至無也，而能宰萬有，古仙喻之曰藥，以能醫老病，養仙嬰也，故曰「延命酒，返魂漿」，又曰「真人長生根」，誠爲人世至寶，古人謂萬兩黄金換不得一絲半忽也〔五〕。凡人能得此氣，即長生可期。然採取之法，又要合中合正，始可無患。若有藥，而配合不善，烹煎不良，餌之不合其時，養之不得其法，火之大小文武，藥之調和老嫩，服之多少輕重，一有失度，必如陰陽寒暑，非時而變，以致天災流行，萬物湮没矣。學者能合太上前後數章玩之，下手興工方無差錯。吾點功至此一訣，誠萬金難得。能識透此訣，則處處有把握，長生之藥可得，神仙之地無難矣。

校註

〔一〕清余邦昭燮庵遺書方外士集道家：「問其所以養生者。李昊曰：人禀五行，與天地均。五行之運，於天地無窮，而人不過百歲者，人自害之耳。惟物我之情不忘於心，我與物爲二，則其所受五行之氣，判然與五行之大分不通，因其所受之厚薄，各盡其所有而止，故或壽或夭，無足怪也。今誠忘物我之異，使此身與天地相通，則五行之氣中外流注不竭，人安有不長生哉？」

〔二〕論語爲政：「爲政以德，譬如北辰，居其所而衆星共之。」宋朱熹注：「共，音拱，亦作拱。政之爲言正也，所以正人之不正也。德之爲言得也，得於心而不失也。北辰，北極，天之樞也。居其所，不動也。共，向也，言衆星四面旋繞而歸向之也。爲政以德，則無爲而天下歸之，其象如此。」

〔三〕清閔一得讀吕祖師三尼醫世説述管窺：「人禀天地之氣，故通天地之氣而能運天地之氣，人氣爲天地二氣之樞紐。性命之功未圓則氣不靈，性命之功既圓而四大已空則無所依據以有爲，故天亦讓其權於人，此人所以爲三才之一也。三才一氣，原是一物，言其形則有三焉。」

〔四〕論語雍也：「中庸之爲德，其至矣乎！民鮮能久矣！」漢鄭玄箋：「中庸，庸，常也，用中爲常道也。」宋朱熹注：「中者，不偏不倚、無過不及之名。庸，平常也。游氏曰：『以性情言之則曰中和，以德行言之則曰中庸。』過則失中，不及則未至，故惟中庸之德爲至。然亦人所同得，初無難事，但世教衰，民不興行，故鮮能之，今已久矣。」

〔五〕孫子算經卷上：「度之所起，起於忽。欲知其忽，蠶吐絲爲忽。十忽爲一絲，十絲爲一毫，十毫爲一氂，十氂爲一分。」

第四十四章

太上曰：名與身孰親？身與貨孰多？得與亡孰病？是故甚愛必大費，多藏必厚亡。知足不辱，知止不殆，可以長久。

夫人之好名好貨者，莫不以名能顯揚我身，貨足肥潤我身，身若無名則湮没不彰矣，身若無貨則困苦難堪矣，是以貪名者舍身而不顧，黷貨者喪身而不辭。賈子曰：「貪夫徇財，烈士徇名。」〔一〕人情類然，古今同慨〔二〕。然亦思名與身孰親耶？以名較之，名，外也，身，内也，人祇爲身而求名，何以因名而喪身？豈名反親而身反疏乎？貨與身孰多耶？以身擬之，身，貴也，貨，賤也，人皆求貨以爲身，何以亡身而因貨〔三〕？豈身反少而貨反多乎？亦未思之甚也！夫有名而性不存，與有身而名不顯，孰得焉？孰失焉？舍生而貨虚具，與失貨而命常凝，孰存耶？孰亡耶？以是思之，與其得名貨而失身，不如得身而失名貨之爲愈。況好名位者，損精神，傷生命，甚愛所以大費也；厚儲蓄者，用機謀，戕身心，多藏所以厚亡也。望重爲國家所忌，積厚爲造物所尤，古來勢大而罹禍，財多而受誅者，不知凡幾？皆由不知斂抑，不自退藏，貪多不止，以致結怨於民，獲罪於天也。惟知足知止者，一路平常，安穩到底，無辱無殆，不危不傾，而長保其身家，並及其孫子。范蠡所以無勾踐之患〔四〕，張良所以有赤松之遊也〔五〕，誠知幾之士哉！後起者將有鑒於斯文。

此借知止知足者，喻止火養丹，以名喻景，貨喻藥。貪幻景者多被魔纏，好搬運者難免凶咎。藥未歸爐，宜進火以運之；藥既入鼎，宜止火以養之。火足不知止火，非但傾丹倒鼎，致惹病殃，亦且喪命焚身，大遭危殆。又況大道虛無，並無大異人處。或貪美酒美味，豔色豔身，金玉珠璣，樓臺宫殿，又或天魔地魔，鬼魔神魔，種種前來試道〔六〕，或充爲神仙，誇作真人，自謂實登淩霄寶殿，因此一念外馳，以致精神喪敗，大道無成者不少；又或識神作祟，三尸爲殃，自以爲身外有身，而金丹至寶遂戕於頃刻者亦多。若此等等，總由火足不止火，丹回不養丹，所以志紛而神散，外擾而中亡。修煉之士，幻名、幻象、幻景、幻形，須一筆勾銷，毫不介意，如此知止知足，常養靈丹，則止於至善，永無傾頹焉。

校註

〔一〕貪夫：原作「烈士」，據出處改。漢賈誼鵩鳥賦：「貪夫徇財兮，烈士徇名，夸者死權兮，品庶每生。」徇，營也求也。晉薛瓚云：「以身從物曰徇。」每，貪也。

〔二〕菜根譚：「人生只爲欲字所累，便如馬如牛，聽人羈絡；爲鷹爲犬，任物鞭笞。若果一念清明，淡然無欲，天地亦不能轉動我，鬼神亦不能役使我，況一切區區事物乎？」

〔三〕此兩句，蕭本作「人皆爲身而求貨，何以因貨而亡身」。

〔四〕史記越王勾踐世家：「范蠡以爲，大名之下，難以久居，且勾踐爲人，可與同患，難與處安。爲書辭勾踐。乃裝其輕寶珠玉，自與其私徒屬，乘舟浮海以行，終不反。范蠡自齊遺大夫種書曰：『蜚鳥盡，良弓藏；狡兔死，走狗烹。越王爲人，長頸鳥喙，可與共患難，不可與共樂。子何不去？』種見書，稱病不朝。人或讒種且作亂，越王乃賜種劍曰：『子教寡人伐吳七術，寡人用其三而敗吳。其四在子，子爲我從先王試之。』種遂自殺。」

〔五〕史記留侯世家：「留侯（張良）乃稱曰：『今以三寸舌爲帝者師，封萬户，位列侯，此布衣之極，於良足矣。願棄人間事，欲從赤松子遊耳。』乃學辟穀、道引、輕身。」

〔六〕清魏文中繡雲閣第一回：「道高則魔至，無魔安能見道哉？酒色財氣四魔足以害道，上天之留此四魔者，亦衛道意也。學道者果將四魔降伏，可以入道矣。」〇度人經：「第三無色界魔王歌曰：……唯有元始，浩劫之家，部制我界，統乘玄都。有過我界，身入玉虛。我位上王，匡御衆魔。空中萬變，穢氣紛葩。保真者少，迷惑者多。仙道難固，鬼道易邪。人道者心，諒不由他。仙道貴實，人道貴華。爾不樂仙道，三界那得過？其欲轉五道，我當復柰何？」

第四十五章

太上曰：大成若缺，其用不敝。大盈若沖，其用不窮。大直若屈，大巧若拙，大辯若訥。躁勝寒，靜勝熱，清靜爲天下正。

道本虛無自然，順天而動，率性以行，一與天地同其造化，日月同其升恒，無有而無不有，無爲而無不爲也。當大道未成未盈之時，不無作爲之迹，猶有形象可窺，覺得自滿自足，不勝欣然；及至大成之候，又似缺陷彌多，大成反若無成焉；大盈之餘，又似沖漠無朕〔一〕，大盈反若未盈焉。是豈愈學而愈劣、愈優而愈絀〔二〕乎？非也。蓋道本人生固有之良，清空無物，靜定無痕。一當形神俱妙，與道合真，我即道，道即我，有何成何盈之有？若使有成有盈，猶是與道爲二，未底神化之域。是以修道之士，愈有愈無，愈多愈少，絕不見有成與盈也，故大成若缺，大盈若沖。以故萬象咸空，一真獨抱，因物爲緣，隨時自應，誠塞乎天地，貫乎古今，放之而皆準也，其用豈有敝哉？其用豈有窮哉？當其心空似海，神靜如岳，又覺毫無足用者然；及其浩氣常伸，至剛至大，抑何直也，乃反覺屈鬱之難堪。神妙無方，可常可變，抑何巧也，乃惟覺愚拙之無知。言近指遠，詞約理微，非義不言，非時不語，辯何大乎，而總覺訥訥然，如不能出諸口。惟其如屈如拙如訥若此，是以心愈虚，志愈下，德愈廣，業愈崇焉。此殆道反虚無，學歸自在，一與天地之運轉而不知，日月之往來而不覺，所以其成大且久也。若皆本太極之理，順陰陽之常。久久薰蒸，鉛火充盈，寒數九而堪禦，蒲團鎮定，伏經三而可忘，太上所謂「躁勝寒，静勝熱」者，其即此歟？至於清明在躬，虚靈無物，一歸渾穆之天，概屬和平之象，又何躁、何寒、何静、何熱之有哉？學者具清静之心，化寒暑之節，而吾身之正氣凝，即天下之正道立矣，又何患旁門之迭出耶？

此明道本至虚至無，至平至常。人未造虚無之境、平常之域，祇覺其盈，不見其缺，只覺其優，不見其絀，所以太上云：「少則得，多則惑。」諺云：「洪鐘無聲，滿瓶不響。」洵不虚矣。大德不德，是以有德，大爲無爲，是以有爲，非謙詞也。道原虚無一氣，惟其有得，是以無得，惟其無得，是爲有得。故道愈高，心愈下，德彌大，志彌卑，斯與道大適焉。若一有所長，便詡詡然，驕盈矜誇，傲物淩人，其無道無德，大可見矣，太上故云：爲學日益，爲道日損，損之又損，以至於無，方爲得之。學者切勿視修道煉丹一如百工技藝之術，自覺有益，斯爲進境。若修道，總以虚無爲宗。功至於忘，進矣；至於忘忘，已歸化境。夫以學道之士，退則進，弱即强，虚爲盈，無爲有，以反爲正，以減爲增，故學之進與不進，惟視心之忘與不忘耳。

校註

〔一〕朕：各本作「狀」，據十、二十二、三十二、三十七章註文改。清段玉裁説文解字注：「凡言朕兆者，謂其幾甚微，如舟之縫，如龜之坼也。狀，犬形也，引伸爲形狀。」

〔二〕絀：原作「拙」，據蕭本及下段註文改。説文：「拙，不巧也。」絀，退也。

第四十六章

太上曰：天下有道，卻走馬以糞；天下無道，戎馬生於郊。罪莫大於可欲，禍莫大於不知足，咎莫大於欲得，故知足。知足常足。

天下有道，君民皆安，征伐無用，故放馬歸林，開田闢地，以期糞其田而已。天下無道，世已亂矣，時有爲焉，盜賊迭興〔一〕，干戈日起，不用兵馬，烏能已乎？故戎馬養於郊野，以待國家之需用。是馬之卻也爲有道，馬之生也因無道，馬之關於天下，大矣。嗚呼！安得君君臣臣，父父子子，型仁講義，敦詩説禮，長安有道之天乎哉？無如昇平久而享用隆，嗜好興而貪婪出，既得乎此，又羨乎彼，而奇技淫巧之物悉羅列於前，鮮衣美食之不足，又思及乎瓊室瑶臺，千里邦畿猶不廣，復念及於萬里圻封。吁嗟！內作色荒，外作禽荒〔二〕，又益之以尚利急功，窮兵黷武，苟求不已，貪得無厭，內外侮亂，不亡何待？緣其故，皆由一念之欲肇其端也。欲心起而貪心生，貪心生而未得期得，既得恐失。若此者，綱常不壞，禍患不興，國家不至覆敗，天下不底滅亡，未之有也，故曰：罪莫大於可欲。假使無欲，貪何由生？貪既不生，則苟合苟完苟美〔三〕之風不難再見也。其曰禍莫大於不知足：夫人既欲心不起，此志常滿，此心常泰，無求於世，無惡於人，事之得也聽之，事之不得也亦聽之，禍從何而起乎？又曰咎莫大於欲得：人既知足，自能守分安命，順時聽天，無諂無驕，不争不奪，率由坦平之道，長沐太和之風，又何咎之有哉？況真心内朗，真性内凝，修己以敬，常樂於中，素位而行，不願乎外，自然有天下者常保其天下，有國家者常保其國家，有身命者常保其身命。所患者，欲心一起，不克剪除，卒至窮奢極欲而莫之救也，欲求天下有道，得乎？自古得失所關，只在一念，一念難回，遂成浩劫，此罔念所以致彌天之禍也；存亡所係，介於幾希，幾希克保，定啓鴻圖，此克念所由造無窮之福也。如此則知，一念之欲，其始雖微，其終則大，可不慎歟〔四〕？故曰知足。知足常足，彼不知足者，愈求愈失，因愈失而愈求，遂至力倦神疲，焦勞不已，有何益耶？豈知窮通得喪，主之在天，非人力所能爲。與其勞勞而日拙，何若休休之爲得也？若知足者，順其自然，行所無事，何憂何慮？不忮不求，又焉往而不臧耶？人其鑒諸！

此以天下比人身，以馬比用火煉丹。人如有道，則精盈氣足，何事煉爲？惟順而守之，足矣。如其無道，則精消氣散，不得不用元神真息以修治其身心。但下工之始，養於外田，故曰：戎馬生於郊。俟其陽生藥産，而後行進火退符之功，野戰守城之法，收歸爐内，慢慢温養，迨垢穢除盡，清光大來，一如天下乂安，國家無事，歸馬華山〔五〕，故曰：卻走馬以糞。但天下之亂，與一身之危，莫不由一念之欲所致；若不斬除，潛滋暗長，遂至精髓成空，身命莫保，可悲也夫！凡人欲心一起，必求副其願而後快，即令事事如願，柰欲壑難填，貪婪無厭，得隴望蜀，輾轉不休，有天下者遂失天下，而有身命者又豈不喪其身命乎？詩曰：「不忮不求，何用不臧？」〔六〕惟知足者，可以安然無事，而常居有道之天，不須功行補漏，但順其自然，與天爲一而已矣。太上戒人曰「罪莫大於可欲」三句，是教人杜漸防微、戒欺求慊工夫，與孔門言「慎獨」，佛氏云「正覺」，同一道也。學者曾見及此否？

校　註

〔一〕迭興：原作「疊興」，蕭本同，據字義及梅本改。

〔二〕尚書甘誓：「訓有之：内作色荒，外作禽荒，甘酒嗜音，峻宇雕牆，有一於此，未或不亡。」漢孔安國傳：「作，爲也。迷亂曰荒。色，女色。禽，鳥獸。」

〔三〕論語子路：「善居室，始有曰苟合矣，少有曰苟完矣，富有曰苟美矣。」清劉寶楠正義：「苟者，誠也，信也。」清俞樾群經評議：「合，猶足也。」宋朱熹：「完，備也。」

〔四〕菜根譚：「念頭起處，纔覺向欲路上去，便挽回理路上來。一起便覺，一覺便轉，此是轉禍爲福、起死回生的關頭，切莫輕易錯過。」「當欲火欲水正騰沸時，明明知得又明明犯著。知的是誰？犯的又是誰？此處能猛然轉念，邪魔便爲真君子矣。」○王陽明傳習録：「今人學問，只因知行分作兩件，故有一念發動，雖是不善，然卻未曾行，便不去禁止。我今説箇知行合一，正要人曉得：一念發動處，便即是行了。發動處有不善，就將這不善的念克倒了，須要徹根徹底，不使那一念不善潛伏在胸中。此是我立言宗旨。」

〔五〕尚書武成：「乃偃武修文，歸馬于華山之陽，放牛于桃林之野，示天下弗服。」宋蘇軾書傳：「華山之陽有山川焉，然地至險絶，可入而不可出。桃林之野在華山，東亦險阻。歸馬牛於此，示天下弗服也。」服，用也。

〔六〕語出詩經邶風雄雉。漢毛亨傳：「忮，害。臧，善也。」漢鄭玄箋：「我君子之行，不疾害，不求備於一人，其行何用爲不善？」宋朱熹注：「求，貪也。若能不忮害又不貪求，則何所爲而不善哉？」

第四十七章

太上曰：不出户，知天下。不窺牖，見天道。其出彌遠，其知彌少。是以聖人不行而知，不見而名，不爲而成。

君子萬物皆備〔一〕，不出户庭以修其身，而世道之變遷，人心之更易，與夫推亡固存，反亂爲治之機，無不洞晰於方寸。此豈術數爲之哉？良以物我同源，窮一己之理即能盡天下之理，是以不出户而知天下也。古人造化由心，不開窗牖以韜其光，而無言之帝載，不息之天命，與夫生長收藏，陰陽造化之妙，無不了徹於懷來。此豈揣摹得之哉？亦以天人一貫，修吾身之命即能契帝天之命，是以不窺牖而見天道也。若遨遊他鄉，諮詢天下之故，交接良友，講求天命之微，未嘗不有所知，吾恐不求諸己而求諸人，不索之内而索之外，縱有所知，較之務近者，爲更少矣，故曰：其出彌遠，其知彌少焉。明明道在户牖之間，柰何舍近而圖遠耶？孟子曰：「言近指遠者，善言也；守約施博者，善道也。」以此思之，爲學愈近愈遠，彌約彌博，近與約，安可忽乎哉？是以聖人抱一函三，觀空習定，身不出門廬，足不履廛市，木石與居，鹿豕與遊，一步不移，一人不友，似乎孤寂矣，而神定則慧生，雖不行而勝於行者多矣，雖無知而勝於知者遠矣。凡人以所見爲務，聖人則不見是圖，故終日乾乾，惟於不睹不聞之地，息慮忘機〔二〕，莫見莫顯之間，戒欺求慊，祇有内知，絶無外見，似乎杳冥矣，而無極則有生，雖不見而彌彰矣，雖無名而愈著矣。至於天下人物之繁，幽冥鬼神之奥，皆此無爲之道爲之，有倫而有要，成始以成終。所患者，拘於知覺，著於名象，功好矜持，心多見解，致令此志紛馳，不能一德，此心夾雜，不如太虚，所以道不成而德不就，無惑乎枉勞一世精神，終無所得也。若此者，以之治世，不能順理成章，無爲而天下自歸畫一；以之修身，不能煉虚合道，無爲而此身自獲成真。彼徒外求，奚益耶？故君子惟慎其獨，而人道之要，天命之原，有不求而自知者。

此言道以無爲爲宗，慎獨爲要，則無爲而無不爲，無知而無不知矣。然非枯木槁灰以無爲〔三〕也。吾前云「萬象咸空，一靈獨照」，此爲真意；又曰「一覺而動，一陽發生」，是爲元氣。採藥煉丹，不過煉此性命二者。若無真意，性將何依？若無真氣，命何由修？以真意採真氣，兩者渾化爲一，即返於太極之初，斯謂之丹。故無爲之中又要有作有爲，無知之内又要有知有覺，方不墮空，不著有。迨至功力彌深，空即是色，色即是空，久之，空色兩忘，渾然物化，斯與道大適矣。不知人道，觀天道可知。孔子曰「天何言哉？四時行，百物生」，即是無爲之爲，斯爲至道之精。蓋無爲是天性，有作是天命；無知是元神，有覺是元氣。天地間，非二則不化，非一則不神〔四〕。神而不神，不神而神，斯得一而兩、神而化之妙境焉。此非吾言所能罄也，在爾修士，長養虛靜，常守虛靈，斯性命常存，而大道可成矣。切勿以無爲有爲，各執一邊，雖正宗也，而旁蹊開焉。請各自揣量，可也。

校註

〔一〕備：原作「脩」，江本、學社本作「修」，據蕭本改。孟子盡心上：「萬物皆備於我矣，反身而誠，樂莫大焉。」文子九守守弱：「天下之要，不在於彼而在於我，不在於人而在於身，身得則萬物備矣。」唐徐靈府注：「求之於外，與道相背。修之於身，與德爲鄰。」

〔二〕機：原作「幾」，據梅本改。

〔三〕以無爲：原作「以爲無」，梅本作「之無爲」，據義改。淮南子原道訓：「聖人內修其本而不外飾其末，保其精神，偃其智故，漠然無爲而無不爲也，澹然無治而無不治也。所謂無爲者，不先物爲也。所謂無不爲者，因物之所爲。所謂無治者，不易自然也。所謂無不治者，因物之相然也。」

〔四〕宋張載正蒙參兩：「一物兩體，氣也，一故神（兩在故不測），兩故化（推行於一），此天之所以參也。」清王夫之注：「絪緼太和，合於一氣，而陰陽之體具於中矣。神者，不可測也，不滯則虛，善變則靈。太和之氣，於陰而在，於陽而在，其於人也，含於虛而行於耳目口體膚髮之中，皆觸之而靈，不能測其所在。自太和一氣而推之，陰陽之化自此而分，陰中有陽，陽中有陰，原本於太極之一，非陰陽判離、各自孳生其類。故獨陰不成，孤陽不生，既生既成而陰陽又各殊體。其在於人，剛柔相濟，義利相裁，道器相需，以成酬酢萬變之理，而皆協於一。自其神而言之則一，自其化而言之則兩。神中有化，化不離乎神，則天一而已，而可謂之參。故陽爻奇⚊，合三於一；陰〔爻〕偶⚋，分一得二；陽爻具陰，陰爻不能盡有陽也，分則太極不離而離矣。」

第四十八章

太上曰：爲學日益，爲道日損，損之又損，以至於無爲，無爲而無不爲矣。故取天下者，常以無事；及其有事，不足以取天下。

學者記誦詞章，與百工技藝之務，皆貴尋師訪友，多見多聞，而後才思生焉，智巧出焉，知能愈廣，作爲愈多，始足以援筆成文，運斤成風，故曰：爲學日益。若爲道，則反是。如以博覽群書、泛通故典爲事，不克返觀内照，静守一心〔一〕，則搜羅遍而識見繁，必心志紛而神明亂，雖學愈多，道愈少，久則渾然太極汩没無存矣。故爲道者，須如剥蕉抽繭〔二〕，愈剥愈少，彌抽彌無，以至於無無之境，斯爲得之。修道至此，自然神妙莫測，變化無方，其聚則有，其散則無，欲一則一，欲萬則萬，日月星辰隨我運轉，風雲雷雨聽我經綸，其大爲何如哉？雖然，學者行一節丟一節，如食蔗然，喫盡丟盡，仍返於無，故曰：爲道日損，損之又損，以至於無爲〔三〕，無爲而無不爲得矣。試觀取天下者，不得不興兵動馬，稱干比戈，烏得無事？然有事之中，須歸無事，庶能一心一德，運籌帷幄，則心志不紛，謀猷始出。故出征者，號令嚴明，耳不聽外言，目不見外事，心不馳外營，始能運用隨機，取天下猶如反掌。不然，紛紛擾擾，事愈多則心愈亂，心愈亂則神愈昏，賊甫至而不能静鎮自持，兵初交而遂至凌亂無節，如此欲一戰成功，難乎不難？又況東夷未靖，西戎又興，彼難未平，此波復起，若不知静以制動，逸以待勞，鮮有不委去者。古之敗北而走，傾城而亡，莫不由有事階之厲也。兵法所以有出奇制勝，設疑設伏之謀，敵人望之，旌旗滿目，草木皆兵，雖大敵當前，亦心驚胆落，未有不望風先遁者。惟有事視如無事，萬緣悉捐，一心内照，如武侯於百萬軍中綸巾羽扇，自在清閒，所以西蜀偏安，得延漢祚於危亡之際；若有事於心，則方寸已亂，靈臺無主，似徐元直之爲母歸曹，不能再獻奇謀，佐先帝以中興，烏足取天下乎哉？

此言修道之人，若見日益，不見日損，則心昏而道不凝矣，故曰：德惟一，二三則昏。惟隨煉隨忘，隨忘隨煉，始不爲道障。若記憶不置，刺刺弗休，實爲吾道之憂也。故必漸消漸滅，至於一無所有，斯性盡矣。然後由無而生有，實爲真有，所以能出没鬼神，變化莫測焉。經中云天下喻道，取天下喻修道，有事無事喻有爲無爲。人能清浄無爲，純是先天一氣，道何難成？此即取天下之旨也。若搬運有爲，全是後天用事，便墮旁門，此又不足取天下之意也。或曰：採藥煉丹，進火退符，安得無爲？須知：因其升而升之，非先有心於升也，隨其降而降之，非先有心於降也，即至採取不窮，烹煉多端，亦是純任自然，並無半點造作，雖有爲也，而仍屬無爲矣。彼徒嘸津服氣者，烏足以得丹而成道哉？

校　註

〔一〕静守一心：梅本作「一心内守」。

〔二〕抽藹：原作「抽笲」，據蕭本改。

〔三〕以至於無爲：梅本作「以至於無」。

第四十九章

太上曰：聖人無常心，以百姓心爲心，善者吾善之，不善者吾亦善之，德善矣；信者吾信之，不信者吾亦信之，德信矣。聖人在天下，惵惵爲天下渾其心。百姓皆注其耳目，聖人皆孩之。惵惵，誠切貌。孩之，以赤子育之也。

聖人之心，空空洞洞，了了靈靈，無物不容，卻無物不照，如明鏡止水，精光四射，因物付物，略無成心，何其明也？大無不載，小無不包，妍媸美惡，毫無遺漏，何其容也？雖然，究何心哉？不矯情，亦不戾物，故曰：聖人無常心。蓋謂聖人，未至不先迎，已過不留戀，當前不沾滯，無非因物賦形，隨機應變，以百姓之心爲心而已。夫百姓又有何心？不過好善惡惡而已。所以聖人於百姓之善者，獎之勸之，於百姓之不善者，亦無不誘之掖之，是善與不善，聖人皆以闊大度量包容之，自使善者欣然神往而益勉於爲善矣，不善者亦油然心生而改不善以從善矣，斯爲德善矣。上好善則民莫敢不從，其感應之機自有如此之不爽者。聖人又於百姓之信者，欽之仰之，於百姓之不信者，亦無不愛之慕之，是信與不信，聖人俱以一誠不二包涵之，自使信者怡然理順而彌深於有信矣，不信者亦奮然興起而易不信以從信矣，斯爲德信矣。上好信則民莫敢不用情〔一〕，其施報之理，不誠有如此之至神哉？民德歸厚，又何疑乎？況人同此心，心同此理，聖人以一心觀衆心，一理協萬理，天下雖大，納之以誠，百姓雖繁，括之以義；縱賢奸忠僞，萬有不齊，而聖人大公無我，一視同仁，開誠佈公，推心置腹，渾天下爲一體，自有民日遷善而不知爲之者，其過化存神之妙，豈若後世勸孝勸忠，示禮示義，所能幾及耶？故曰：惵惵然爲天下渾其心焉。蓋視天下爲一家，合中國如一人，其仁慈在抱，渾然與百姓爲一如此，故百姓服德懷仁，無不愛之如父母，敬之若神明，仰之爲師保，凡係耳之所聞、目之所見，恒視聖人之聲容以爲衡，此外有所不知，故曰：百姓皆注其耳目。百姓之望聖人如此，聖人亦豈有他哉？惟御衆以寬，使衆以慈，如父母之於孩子，賢否智愚，愛之惟一，提攜保抱，將之以誠。如此而天下有不化者，未之有也。無爲之治如此，以視夫言教法治者，相隔不啻天淵矣。

經中聖人喻心，天下喻身。聖人之修身，不外元神元氣。然人有元神，即有凡神，有元氣，即有凡氣。下手之初，豈能不起他念，不動凡息？惟知道者，養之既久，自有元神出現，我以平心待之，即他念未除，我亦以平心待之。如此而元神有不見者，未之有也。元神既生，修道有主，又當静守丹田，調養元氣，我於此時，於元氣之自動，當以和氣處之，即凡氣之未停，亦當以和氣待之。如此而元氣有不生者，亦無之也。須知：元神爲凡神遮蔽，如明鏡爲塵垢久封，不急磨洗，豈能遽明？元氣被凡氣汨没，猶白衣爲油污所染，不善澣濯，焉得還原？於此而生一躁心，動一惡念，是欲尋元神以爲體，而識神反增其勢，欲求見性，不亦難乎？是欲得元氣以爲主，而凡息愈覺其盛，欲求復命，豈易事哉？惟聖人之治天下，不論善惡誠僞，一以仁慈忠厚之心待之，善者善之，不善者亦善之，信者信之，不信者亦信之，一團天真，渾然在抱。即此是虚，即此是道。虚自生神，道自生氣，應有不期然而然者。否則，心若〔二〕不虚，己先無道，而欲虚神之克見，道氣之長存，其可得乎？修身治世，道同一道，理無二理，知治世即知修身，明外因即明内理，故以此理喻之，其示學者至深切矣。學人用功，當謹守真常，善養虚無，則元神元氣自然來歸。若起一客念，動一客氣，恐不修而道不得，愈修而道愈遠矣。學者慎之戒之！

校註

〔一〕論語子路：「上好禮，則民莫敢不敬。上好義，則民莫敢不服。上好信，則民莫敢不用情。」唐孔穎達：「情，情實也。」

〔二〕若：原作「者」，據蕭本改。

第五十章

太上曰：出生入死。生之徒十有三，死之徒十有三，民之生，動之死地亦十有三。夫何故？以其生生之厚。蓋聞善攝生者〔一〕，陸行不遇兕虎，入軍不被甲兵；兕無所投其角，虎無所措其爪，兵無所容其刃。夫何故？以其無死地。

天地之生物也，雖千變萬化，無有窮極，而其道不外一陰一陽，盈虚消長，進退存亡而已，其間亦無非一太極之理氣流行而已。夫生死猶晝夜也，晝夜循環運行不息，亦如生死之循環迭嬗不已。但其中屈伸往來，原屬對待兩呈，無有差忒。自出生入死者言之，則遇陽氣而生者十中有三，逢陰氣而死者亦十中有三；其有不順天地陰陽之常，得陽而生，猶是與人一樣，自有生後，知識開而好惡起，物欲擾而事爲多，因之竭精耗神，促齡喪命，所謂動之死地者亦十中有三。是生之數不敵其死之數，陰之機更多於陽之機，造化生生之理氣，不虞其竭乎？然而太極之元，無聲無臭，動而生陽，静而生陰，發爲五行，散爲萬物，極奇盡變，莫可名言，亦無欠缺。所以順而出之，源源不絶，逆而用之，滴滴歸宗。生者既滅，死者又添，死者既静，生者又動，此造化相因之道、鬼神至誠之德，寓乎其間，自元始以至於今，未有易也。不然，萬物有生而無死，將芸芸者充滿乾坤，天地不惟無安置之處，亦且難蓄生育之機。此消者息之，盈者虚之，正所以存生生之理也。人能知天地生生之厚即在此消息盈虚，於是觀天之道，執天之行，於殺中覓生機，死裏求生氣，行春夏秋冬之令，合生長收藏之功，順守逆施。彼天地生化衆類而成萬年不蔽之天，以此人身返本還原以作千古非常之聖，亦莫不由此。此豈靡靡[二]者所能任哉？惟善於攝生之人，用陰陽顛倒之法，造化逆行之方，下而上之，往而返之，静觀自在，動候陽生，急推斗柄，慢守藥爐，返乎太極，復乎至誠，出有入無，亘古歷今，同乎日月，合乎乾坤，以之遺大投艱[三]，亦無入不得，即猛如虎兕，亦且化爲同儔，利若甲兵，亦皆銷爲烏有，又何畏兕角之投，虎爪之措，兵刃之加，而計生死存亡於一旦耶？此何以故？以其無死地也。况聖人煉性立命有年，聚則成形，散則成氣，日月隨吾斡旋，風雷任其驅使；虎兕縱烈，兵刃雖雄，只可以及有形，安能施於無形？天下惟無形者能制有形，豈有有形者而能迫夫無形乎？噫，萬物有形則有生死，聖人無形則無生死，且主宰乎生生死死之原，萬物視之以爲生死，有何人災物害而漫以相加者哉？

此言十爲天地之全數，三爲三陽三陰。人禀乾三陽而生，遇坤三陰而死。此原是天地一陰一陽，屈伸往來，循環相因之理，非陰無以成陽，非死無以爲生，故休息退藏，無非裕生生之厚德於無疆也。其在縱情肆欲，滅理喪心，不順陰陽，自戕身命，所謂動之死地，非耶？其生雖與人同，其死卻與人異。蓋順陰陽而生死者，固太極之渾然在抱，俱兩儀之真氣流行；若逆造化而生死者，皆本來之元氣無存，因後起之陰邪太甚，故皆曰「十有三」也。十者全數，即道之包羅天地；三者，天一生水，地二生火，一天二地，合水火而爲三。且天一生水，金生水也，地二生火，木生火也，四象具焉；土無定位，遊行於四象之中，即太極之「純粹以精」者，主宰陰陽之氣，運行造化之機，在天地則爲無極，而太極之原在人身，静則無聲無臭、不二之元神，動爲良知良能〔四〕、時措之真意，合之即五行也。此天地人物公共生生之厚德，有物則在物，無物則還太虛，不以人物之生死而有加減也。是以善攝生者，入室静修，觀我一陽來復，攝之而上升，攝之而下降，攝之而歸爐温養，丹成九轉，火候十分，所謂「道高龍虎伏，德重鬼神欽」者是，有何虎兕兵刃之害哉？試觀古人深山僻處，虎兕爲群，豺狼與伍，甘心馴伏，自樂馳驅者不少〔五〕；又有單騎突出，群酋傾心，棄甲拋鎗，敬如神明，愛若父母者；他如孝心感格，賊寇輸誠，節烈森嚴，奸回〔六〕惻念，皆由至誠之德，有以動之也。觀此而「兕無所投其角，虎無所措其爪，兵無所容其刃」，洵不誣矣。要之，一元之理氣，非造化有形之陰陽，我能穆穆緝熙至於光明，又何生死之有？彼有生死者，其迹也，我能泯其迹，一歸渾淪之命，太和之天，雖迹有存亡，而理則長存而不敝，又何生之足樂，死之堪憂乎？古聖人舍生取義〔七〕，殺身成仁，視刀鋸爲尋常，烹鼎鑊爲末事，此何以故？良以有得於中，無畏於外焉耳，故曰：無死地。

他註：水之成數六，火之成數七，合爲十三，亦是〔八〕。

校　註

〔一〕陳攖寧老子第五十章研究：「實際上『攝』字有四種作用：一、攝持自己身心勿使妄動；二、收攝自己精力勿使耗散；三、攝取外界物質修補體内虧損；四、攝引天地生氣延長人的壽命。這四種作用完全無缺，纔可以稱得起一箇善攝生者。」

〔二〕靡靡：相隨順之意。靡，順從。

〔三〕尚書大誥：「予造天役，遺大投艱於朕身。」漢孔安國傳：「我爲天下役事，遺我甚大，投此艱難於我身。」宋蔡沈注：「造，爲。我之所爲，皆天之所役使。今日之事，天實以其甚大者遺於我之身，以其甚艱者投於我之身。」

〔四〕孟子盡心上：「人之所不學而能者，其良能也；所不慮而知者，其良知也。」

〔五〕太平廣記卷十四：「郭文，字文舉，洛陽人也，晉書有傳。隱餘杭天柱山，或居大壁巖。有虎張口至石室前，若有所告。文舉以手探虎喉中，得骨，去之。明日，虎銜一死鹿致石室之外。自此，虎常馴擾於左右，亦可撫而牽之。文舉出山，虎必隨焉，雖在城市衆人之中，虎俯首隨行，不敢肆暴，如犬羊耳。或以書策致其背上，亦負而行。文嘗採木實竹葉，以貨鹽米，置於筐中，虎負而隨之。晉帝聞之，徵詣闕下，問曰：『先生馴虎有術邪？』對曰：『自然耳。人無害獸之心，獸無傷人之意，何必術爲？撫我則後，虎猶民也；虐我則仇，民猶虎也。理民與馴虎，亦何異哉？』」（出神仙拾遺）。

〔六〕尚書泰誓下：「崇信姦回，放黜師保。」漢孔安國傳：「回，邪也。」説文：「姦，私也。奸，犯婬也。」清段玉裁注：「私下曰姦，衺也，俗作奸，其後竟用奸字。奸，此字謂犯姦婬之罪，非即姦字也。今人用奸爲姦，失之。奸，引申爲有所犯之稱。」

〔七〕舍生：原作「舍身」，據梅本改。

〔八〕元李道純清庵瑩蟾子語録卷一：「生之徒，水火既濟也。死之徒，水火相違也。水成數六，火成數七，六與七合十三數，古人道『七六十三兮月宫春色』者是也。」道德會元：「柔弱，生之徒；强大，死之徒。柔弱者能懲忿慾，强大者爲忿慾所使。能懲忿則火降，窒慾則水升，水火既濟則生，故曰生之徒。起忿則無明火熾，縱慾則苦海波翻，水火相違則死，故曰死之徒。强大者貪生無厭，柔弱者視死如歸，既不以死爲死，虎兕甲兵於我何害？以丹道言之，水火既濟，聖胎凝矣。」

第五十一章

太上曰：道生之，德蓄之，物形之，勢成之，是以萬物莫不尊道而貴德。道之尊，德之貴，夫莫之命而常自然。故道生之，德蓄之，長之育之，成之熟之，養之覆之。生而不有，爲而不恃，長而不宰，是謂玄德。

道，無名也，無名即無極，所謂清空一氣，天地人物公共生生之本。以其非有非無，不大不小，無物不包涵徧覆，故曰大道。德者，萬物得天之理以成性，得地之氣以成形，物各得其所得，無稍欠缺者，故曰大德。道即萬物所共之太極也，德又萬物各具之太極也。是故萬物資生，本太虛之理、一元之氣，溥博〔一〕彌綸，無巨細，無隱顯，莫不賴此道以爲生而託靈屬命；陰陽爕理於其中，日月斡旋於其内，有如草木然：日夜之所息，雨露之所潤，而得以培植其本根，是即道生之，德蓄之也。萬物得所涵育，則薰蒸陶鎔，始而有氣，久則有形，由是潛滋暗長〔二〕，日充月盛，而人成其爲人，物成其爲物，又即物形之，勢成之也。惟其生也以道，蓄也以德，萬物雖繁，皆無遺漏，是以萬物莫不以道爲尊，以德爲貴焉。蓋道爲生人之理，非道則無以資生；德爲蓄物之原，非德則無由蘊蓄。道之尊，德之貴，爲何如乎？然皆自天而授，因物爲緣，不待强爲，天然中道，無事造作，自能合德，若或使之，莫或命之，而常常如是，無一勉强不歸自然者。是道也，何道也？天地大中至正之途，聖人成仙證聖之要也。欲修金仙者，舍道奚由入哉？是以凝神於虚，合氣於漠，虚無之際，淡漠之中，一元真氣出焉，此即道之生也〔三〕。道既生矣，於是致養於静，取機於動〔四〕，一真在抱，萬象咸空，常操常存，勿忘勿助，則蓄德有基矣。然順其道而生之，則道必日長；因其德而蓄之，則德必日育。以長以育，猶物之暢茂繁殖，一到秋臨，而成熟有期也。夫道既成且熟如此，而其間以養以覆，又豈有異於人哉？要不過反乎未形之初，復乎不二之真而已矣。究之，生有何生？其生也，一虚無之氣自運，我又何生之有，而敢以爲有乎？雖陽生之候，内運天罡，外推斗柄，似有爲也，而純任自然，毫無矜心作意於其際，非「爲而不恃」者歟？以此修道，則德益進而道日長，自然造化在手，天地由心，雖萬變當前，亦不能亂我有主之胸襟。此不宰而宰之勝於宰也，非深且遠之玄德哉？

此言人能盗天地之元氣以爲丹本，而後生之蓄之，長之育之，以還乎本來之天，即得道矣。然欲盗天地之元氣，須先識天地之玄關。玄關安在？鴻濛未判之先，天地初開之始，混混沌沌中，忽然感觸，真機自動，此正元氣所在也；而修煉者必採此以爲丹頭，有如群陰凝閉，萬物退藏，忽地冬至陽回，即道生矣。由是成性存存，温養於八卦爐中，久久氣勢充盈，一如夏日之萬物暢茂，即德畜矣。物生既盈，花開成實，一如秋來之萬寶告成；其在人身，養育胎嬰，返還〔五〕本來面目，即成之熟之矣。物既成熟，仍還本初，一如冬日之草木成實，葉落歸根，還原返本，易云「碩果不食」，又爲將來生發〔六〕之機；其在人身，三年乳哺，九載面壁，煉就純陽之體，實成金色法身，必須養之覆之，而後可飛空走電。然下手之初，豈易臻此？必須萬緣齊放，片念不存，空空洞洞，静候陽生。雖然，其生也，原來自有，而不可執以爲有；即用升降之術，進退之工，未免有爲，要皆順氣機之自然，而無一毫矯强，非有爲而不恃所爲耶？至德日進，道日長，而文武抽添、沐浴封固，無不以元神主宰其間，此有主而無主，無宰而有宰存焉。如此修道，道不深且遠哉？故曰玄德。

校註

〔一〕禮記中庸：「溥博淵泉，而時出之。」唐孔穎達疏：「溥，謂無不周遍；博，謂所及廣遠。」

〔二〕潛滋暗長：原作「漸滋暗長」，據校本改。

〔三〕黄帝内經素問上古天真論：「黄帝曰：余聞上古有真人者，提挈天地，把握陰陽，呼吸精氣，獨立守神，肌肉若一，故能壽敝天地，無有終時，此其道生。」唐啓玄子王冰注：「真人，謂成道之人也。夫真人之身，隱見莫測，其爲小也，入於無間，其爲大也，遍於空境，其變化也，出入天地，内外莫見，迹順至真，以表道成之證。凡如此者，故能提挈天地，把握陰陽也。真人心合於氣，氣合於神，神合於無，故呼吸精氣，獨立守神，肌膚若冰雪，綽約如處子。體同於道，壽與道同，故能無有終時，而壽盡天地也。敝，盡也。惟至道生，乃能如是。」

〔四〕機：各本作「材」。第四十章注：「非先致養於静，萬不能取機於動，反我生初元氣。但此個動機。」據改。

〔五〕返還：原作「返轉」，梅本作「返回」，據下文「葉落歸根，還原返本」改。

〔六〕生發：各本作「發生」，據義改。

第五十二章

太上曰：天下有始，以爲天下母。既得其母，以知其子；既知其子，復守其母，没身不殆。塞其兑，閉其門，終身不勤。開其兑，濟其事，終身不救。見小曰明，守柔曰强，用其光，復歸其明，無遺身殃，是謂襲常。

金丹一物，豈有他哉？只是先天一元真氣，古人喻爲真鉛，爲金花，爲白雪，爲白虎初弦之氣，種種喻名，總不外乾坤交媾之後，乾失一陽而落於坤宫，坤得此乾陽真金之性，遂實而成坎。故丹曰金者，蓋自乾宫落下來的，在人身中謂之陽精。此精雖在水府，卻是先天元氣，可爲煉丹之母。修士煉藥臨爐，必從水府逼出陽鉛以爲丹母，故曰：「一身血液總皆陰，一物陽精人不識。」此個陽精，不在内，不在外，不入六根門頭，不在六塵隊裏，隱在形山，視而不見，聽而不聞，卻又生生不息，是人身之真種子，大根本也。一己陰精，不得先天陽鉛以爲之母，則陰精易散，無由凝結爲丹。是以古仙知：己之陰精，難擒易失，不能爲長生至寶，乃以真陰真陽，二八初弦之氣，同類有情之物，烹煉鼎爐，然後先天真一之氣，至陰之精，從虚極静篤，恍惚杳冥時，發生出來，此丹母也，亦母氣也。用陽火以迫之飛騰而上至泥丸，與久積陰精混合融化，降於上腭，化爲甘露，此陰精也，亦號子氣。由是降下重樓，傾在神房，餌而吞之，以温温神火調養此先天真一之氣，至陰之精，此即太上云：既得其母，以知其子；既知其子，復守其母。始也母戀子而來，繼也子戀母而住，終則子母和諧而相育，陰陽反覆以同歸，雖没身無殆也。從此恪〔一〕守規中，一靈内藴，務令内想不出，外想不入，緘口無言，六門緊閉，綿綿密密，不貳不息，勿助勿忘，有作無作，若勤不勤，如此終身，金仙證矣。否則，有濟於外圖，先已自喪其内寶，所謂「口開神氣散，意亂火功寒」，重於外者輕於内，命寶已失，命根何存？故終身不救也。人能塞兑閉門，寶精裕氣，母氣子氣合化爲丹。古云：「元始天王懸一黍珠於空中，似有非有，似虚非虚，惟默識心融者乃能見之。」小莫小於此丹，能見者方爲明哲之士。當其陽氣發生，周身蘇軟如綿，此至柔也。能守此至柔之氣，不參一意，不加一見，久之自有浩氣騰騰，凌霄貫日，故守柔曰强。然下手之初，神光下照於氣海，繼則火蒸水沸，金精焕發，如潮如火，如霧如烟，我當收視返聽，護持其明，送歸土釜，仍還我先天一氣，小則卻病延年，大則成仙證聖，身有何殃可言哉？不然，老病死苦，轉眼即來，能不痛耶？要皆人自爲之，非天預爲限之也。夫人既不愛道，獨不愛身乎？切勿自遺身殃，後悔無及。此爲真常之道，惟至人能襲其常，不違其道，故日積月累，而至於神妙無方，變化莫測。語云「有恒爲作聖之基，虚心實載道之器」，人可不勉乎哉？

此言真陽一氣，原從受氣生身之初而來。人之生，生於氣，氣顧不重哉？試思未生以前，難道無有此氣？既死而後，未必遂滅此氣。所謂先天一氣，懸於太空之中，有物則氣在物，無物則氣還空。天地間，舉凡一切有象者，皆有生滅可言；惟此氣，則不生不滅，不垢不浄，不增不減，空而不空，不空而空，至神而至妙者也，故爲天下萬物生生不息之始氣。學道人知得此個始氣，則長生之道可得，而神仙之位可證焉。夫神仙亦無他妙，無非以此陽氣留戀陰精，久久烹煎，則陰精化爲陽氣，陽氣復還陽神，所謂「此身不是凡人身，乃是大羅天上大仙真」。倘若獨修一物，焉得此形神俱妙，與道合真，而極奇極變，至聖至靈者哉？故火候到時，金丹發相〔二〕，自然口忘言，舌忘味，鼻忘臭，視而不見，聽而不聞，所謂「丹田有寶」，自然「對境忘情」〔三〕。此輕外者重内，守内者忘外，一定理也。然在未得丹前，又當塞兑閉門，爲積精累氣之功。且知小丹者爲明哲，守太和者自剛强。以神入氣，即氣存神，忽然一粒黍珠光通法界，此即金光焕發，大道將成之候矣。始也以神降而候氣，繼則氣生，復用神迫之使上，驅之令歸，即長生之丹得，而身何殃之有哉？是在人常常操守〔四〕，源源不息，可也。

校註

〔一〕恪：各本作「確」，據第二、十、十六章註文及音義改。恪，恭也，敬也，謹也。

〔二〕發相：梅本作「發象」。

〔三〕唐呂洞賓游廬山鐘樓遠眺題：「一日清閒一日仙，六神和合自安然。丹田有寶休尋道，對境無心莫問禪。」

〔四〕操守：原作「而守」，據梅本改。

第五十三章

太上曰：使我介然有知，行於大道，惟施是畏。大道甚夷，而民好徑。朝甚除，田甚蕪，倉甚虚；服文綵，帶利劍，厭飲食，財貨有餘，是謂盜竽，非道也哉！他經不書「盜竽」，書「盜夸」，言以夸大爲道也。

君子之道，造端夫婦；聖人之道，不外陰陽。苟能順天而動，率性以行，成己爲仁，成物爲智，合内外而一致，故時措而咸宜〔一〕，有何設施之不當，足令人可畏乎哉？無如道本平常，並無隱怪，末世厭中庸而喜奇異，遂趨於旁蹊曲徑而不知。有如朝廷之上，法度紀綱，實爲化民之具，而彼昏不覺，概爲改除，且喜新進而惡老臣，好紛更而變國政，先代典型盡爲除去，猶人身之元氣傷矣。朝無善政，野少觀型，於是惰農自安，田土荒蕪，草萊不治，財之源窮矣；縻費日甚，倉廩虚耗，菽粟無存，財之儲罄矣，非猶人身之精氣概消磨而無復有存焉者乎？不圖内實，祇壯外觀，由是衣服必極光華，刀劍務求精彩，飲食須備珍饈，財貨更期充足，不思根本之多匱，惟期枝葉之争榮，如此而欲取之無盡，用之不竭，在在施爲俱無礙也，不亦難乎？是皆由不順自然之天，日用常行之道，有以致之也。猶盜者竊物，藏頭露尾，如竿之立，見影而不見形，喻修道者之以假亂真也。大道云乎哉！

此介然有知，是忽然而知，不待安排，無事穿鑿，鴻鴻濛濛，天地初開之一氣，先天元始之祖氣是，是即孟子「乍見孺子入井」，皆有怵惕惻隱之一念，吾道云「從無知時，忽然有知」，真良知也。此等良知之動，知之非艱，而措之事爲，持之永久，則非易耳。當其動時，眼前即是，轉瞬而智誘物化，欲起情生，不知不覺流於後天知識之私，此「順而施之」所以可畏也。惟眼有智珠，胸藏慧劍，照破妖魔，斬斷情絲，自採藥以至還丹，俱是良知發爲良能，一路坦平，並無奇怪，此大道所以甚夷也。無奈大道平常，而欲躁進以圖功者，往往康莊不由，走入旁蹊小徑，反自以爲得道，竟至終身不悟，良可慨也夫！朝喻身也。身欲修飭，不至覆滅，必須閑邪存誠，而後人欲始得盡淨，天理乃克完全。久久靈光焕發，心田何至荒蕪之有？精神團結，倉廩何至空虚之有？不文繡而自榮，匪膏粱而克飽，又何服文彩、厭飲食之有？且慧劍鋒鋭，身外之利刃無庸；三寶克全，身内之貨財不竭。若此者，真能盜天地靈陽之氣以爲丹者也。胡今之人，不由中庸，日趨邪徑，一身塵垢，除不勝除，而且妄作招凶，元陽盡失，於是紛來沓往，並鮮空洞之神，荒蕪已極，關竅非盡塞乎？力倦神疲，毫無充盈之象，空乏堪嗟，精氣非盡耗乎？ 徒外觀之有耀而文彩是將，徒利劍之鋒芒而腰帶是尚，亦已末矣，乃猶厭飲食以快珍饈，好貨財以期豐裕，何不思：學道之人〔二〕，巧用機關，盜回元氣，固求在内而不在外者也。易曰：「作易者，其知盜乎？」正此之謂也。 若舍此而他圖，支離已甚，敢云大道？ 他註云，「介然」數句，是倏忽間有一線之明，何嘗非知？ 但驗諸實行，每多窮於措施，故云可畏，此明大道之不易也；下一節言，學者不探本原而徒矜粉飾，不求真迹而徒鶩虛名，是猶立竿見影，得其似，不得其真，故謂之盜竿。 此講亦是。古來凡有道者，肌膚潤澤，毛髮晶瑩，等等效驗，要皆凡人所共有然，未可以爲定論也。又況煉精煉氣，陽火一臨，陰霾難固，猶霜雪見日而化，故神火一煅，陳年老病悉化爲瘡瘍膿血，從大小二便而出，不但初學有之，即至大丹還時，亦有變化三尸六賊〔三〕，流血流膿，臭不堪聞者。 惟有心安意定，於道理上信得過，於經典中參得真，足矣。 須知：遏欲存誠，去濁留清，層層皆有陰氣消除，陽氣潛長，學道人不可不知。 以外之事，莫説身體光榮，行步爽快，不可執以爲憑，即飛空走霧，出鬼沒神，霎時千變，俄頃萬里，亦不可信以爲道。 蓋奇奇怪怪，異端邪教，劍客游俠之類，皆能煉之，未可以爲真。 若認外飾爲真，必惑奇途，造成異類，可惜一生精力，竟入左道旁門，欲出世而涉於三途六道，不亦大可痛哉！ 太上此章大意，教人從良知體認，方無差悮。 無奈今之學道者，只求容顏細膩，身體康强，豈知外役心勞，而良田荒蕪，寶倉空曠，先天之精氣爲所傷者多矣，後天雖具，又何益乎？果然三寶團聚，外貌自然有光。彼馳之於外而矜言衣食者，何若求之於內而先裕貨財也？內財既足，外財自賅，豈同爲盜者，不盜天地靈陽之氣，而徒盜聖人修煉之名也哉？

校註

〔一〕時措而咸宜：原作「時措可咸宜」，據蕭本改。中庸：「故時措之宜也。」漢鄭玄注：「時措，言得其時而用也。」唐孔穎達疏：「措猶用也。得時而用之，則無往而不宜。」宋朱熹注：「以時措之，而皆得其宜也。」

〔二〕之人：原作「之」，蕭本作「人」，據義補「人」字。

〔三〕晉葛洪神仙傳劉根：「神人曰：必欲長生，先去三尸。三尸去，即志意定，嗜欲除也。」〇三尸中經：「人之生也，皆寄形於父母胞胎，飽味於五穀精氣，是以人之腹中各有三尸九蟲爲人大害。常以庚申之日上告天帝，以記人之造罪，分毫録奏，欲絶人生籍，減人禄命，令人速死。死後魂昇於天，魄入於地，唯三尸遊走，名之曰鬼。四時八節企其祭祀，祭祀既不精，即爲禍患，萬病競作，伐人性命。上尸名彭倨，在人頭中，伐人上分（眼目），令人眼暗髮落口臭面皺齒落。中尸名彭質，在人腹中，伐人五藏，少氣多忘，令人好作惡事，噉食物命，或作夢寐倒亂。下尸名彭矯，在人足中，令人下關搔擾，五情勇動，淫邪不能自禁。此尸形狀似小兒，或似馬形，皆有毛長二寸，在人身中。人既死矣，遂出作鬼，如人生時形象，衣服長短無異。」（雲笈七籤卷八十一）六賊，指眼耳鼻舌身意（六根），馳逐色聲香味觸法（六塵），自喪家寶，喻之如賊。

第五十四章

太上曰：善建者不拔，善抱者不脱，子孫祭祀不輟。修之於身，其德乃真；修之於家，其德乃餘；修之於鄉，其德乃長；修之於國，其德乃豐；修之於天下，其德乃普。故以身觀身，以家觀家，以鄉觀鄉，以國觀國，以天下觀天下。吾何以知天下之然哉？以此。

天地之生人也，賦之氣以立命，即賦之理以成性，理氣原來合一，性命兩不相離，要皆清空一氣，盤旋天地，盈虛消息，純乎自然，造化往來，至於百代者也。人類雖有不齊，造物縱有不等，而此氣同，即此理同，終無有或易者。聖人居中建極，亭亭矗矗，獨立而不倚，中行而不殆，雖窮通得喪，憂樂死生，萬有不同，而此理此氣，流行於一身之中，充塞乎兩大之内，絶不爲之稍挫，謂非善建者不拔乎？否則，有形有質，即巖巖泰山，高矣厚矣，猶有崩頹之患，蓋以有形者，雖堅固而難久；惟無形之理氣，不隨物變，不爲數遷，歷萬古而常新焉。此道立於己，化洽諸人，自然深仁厚澤，淪肌浹髓，斯民自愛戴輸忱，歸依恐後，無有一息之脱離不相聯屬者。雖曰膠漆相投，可謂堅矣，水乳融洽，可謂和矣，而聚散無常，變遷亦易，不轉瞬而立見睽違。惟仁心仁聞，被其澤者愛之不忘，即聞其風者亦懷之不置，何異子弟之依父兄，臂指之隨身心，無有隔膜不屬者，謂非善抱者不脱乎？　自此君子賢其賢而親其親，小人樂其樂而利其利，無非垂裳以治，共仰無爲之休。　聖人雖不常存，而其德澤之深入人心者，終古未常稍息。　詩曰：「子子孫孫，勿替引之。」〔一〕其斯之謂乎？　昔孔子贊舜之大孝曰：「宗廟享之，子孫保之。」足見德至無疆，子孫祭祀亦萬古蒸嘗不絶，千秋俎豆維新。　語云：「有十世之德者，必有十世子孫保之。　有百世之德者，必有百世子孫保之。」至於大德垂諸永久，雖億千萬年，而子孫繼繼繩繩，愈悠久，愈繁盛，其理固有如是之不爽者。　此皆以無爲自然之道，内修諸己而不墜，外及諸人而勿忘，所以天休滋至〔二〕，世享無窮焉。人以此道修之一身，而形神俱妙，與道合真，道即身，身即道，是道是身，兩無歧也，德何真乎！　以道修諸一家，親疏雖異，一道相聯，親者道親，疏者道疏，親疏雖别，道無二也，德何餘乎！　且道修之鄉，鄉里聯爲一體，道修之國，國家視如一人，其德之長之豐又何如乎！　果能静鎮無爲，恬淡無欲，自然四方風動，天下歸仁，民懷其德，無有窮期，德何普乎！　此非以勢迫之，以利啗之也，蓋本固有之天良，以修自在之身心〔三〕，如遊子之還家，故老之重逢，其樂有莫之致而至者。　人與己，異體而不異心，同命而應同性，故明德即新民，安人由修己，無或異也。　況鄉爲家之所積，國爲鄉之所增，天下之大，萬民之衆，無非一家一鄉一國之所漸推而漸廣，愈湊而愈多。知一人之道即家國天下之道，一己之修即家國天下之修，反求諸己，順推諸人，自有潛孚默化，易俗移風，而熙熙皞皞，共樂其樂也。故曰：「有德化而後有人心，有人心而後有風俗。」其道在乎身，其德及乎家，而其化若草偃風行，無遠弗屆，將遍鄉國以至於天下。嗚呼！噫嘻！吾何以知天下之然哉？以此故也。

易曰：「大哉乾乎！剛健中正，純粹精矣！」是知：道爲先天乾金，至剛至健，卓立於天地之間，流行於萬物之内，體物不遺，至誠不息，勢常伸而不屈，直而不撓，擎天頂地，摩漢沖霄，固未嘗稍拔也。然皆無極之極，不神之神，以至於卓卓不摇如此。人能以無極立其體，元神端其用，即古云「採大藥於不動之中，行火候於無爲之内」，居中建極，浩然之氣常充塞於宇宙間焉。自此一得永得，一立永立，神依於氣，氣依於神，神氣交感，紐結一團，即歸根復命，道常存矣。夫人之生也，神與氣合；其死也，神與氣離。人能性命混合，神氣融和，即抱元守一，我命在我不由天矣，何脱之有？由是神神相依，氣氣相守，一脉流傳，一真貫注，自能千變萬化，没鬼出神，有百千萬億之化身，享百千萬億之大年，謂非「子生孫，孫又生子，子子孫孫，根深葉茂，源遠流長，萬代明禋不輟」乎？要不過以元氣爲藥物，以元神爲火候而已。夫元氣者，無氣也，元神者，不神也，以神煉氣而成道，如以火煉藥而成丹。凡丹有成毁，神丹則無終始，故曰「金丹大道，歷萬古而不磨」，無非以己之德，修己之身，非由後起，不自外來，其德乃真矣。天地生人，雖清濁不同，賢否各異，而維皇誕降，由家庭以及天下，無不厥有恒性，故一心可以貫萬姓，一德可以孚萬民，是修身齊家，德有餘矣，修身化鄉，德乃長矣。至於治國平天下，莫非垂衣裳而天下化，究無有外修身而可以普獲〔四〕帡幪者，此治世之常道也。反之修身，又何異耶？論國家天下，原是由近而遠，一層深一層之意，如精氣神三者一齊都有，不是一步還一步。自初工言曰煉精，而氣與神在焉；二步曰煉氣，而神與精在焉；三步曰煉神，而精與氣亦在焉；即還虚合道，道合自然，自始至終，俱不離也，離則非道矣。身比精，精非交感之精，乃受氣生形之初所禀太虚中二五之元精。修之身，即煉精化氣。修行人初行持也，人得此精以生，亦得此精以長，以精修身，不啻以身修身矣，其真爲何如哉？以氣而論，精爲近於身者，氣則稍遠，故曰：修之家，其德乃餘。夫採外邊真陽之氣，煉内裏真陰之精，即如以身齊家，其得於己者不綽綽然有餘裕耶？鄉視身又更遠，比家稍近，猶之神然。神如火也，熱者屬氣，光者爲神，是二而是一，修之鄉即煉神還虚，故曰：其德乃長，以其長生而悠久也。至於國視鄉爲近，比身又更遠，其廣寬非一目可覩。國比虚也，修之國即煉虚合道。夫煉至於虛，與清虛爲一，朗照大千，而況天下乎？故曰：其德乃豐。至於天下，則與道爲一，純乎自然，可以建天地而不悖，質鬼神而無疑，百世以俟聖人而不惑矣，此皆自然之精之氣之神之虛之道，非有加增者也，故曰：其德乃普。他如以身觀身、家觀家、鄉觀鄉、國觀國、天下觀天下，無非以一己之身家爲天下身家之表率，以一人之鄉國爲天下鄉國之觀型，默契潛孚，相觀而化，天下皆然，何況託處宇内者哉？太上取喻，其意切近，其義精微。大道無他，精之又精，以至於虛無自然，盡矣！學大道者亦無他，惟損之又損，以至於無爲自然，無爲而無不爲，盡矣！然内藥外藥，内丹外丹，取坎塡離，抽鉛添汞，種種喻象比名，要無非以身中稟受於天地之精氣神，以其生來素具，只因陷於血肉軀殼之中，故曰陰精、陰氣、陰神；以其與生俱來，故曰内藥。修士興工之始，必垂簾塞兑，凝其神，調其息，將三元混合於一鼎，一鼎烹煉夫三元，名曰煉精，實則神氣俱歸一竅；直待神融氣暢，和合爲一，於是氣機發動，蒸蒸浮浮，是曰氣化，又曰水底金生，又曰凡父凡母交而産藥。此是人世男女順以生人之道。若不知逆修之法，頃刻化爲後天有形之精，從腎管而洩，故「固氣留精，決定長生」。人欲長生，此精之化氣，即是長生妙藥。如有沖突之狀，急需内伏天罡，外推斗柄，進退河車，收回中宮再造，此爲煉内藥也，精氣神亦混合爲一者也，豈僅氣化云哉？一外一内，一坎一離，始而以身之所具，交會黄房，温養片晌，則氣生焉。此以神入氣，以身中之精，煉出天地外來靈陽之氣，即煉精化氣。繼以此氣採之而升，導之而降，送歸土釜，再烹再煉，即是以鉛制汞，以陽氣伏陰精。蓋精原己身素具，故曰離己陰精；氣由精化而産，故曰坎戊陽氣。非精屬心中，氣生腎内也。自湧泉以至氣海皆屬陽，陽則爲坎；自泥丸以至玄關皆屬陰，陰則爲離。是水火之氣爲坎離，非以心腎爲坎離也，明矣。又曰坎中有氣曰地魄，在外藥，白虎是也，在内藥，金丹是也。此丹從抽鉛添汞合一而生者也，均屬水府玄珠。内外之説，一層剥一層，非真有内外也。離宫有精曰天魂，在外藥，青龍是也，在内藥，己之真精是也。水中金生，即精中氣化，在外藥，白虎初絃之氣是也，在内藥，鉛中之銀是也。又曰金丹長生大藥，只此乾元一氣，陷入人身，非以神火下煅，則沉而不起，且欲動而傾。此如燈之油，燈無油則息，人無氣則滅，人之生，生於此，故爲長生大藥。以其自乾而失於坎，今復由坎還乾，金丹之説所由來矣。夫人欲求長生，除此水鄉鉛一味，别無他物。但此金丹，雖曰人人自有，然非神火烹煎，别無由生。及真金一生，再將白虎擒龍，自使青龍伏虎，龍虎二氣復會黄房，二氣相吞相啗而結金丹。運回土釜，會己真精，再以神火温養而結聖胎。胎既結，内用天然真火，綿綿於神房之中，外加抽添凡火，流轉於一身之際，即日運己汞包固真精，久則脱胎而出，升上泥丸，煉諸虛空，復歸〔五〕本來自然之地。不是精氣神三寶攸分，亦不是内外二藥各别，苟非坐破蒲團，磨穿膝蓋，自苦自煉，安能了悟底藴？吾今聊註大概，不過爲後學指條大路耳。且道本平常，非有奇異，愈精深，愈平常。他如變化莫測，在世人視之，以爲高不可望，妙無從窺，而以太上道德一經思之，即如三清太上，亦只是一個凡人造成。但凡人以生死爲喜憂，仙則視生死如晝夜。一生一死，即如一起一卧，順而行之，不盡安然？有謂長生不死爲仙家樂事者，非也。人以長生爲榮，仙則以順理爲樂，雖殺身成仁，舍生取義，亦所素甘。不然，刀鋸之慘，誰不畏哉？古來志士仁人，多視鼎鑊爲樂地、死亡爲安途者，蓋見得理明，信得命定，其生其死，無非此心爲之運行，生而不安，不如速死，猶醒而抱痛，不如長眠。只要神存理圓，生何足榮，死何足辱，一聽造化流行，决不偷生於人世。如好生惡死，是庸夫俗子之流，非聖賢順時聽天之學也。否則，孔子何以七十而終，顏子何以三十而卒？順天而動，不敢違也。此豈凡人所能見哉？竊願學者，只求於内，無務於外，患難生死，一以平等視之，此心何等寬闊，何等安閒？諺云：「認理行將去，憑天擺布來。」如此落得生安死泰，永爲出世真人，豈不勝於貪生怕死之徒，時而欣欣於内，時而戚戚於懷，此心終無甯日耶？况有道高人，天欲留之以型方訓俗。我不拒之，亦不求之，但聽之而已，初何容心於其間乎？蓋生死皆道也，盡其道而生，盡其道而死，又何好惡之有哉？凡有好惡於中者，神早亂，性早亡，不足以云仙矣。

校註

〔一〕子子孫孫：各本作「世世子孫」。詩經小雅楚茨：「子子孫孫，勿替引之。」漢毛亨傳：「替，廢。引，長也。」據改。

〔二〕尚書君奭「天休滋至」，漢孔安國傳：「天美日益至矣。」休，美也。滋，益也，更加。

〔三〕身心：梅本作「真心」。

〔四〕獲：原作「護」，據蕭本改。帡幪，庇護。

〔五〕復歸：各本作「務歸」，據義改。

第五十五章

太上曰：含德之厚，比於赤子。毒蟲不螫，猛獸不據，攫鳥不搏。骨弱筋柔而握固，未知牝牡之合而峻作，精之至也。終日號而嗌音益。不嗄，音殺。和之至也。知和曰常，知常曰明，益生曰祥，心使氣曰强。物壯則老，是謂不道，不道早已。牝牡交歡，峻作喪命。赤子無知無欲，則其陰縮而不舉，故曰未知峻作。峻，即陰也。號，呼也。嗌，咽也。嗄，言聲破，又云氣逆。

易曰：「天地絪緼，萬物化醇。男女媾精，萬物化生。」以發生之初，去天未遠，其氣柔脆，順其勢而導之，迎其機而養之，猶可底於神化之域〔一〕、太和之天。孟子曰：「大人者，不失其赤子之心者也。」以赤子呱地一聲，脱離母腹，雖別具乾坤，另開造化，然渾渾淪淪，一團天真在抱，無知識，無念慮，静與化俱，動與天隨。古仙真含宏光大〔二〕，厚德無疆，較諸赤子，殆相等也。當父母懷抱之時，鞠育顧復，足不能行，手不能作，雖有毒蟲，不能螫焉，雖有猛獸，不能據焉，雖有攫鳥，無從搏焉，以動不知所之，行不知所往，是無虞於毒蟲，而毒蟲不得螫之也，無虞於猛獸，而猛獸不得據之也，且危居在榻，偃息在牀，不爲攫鳥所窺，而攫鳥亦不得搏之也。倘年華已壯，動履自如，雖有游行之樂，不獲静室之安，其能免惡物之患者，蓋亦鮮矣。況赤子初生，氣血調和，筋骨柔軟，而手之握者常固，蓋以陰陽不亂，情欲不生，未知牡牝之交歡合而峻作，足見元精溶溶，生機日暢。人能專氣致柔，如嬰兒之初孩，則自有精之可煉。第其時，呱呱而泣，聲聲不斷，雖至終日呼號，而咽嗌不嗄，此非隨意而喚、任口而騰也，要皆天機自動，天籟自鳴，無安排，無造作，和之至矣。知得元和内運〔三〕適爲真常之道，不假一毫人力以矯强之，而守其真常，安其固有，詩曰：「既明且哲，以保其身」，其斯之謂歟？若非以和柔之氣，修諸身心之中，安得生而益生，天休滋至於勿替？人之祥，莫祥於此。第自强壯而後，天心爲人心所亂，精神之耗散者多。今以太和爲道，大静乃能大動，至柔方克至剛，於是以心役氣，務令此氣同於赤子，不以氣動心，致使此心乖夫太和，庶幾「和而不流，强哉矯」〔四〕矣。非獨赤子爲然也。觀之萬物，其始柔脆，其終强壯。柔脆者，生之機，强壯者，死之兆，是以物强則老，不如物稺則生。生者其道存，老者其道亡，故曰物老爲不道，不道不如其早已。世之修道者，盍早已其老之氣，而求赤子之氣乎？果得同於赤子，無恐無怖，無識無知，一片渾淪，流於象外，所謂和也。夫天道以和育物，人能知之，則健行不息，故曰常。知常則洞達陰陽，同乎造化，故曰明。修身立命，奪天地生殺之權，人之祥瑞莫大於此。煉神還虚，得長生不壞之道，强斯至矣，又何不道之有哉？

此教人修身之法，取象於赤子。莊子曰：「兒子動不知所爲，行不知所之，身若槁木，心如死灰，禍亦不至，福亦不來。禍福無有，烏有人災物害哉？」毒蟲等句即此意。後云採藥煉丹，須取天一新嫩之水，此水即人生生之本，猶如一輪紅日，夜半子初，清清朗朗，炤燿於滄海之中，又如一彎秋月，發生庚震之方，正是修士玄關竅開，恍惚杳冥，方有此境。蓋以初氣至柔〔五〕，猶萬物甲坼〔六〕抽芽，於此培之養之，方能日增月長，至於復命歸根，以成碩果之用。若桑榆晚景，則物既老而將衰，不堪採以爲藥。但老非年邁之謂也，是云藥老不可以爲丹。若以年而論，即老至八、九十歲，俱可修煉以成長生不老之仙。何者？一息尚存，此個太和之氣具足於身，無稍欠缺。非至人抉〔七〕破水中之天，一身内外兩個消息，則當面錯過者多矣。學者欲修金丹大道，非虛心訪道，積德回天，則真師無由感格，白虎首經莫覓，一任青年入道，必至皓首無成，更有悞認邪師，錯走岐路，一生之精力竟流落於禽獸之域者不少。學者愼之！

校註

〔一〕神化：各本作「純化」，據二、四、九、三十等章註文改。

〔二〕周易坤卦：「坤厚載物，德合無疆。含弘光大，品物咸亨。」唐孔穎達疏：「包含宏厚，光著盛大，故品類之物皆得亨通。」

〔三〕元和内運：各本作「元和内蘊」，據音義改。宋曹文逸靈源大道歌：「元和内運即成真，呼吸外求終未了。」

〔四〕中庸：「故君子和而不流，强哉矯。」漢鄭玄注：「流，猶移也。矯，强貌。」唐孔穎達疏：「云『流，移也』者，以其性和同，必流移隨物。合和而不移，亦中庸之德也。云『矯，强貌』者，矯是壯大之形，故云强貌也。」

〔五〕至柔：各本作「致柔」，據義改。

〔六〕甲坼：原作「折甲」，蕭本作「拆甲」，據義改。周易解卦：「天地解而雷雨作，雷雨作而百果草木皆甲坼。」唐孔穎達疏：「雷雨既作，百果草木皆孚甲開坼，莫不解散也。」甲坼，謂草木發芽時，種子外皮裂開。

〔七〕抉：原作「訣」，據蕭本改。

第五十六章

太上曰：知者不言，言者不知。塞其兑，閉其門，挫其鋭，解其紛，和其光，同其塵，是謂玄同。故不可得而親，不可得而疎，不可得而利，不可得而害，不可得而貴，不可得而賤，故爲天下貴。

大凡無德之人，當其聞一善言，見一善行，輒欣欣然高談闊論，以動衆人之耳，取容悦於一時，不知革面洗心，返觀内證。孔子曰「道聽而塗説，德之棄」，洵不誣矣。若真知大道之人，方其偶有所知，朝夕乾愓之不暇，安有餘力以資口説，徒聳外人之聽聞耶？即令温故知新，悠然有會意處，亦自有之而自得之，猶飲食饜飫，既醉既飽，惟有自知其趣味，難爲外人道也。彼好與人言者，殆有不足於己者焉。而況德爲己德，修爲己修，知之既真，藏之愈固，竊恐一言輕出，即一息偶離，斯道之失於吾心者多矣。此知者所以不言也。若言焉者，其無得於己，實不知夫道；使果有所知，又孰肯輕洩如斯乎？是言者不知，益審矣。又況不可言者精華，可言者皆糟粕。知者非不言，實難言也。言者非不知，蓋徒見其皮膚耳。所謂「得了手，閉了口」者，誠知得道匪易，詎容以語言耗其氣，雜妄損其神，矜才炫能標其異，徒取惡於流俗哉？以故有道高人，塞兑閉門，養其氣也；挫鋭解紛，定其神也；和光同塵，則隨時俯仰，與俗浮沉，如愚如醉，若訥若癡，衆人昏昏，我亦昏昏，不矜奇，不立異，與己無乖，於世無忤也。苟有一毫粉飾之心、馳騖之意，即不免放言高論，以取快於一堂。如此者，非爲名，即爲利。豈不聞太上告孔子之言乎：「可食以酒肉者，我得而鞭撲。可寵以爵禄者，我得而戮辱。」〔一〕惟閉户潛修，抱元守一，神默默，氣冥冥，沉静無言，恬淡無欲，無爲爲，無事爲事，則人不可得而親，亦不可得而疏，不可得而利，亦不可得而害，不可得而貴，亦不可得而賤。此求諸己，不求諸人，盡其性，復盡其命，故爲天下之所最貴。三界内外，惟道獨尊。我修我道，即我貴我道，天下無有加於此者。太上曰：「知我者希，則我貴焉。」學者亦知之否耶？

此言有道之人，必不輕言，以世上知道者少，苟好騰口説〔二〕，不惟内損於己，亦且外侮於人。易曰：「機事不密則害成。」古來修士，因輕宣機密以致惹禍招災者不少，是以君子慎密而不出也。即使可與言者，亦兢兢業業，其難其慎，試之又試，然後盟天質地，登壇説法，亦不敢過高過遠，刺刺不休。足見古人韜光養晦之功，即見古人重道敬天之意。彼輕易其言者，皆無得於己，不知道者也。若果知之，自修自證之不遑，又安有餘閒以爲談論地耶？彼放言無忌者，非欲人親之利之貴之乎？不知有親即有疎，有利即有害，有貴即有賤，何如緘默不言，清浄自養，使人無從親疎利害貴賤之爲得歟？夫以我貴我道，自一世可至萬世，天下孰有加於此者？學者修其在己，刻刻内觀，勿徒〔三〕議論之風生，可也。

校註

〔一〕漢劉向列女傳楚老萊妻：「妾聞之：可食以酒肉者，可隨以鞭棰；可授以官禄者，可隨以鈇鉞。今先生食人酒肉，受人官禄，爲人所制也，能免於患乎？妾不能爲人所制。」

〔二〕周易咸卦上六：「象曰：滕口説也。」清段玉裁説文解字注：「禮揚作媵。揚，舉也。媵，送也。揚近得之。據此知禮經作媵，記作揚。媵爲古文揚字。若今文禮媵作騰，騰正與揚義協。」

〔三〕徒：梅本作「使」。廣雅釋詁一：「徒，使也。」

第五十七章

太上曰：以正治國，以奇用兵，以無事取天下。吾何以知其然乎？以此。夫天下多忌諱，而民彌貧；人多利器，國家滋昏；人多技巧，奇物滋起；法令滋彰，盜賊多有。故聖人云：「我無爲而民自化，我好静而民自正，我無事而民自富，我無欲而民自樸。」

孔子曰：「吾道一以貫之。」是知：道只一道，而天下萬事萬物，無不是此道貫通流行，所謂「一本散爲萬殊，萬殊仍歸一本」是。治身治世，其大端也。治世之道，無過士農工商，各安生理，孝弟忠信，各循天良。此日用常行之事，即天下之大經，萬古之大法，固常道也，亦正道也。人人當盡之事，即人人固有之良。爲民上者，躬行節儉，力盡孝慈，爲天下先，而又莊以涖之，順以導之，不息機以言静鎮，不好事以壯規模，一正無不正，自有風行草偃，捷於影響者焉。孟子曰：「一正君而國定〔一〕矣。」又曰：「天下之生久矣。」一治一亂，循環相因，自古及今，未之或爽。雖然，治則用禮樂，亂則用兵戎。一旦兩軍對壘，大敵交鋒，社稷安危，人民生死，係於一將，顧不重哉？雖權謀術數之學，智計機變之巧，非君子所尚〔二〕，然奉天命以討賊，仗大義以弔民，又不妨出奇制勝也，兵法所以有掩襲暗侵、乘勞乘倦、離間反間、示弱示强、神出鬼没之奇謀焉。惟以奇用兵，戰無不克，攻無不取，不傷民命，不竭民財，而萬民長安有道之天，共享太平之福，不誠無事也哉？然聯山河爲一統，合乾坤歸一人，此中豈無事事？但任他事物紛投，而此心從容靜鎮〔三〕，自然上與天通而天心眷顧，下爲民慕而萬民歸依，天下於焉可取也，故曰：「唐虞揖讓三杯酒，湯武征誅一局棋。」〔四〕惟見天下不甚希奇，取天下亦不介意，所以胸中無事，其量與天地同，故莅中國，撫四夷，有不期然而然者。此治世之道如是。吾何以知其然哉？以治世之道，不外治身，身猶國也。視聽言動，一準乎禮，心思智慮，一定以情，内想不出，外想不入，性定而身克正矣。至於靜養既久，天機自動，以順生之常道，爲逆修之丹法。臨爐進火，大有危險，太上喻爲用兵，務須因時而進，相機而行，採取有時，烹煉有地，野戰有候，守城有方，不得不待時乘勢，出之以奇計也。他如藥足止火，丹熟温爐，超陽神於虛境，養仙胎於不壞，又當靜養神室，毫無一事於心，而後丹可成、仙可就〔五〕。此治身之道，即寓治世之功。吾所以知治世之道者，即此治身之法而知之也。夫取天下者在無事，而守天下者又不可以多事，否則，興條興款，懸禁懸令，使斯民動輒齟齬，勢必奸宄因之作弊，民事於焉廢弛，天下多忌諱，而民所以日貧也。金玉璣珠，輿馬衣服，民間之利器彌多，而貪心一起，欲壑難填，神焉有不昏，氣焉有不濁者哉？ 渾樸不聞，奸詐是尚，一有技巧者出，人方愛之慕之，且群起而效尤之，於是奇奇怪怪之物，悉羅致於前。 嗚呼！ 噫嘻！ 三代盛時，君皆神聖，民盡淳良，令懸而不用，法設而不施，所以稱盛世也。 今則法網高張，稠密如羅，五等刑威，違者無赦，三章法律，犯者必誅，顧何以法愈嚴而奸愈出，令愈繁而盜愈多乎？ 蓋德不足以服民心，斯法不足以畏民志耳。 古來民之職爲亂階者，未有不自此刑驅勢迫使然也。 秦漢以來，可知矣。 古聖云：「天以無爲而尊，人以有爲而累。」〔六〕我若居敬行簡，不繁冗以擾民，不紛更以悞國，但端居九重之上，靜處深宮之中，斯民日遷善而不知爲之者；且淡定爲懷，淵默自守，惟以誠意正心爲事，而孰知：正一己即以正朝廷，正百官即以正萬民，皆自此靜鎮間來也。 萬民一正，各親其親，長其長，無越厥命，永建乃家，於是耕田而食，鑿井而飲，日出而作，日入而息，倉箱有慶〔七〕，俯仰無虞，而民自富矣。 若此者，皆由上之人，順其自然，行所無事，有以致之也。 又況甯靜守寂，恬默無爲，一安渾渾噩噩之真，而民之感之化之者，有不底於忠厚長者之風、渾樸無華之俗，未之有也。 書曰：「一人元良，萬國以貞。」〔八〕其機伏於隱微，其效察乎天地。 吾願治世者以正君心爲主，治身者以養天君爲先焉。

此理已明，不容再贅。 吾想打坐之頃，其始陽氣沉於海底，猶冬殘臘盡，四顧寂然；以神光下炤，即是冬至陽回，此時雖有陽生，而闃寂無聲，四壁蕭條，仍如故也。從此慢慢氣機旋運，不覺三陽開泰，而萬物回春，花紅葉緑，水麗山明，已見陽極之甚。天道如斯，人身奚若？ 惟有以頭稍稍向下，以目微微下顧，即是陰極陽生。 第此個工夫，不似前此下手執著一個意思去數呼吸之息，須將外火不用，内火停工，一任天然自然，隨其氣機之運動，但用一個覺炤之心以了炤之，猶恐稍不及防，又墮於夙根習氣而不自知。 此即「存有覺之心，以養無爲之性」是也。 迨至覺炤已久，義精仁熟，又何須存，又何須養？ 一順其天然之常而已。 不然，起初不用力操持，則狂猿烈馬，一時恐難降伏；及至猿馬來歸，即孟子所謂「放豚入苙」〔九〕，切不可從而束縛之，反令彼活潑自如者，轉而跼蹐難安也。 其法維何？ 易曰：「天地絪縕，萬物化醇。」這個絪縕〔一〇〕之氣，在人身中，即是停内火外符，渾然不動，任氣息之流行。 在工夫純熟者，斯時全不用意；若未到此境，覺炤之心不可忘也。 若或忘之，又恐不知不覺，一念起，一念滅，轉轉生生，將一個本來物事，竟爲此生滅之心而汩没焉。古佛云：「了知起處，便知滅處。」如此存養，久久而見起滅之始，又久久而見未有念之始，斯得之矣。 至於黄庭之説，在不有不無，不内不外，又在色身中，又不在色身中。 此個妙竅，到底在何處？ 古所謂「凝神於虚，合氣於漠」是也。 夫凝神於虚，合氣於漠，亦猶是在丹田中，但眼光不死死向內而觀耳，神氣不死死入內而團耳，惟凝神於臍下，離色身肉皮不遠，此即不內不外之説也。以意凝炤於此，但覺口鼻呼吸之氣一停，而丹田之氣，滚滚轆轆，在於內外兩相交結之處，紐成一團，直見絪絪緼緼、渾渾淪淪、悠揚活潑之機，一出一入，真與天之元氣，兩相通於無間。生精、生氣、生神，即在此處，與天相隔不遠，此即「合氣於漠」之説也。昔人謂之「元氣」、「胎息」、「真人之息以踵」者，非此而何？所謂元氣者，即無思無慮、無名無象中，渾淪一團，清空一氣是也。所謂胎息者，蓋人受氣之初，此身養於母腹，此時口鼻未開，從何納氣而生？惟此臍田之氣，與母之臍輪相通，是以日見其長。及至呱地一聲，生下地來，此氣即從口鼻出入往來，所謂「各立乾坤」者此也。吾示臍輪之氣與外來之天氣相接，不內不外，絪緼混合，打成一片，即是返還於受氣之初而與母氣相連之時，即是胎息也。所謂真人之息以踵者，蓋以真人之息，藏之深深，達之亹亹，視不見，聽不聞，搏〔二〕不得，深而又密，如氣之極於腳底是也。彼口鼻之氣，非不可用，但當順其自然，不可專以此氣爲進退出入。若第用此氣，而不知凝神於臍下一寸三分之地，尋出這個虛無窟子，以納天氣於無窮，終嫌清濁相間，難以成丹。昔人云「天以一元之氣生人」，此氣非口非鼻，非知覺運動之靈可比。又云：「玄牝之門世罕知，休將口鼻妄施爲。饒君吐納經千載，怎得金烏搦兔兒？」即此數語觀之，明明道「出玄入牝」，實在臍下丹田，離肉一寸三分之間，氤氤氲氲，凝成一片者是。學道人，無論茶時飯時，言語應酬時，微微用一點意思，凝神於虚無一穴之中，自然合氣於漠，直見真氣調動，有不可名言之妙。然於此調息，則知覺不入於内，而坎水自然澄清。此歷代仙聖不傳之秘，吾今一口吐出，後之學者，勿視爲具文〔一三〕而忽之也。

校註

〔一〕定：原作「正」，據蕭本及引文出處改。

〔二〕史記陳丞相世家：「陳平曰：『我多陰謀，是道家之所禁。吾世即廢，亦已矣，終不能復起，以吾多陰禍也。』」

〔三〕静鎮：原作「坐鎮」，梅本作「鎮静」，據前後文改。

〔四〕詩見宋邵雍伊川擊壤集首尾吟。

〔五〕丹可成、仙可就：各本作「仙可成，丹可就」，二十二章註文作「丹成仙就」，據改。

〔六〕莊子在宥：「何謂道？有天道，有人道。無爲而尊者，天道也；有爲而累者，人道也。」晉郭象注：「在上而任萬物之自爲也。以有爲爲累者，不能率其自得也。」唐成玄英疏：「無事無爲，尊高在上者，合自然天道也。司職有爲，事累繁擾者，人倫之道。」

〔七〕慶：原作「度」，據蕭本改。欽定大清會典則例卷三十五：「妥協辦理，興利去害，俾旱澇不侵，倉箱有慶。」○詩經小雅甫田：「乃求千斯倉，乃求萬斯箱。」漢鄭玄箋：「成王見禾穀之税，委積之多，於是求千倉以處之，萬車以載之。是言年豐，收入踰前也。」宋朱熹注：「箱，車箱也。」

〔八〕尚書太甲下：「一人元良，萬邦以貞。」漢孔安國傳：「貞，正也。一人，天子。天子有大善，則天下得其正。」

〔九〕孟子盡心下：「如追放豚，既入其苙，又從而招之。」宋朱熹注：「放豚，放逸之豕豚也。苙，闌也。招，罥也，羈其足也。言彼既來歸，而又追咎其既往之失也。」

〔一〇〕陳攖寧曰：「蓋絪緼者，天氣下交於地，地氣上交於天，温和醞釀，欲雨未雨，將雷未雷，所謂『萬里陰沈春氣合』者是也。若雷雨既施，則非絪緼矣。人身絪緼之候，亦同此理。」（孫不二女功内丹次第詩注）

〔一一〕摶：原作「搏」，據蕭本及十四章經文改。

〔一二〕漢書宣帝紀：「上計簿，具文而已，務爲欺謾，以避其課。」唐顔師古注：「具文，雖有其文，而實不副也。」課，税。

第五十八章

太上曰：其政悶悶，其民醕醕。其政察察，其民缺缺。禍兮福所倚，福兮禍所伏，孰知其極？其無正耶？正復爲奇，善復爲妖。人之迷，其日固久。是以聖人方而不割，廉而不劌，直而不肆，光而不耀。悶悶，渾樸意。缺缺，疏忽意。劌，傷殘也。

天地無心而化育，帝王無爲而平成，此無爲之道，聖人開天闢地、綜世理物之大經大法，人主統攝萬民，綱紀庶物，無有過於此者。若涉於有爲，則政非其政，治非其治，雖文章燦著，事業輝煌，而欲其熙熙皡皡，共樂時雍之化也，不能，故太上云「政者，正也」〔一〕，以己正，正人之不正也。自古爲民上者，肇修人紀，整飭天常，有知若無知，有作若無作，一任天機之自動，初無有妄作聰明，創矩陳規，懸書讀律，而一德相感，自有默喻於語言之表者，故其政悶悶，若愚樸無知者然，而其民之感孚，亦湻湻有太古之風，無稍或易；上以無爲自治，下以無爲自化，上下共安無事之天，休哉，何其盛歟？苟爲上者，勵精圖治，竭力謀爲，拔去凶邪，登崇俊杰，小善必録，大過必懲，賞罰無殊冰鏡，監觀儼若神明，其政之察察，無有逃其藻鑑者，此豈不足重乎？而無如上好苛求，下即化爲機巧，缺缺然無不以小智自矜；上以有爲倡之，下以有爲應之，甚矣，民心之難治也！　夫非上無以清其源，斯下無以正其本也哉[二]！　蓋無爲者，先天渾樸之真；有爲者，後天人爲之僞。　悶悶、察察，其效純駁如此。　此可知：道，一而已，二之則非。　況先天，太極未判，純樸未分，無陰陽之可名，無善惡之可見，易曰「易則易知，簡則易從」，其政之所以「可大可久」也。　若後天太樸不完，貫陰陽於始終，互禍福爲倚伏，禍中有福，福中有禍，禍福所以循環無端也。　故有爲之爲，未必不善，但物窮則變，時極則反，陰陽往復之機，原屬如此，有孰知其底極而克守其正耶？　且正之復則爲奇，善之反則爲妖。　無爲之政，政純乎天；有爲之政，政雜以人。　雜以人者，正中有奇，善中有妖，其機肇於隱微，其應捷於影響，其勢誠有不容稍閒者，無怪乎爾虞我詐，習與性成，執迷而不悟也，其日固已久矣。　是以聖人御宇，一本無爲之道，整躬率物，正己化人；本方也，不知其爲方，殆達變通權而不假裁截者歟？　本廉也，竟忘其爲廉，殆混俗和光而不致傷殘者歟？　時而直也，雖無唯諾之風，亦非徑情之遂，認理行持，不敢自肆，其梗概風規，真有可敬可畏者。　他如化及群生，恩周四表，幾與星輝雲燦，上下爭光，而獨自韞藏，不稍炫耀，其匿迹銷聲爲何如哉？　此無爲爲體，自然爲用，從欲以治，順理以施，四方風動，有不於變時雍，共遊於太古之天也，有是理乎？

道曰大道，丹曰金丹，究皆無名無象，在天則清空一氣，在人則虛無自然。修煉始終，要不出此而已。人能知：沖漠無朕，是〔三〕大道根源、金丹本始，從虛極静篤中，養得渾渾淪淪，無知識，無念慮之真本面，則我之性情精氣神，皆是先天太和一氣中的物事，以之修道則道成，以之煉丹則丹就，又何奇邪可云，危險可畏哉？惟不知無爲爲本，第以有爲爲功，則知識不斷，紛擾愈多，雖有性有情，皆後天氣質之私，物欲之僞，至於精氣神，又烏得不落後天有形有色之雜妄耶？太上以政喻道，以民比身。道煉先天無爲，則成不壞法身；道煉後天有識，安有不二元神？縱煉得好，亦不過守尸鬼耳，烏能超出陰陽，脱離生死，永爲萬代神仙？又況一墮有爲，則太極判而陰陽分，陰陽分而善惡出，禍福於以相往來也。孰知修道之極功，雖其中煉命一步，不無作爲之用，然必從「有用用中無用，無功功裏施功」，方不落邊際。孟子曰「必有事焉而勿正」〔四〕，修道之要，即在於此。論人心，一動則有一静，一陰則有一陽，邪正善惡，原是循環相因，往來不息，故有正即有邪，有善即有惡。惟一歸渾忘，不分正邪，安有善惡？否則，正反爲奇，善復爲妖。莊子曰：「天以無爲爲尊，人以有爲爲累。」是知有爲之時，亦必歸於無爲，方免傾丹倒鼎之患。無奈世上凡夫俗子，開口言丹，即死守丹田，固執河車路徑即在身形之中，其末了悟無爲之旨也久矣。惟聖人知修煉之道，雖有火候藥物、龍虎男女、鼎爐琴劍，種種名色，猶取魚兔之筌蹏：魚兔未得，當用筌蹏，魚兔入手，即忘筌蹏；若著名著象，皆非道也。故方則方之，廉則廉之，直則直之，光則光之，要皆爲無爲，事無事，一歸渾穆之天焉。願學者，以無爲自然之道爲體，體立然後用行，雖有爲，仍是無爲也。知否？信否？

校註

〔一〕莊子天運：「（孔子南之沛見老聃，）老子曰：怨恩取與諫教生殺八者，正之器也，唯循大變而無所湮者爲能用之，故曰：正者，正也。」○論語顏淵：「季康子問政於孔子。孔子對曰：政者，正也。子帥以正，孰敢不正？」

〔二〕五代譚峭化書儉化解惑：「謙者人所尊，儉者人所寶。使之謙，必不謙；使之儉，必不儉。我謙則民自謙，我儉則民自儉。機在此，不在彼；柄在君，不在人。」

〔三〕是：該字下原有「人」字，據校本删。

〔四〕孟子公孫丑上：「必有事焉而勿正，心勿忘，勿助長也。」清顧炎武日知録卷七：「倪文節（思）謂，當作『必有事焉而勿忘，勿忘勿助長也』，傳寫之誤，以忘字作正心二字。言養浩然之氣，必當有事而勿忘，既已勿忘，又當勿助長也。」

第五十九章

太上曰：治人事天莫如嗇。夫惟嗇，是謂早服，早服謂之重積德，重積德則無不克，無不克則莫知其極，莫知其極可以有國，有國之母可以長久，是謂深根固蒂，長生久視之道。

治人之道，即事天之道，天人固一氣也，故治人所以事天，事天不外治人。莫謂天道甚遠，即寓於人道至邇之中。不知天道，且觀人道〔一〕。能盡人事，即合天道。雖一高一卑，迥相懸絶，惟在於安民爲主，民治定則天心一矣。其要在於重農務本，教民稼穡爲先。夫以民爲邦本，食爲民天，嗇事既治，則衣食有出，身家無虞，孟子所謂「樹藝五穀，五穀熟而民人育」，又曰：「聖人治天下，使有菽粟如水火，而民焉有不仁者乎？」是知爲人上者，以嗇爲急圖，而民得以樂業安居，養生送死，早有以服民心於不睹不聞之際，而欣然向往，如享太牢之榮，如登春臺之樂矣，是不言修德而德自修，不言尚德而德日尚。且耕三餘一，耕九餘三，多黍多稌〔二〕，爲酒爲醴，以畀祖妣，以洽百禮，其德之積與積之重，不謂此而誰謂耶？如此重開有道之天，大被無窮之澤，自然兼弱攻昧，取亂侮亡〔三〕，而無往不克矣。既所向披靡，無敢交鋒，非特接壤鄰封，雲霓慰望，即彼殊方異域，亦時雨交歡。若此東被西漸，北達南通，聲教四訖，伊於胡底〔四〕，夫誰知其極也哉？既無其極，立見帝道遐昌，皇圖鞏固，而得有其國也。漢書云：「黃河如帶，泰山若礪。國以永甯，爰及苗裔。」夫固有不爽者。人既撫有一國，即有得國之由，其由維何？國之母氣也。若無母氣，焉能得國？此根本之地，人所宜急講者。在未有其國，必須尋母；既得其國，尤當戀母。國之有母，猶樹之有根，水之有源，可以長久而不息。此治世之道，通乎治身。學道人能守中抱一，凝神調息〔五〕，始以汞子求鉛母，繼以鉛母養汞子，終則鉛汞相投，子母混合，復乎本來，還乎太樸，是謂深根固蒂，長生久視之道。如此則凡也而聖，人也而天矣。治身之道，又豈異治世哉？

此治人事天，即盡人事以合天道。以「天人本一氣，彼此感而通。陽自空中來，抱我主人翁」〔六〕，非易易事也。其道不外虛無，其功同乎稼穡。始而存養省察，繼而以性攝情，迨水火混融，坎離和合，先天氣動，運轉周天，所謂「乾坤交媾罷，一點落黃庭」是。此取坎中之滿，填離中之虛，即命基築固，人仙之功了矣。此猶治畬者，開田闢土，載芟載柞，然後可得而耕種，以樹藝乎五穀也。由是再將離中陰精，下入於坎户之中，將坎中陽氣，合離中陰精，配成一家，種於丹田，煉而爲藥，所謂「彼家無而自我有之，彼家虚而由我實之」。直待此中真鉛發生，即以陽鉛制陰汞，汞性之好飛者不飛矣；又以陰汞養陽鉛，鉛情之好沉者不沉矣。悟真曰：「金鼎欲留朱裏汞，玉池先下水中銀。」待至鉛金飛浮，如明窗中射日之塵，片片飛揚而去，將坎府外之餘陽化盡，收入離宫，又將離己陰汞私識一並消化，復還純陽至寶之丹，可以升漢沖霄，飛靈走聖，即神胎成，仙嬰就矣。雖然，其功豈易及者？始須持志養氣，如農者之耕耘，不無辛苦，終則神閒氣定，内而一理渾然，外而隨時處中，非偶一爲之即與道大適，由其修性煉命，早有以賓服乎後起之緣，而萬累齊絶，一絲不存，盡人道以合天德也，匪伊朝夕矣。猶國家然，保赤誠求，深仁厚澤入於民心，淪肌浹髓，其德之積與積之重也，豈有涯哉？自是欲無不除，己無不克，天懷淡定，步武安詳，無論處變處常，自有素位而行，無入不得之概。若此者，以之煉性而性盡，以之煉命而命立矣，沖漠無朕之中，萬象森然畢具，真有莫知其底極者焉。太上所謂「内觀其心，心無其心。外觀其身，身無其身。遠觀其物，物無其物。空無所空，無無亦無。能悟之者，可傳聖道。」此即外其身而身存。身猶國也，即如王者無爲而治，可以正南面而有天下有國，亦如陰精在己，雜於父精母血之中者已久，非得先天陽氣，不能自生自長，蓋後天陰精原從先天生來，但陰精難固，情欲易摇，非得天地外來靈陽之氣，必不能結而成丹，長生不死，故曰：有國之母，可以長久。惟聖人以真陰真陽二氣合爲一氣，三家融成一家，煅出黍米一珠，號曰金丹，曰真鉛，曰白虎首經，要無非先天一氣而已，從色身中千燒萬煉，千磨萬洗，漸採漸凝，時烹時煉，而金丹乃成〔七〕，英英有象〔八〕，所謂「人盜天地之氣以爲丹母」者是，是即深根固蒂，長生久視之道。夫以天地靈陽，合一己真氣，結成聖胎，即古仙云「先天一陽初動，運一點己汞以迎之，於是内觸外激而有象，外觸内感而有靈，如磁吸鐵，自然脗合」〔九〕，即汞子造水府而求鉛母，既得其母，復依其子，子母和諧，團聚中宫，而大丹成，神仙證矣。煉丹始終本末，太上已曾道盡，學者細心體會，迹象雖相似，而精粗大有分别。然未到其時不能知，非得真師指授，亦無由明，此須天緣地緣人緣三緣凑合，始可入室行工。後之學者，第一以積誠修德，虚己求師，庶可結三緣而入室，切勿一得自喜，即無向上之志，務要矢志投誠，一力前進，迤邐做去，可也。惟下手之初，無縫可入，無隙可乘，不啻咀嚼蠟丸，淡泊無味。朱子云：「爲學須猛奮體認，耐煩辛苦做一晌，久之，苦盡甘回，悶極樂生，道進而心有得矣。」當此理欲雜乘，天人交戰，最難措手。其進其退，就在此關。此關若攻得破，孔子所謂「宗廟之美，百官之富」〔一〇〕，賞玩之不置矣。切不可委靡不振，自家精神放弱，則終身不得其門而入焉。尤要虚其心，大其志，鼓其神，立德立功，修性修命，須知是天地間第一大事，非有大力量不能成。吾聞對云〔二〕：「修來鐵肩擔當道義，放開辣手做出文章。」噫！世間一材一藝，小小科名之取，猶要辛苦耐煩，做幾件大功德，用滿腹真精神，始可爲神天默佑，用觀厥成，何況道也者，天大一件事乎？所以佛說「我爲大事因緣下界」，吾亦爾爾。學者既遇真師，須以真心真意體認吾言，始可算人間一大丈夫也。

校註

〔一〕人道：各本作「人心」，據上下文改。四十七章註文有「不知人道，觀天道可知」。

〔二〕詩經周頌豐年：「豐年多黍多稌。」漢毛亨傳：「稌，稻也。」晉崔豹古今注草木：「稻之黏者爲黍，亦謂稌爲黍。」

〔三〕尚書仲虺之誥：「兼弱攻昧，取亂侮亡，推亡固存，邦乃其昌。」唐孔穎達疏：「力少爲弱，不明爲昧，政荒爲亂，國滅爲亡，兼謂包之，攻謂擊之，取謂取爲己有，侮謂侮慢其人。弱昧亂亡俱是彼國衰微之狀，兼攻取侮是此欲吞并之意。弱昧是始衰之事，來服則制爲己屬，不服則以兵攻之。此二者，始欲服其人，未是滅其國。亂是已亂，亡謂將亡，二者衰甚，已將滅其國，亡形已著，無可忌憚，故陵侮其人，既侮其人，必滅其國，故以侮言之。」

〔四〕詩經小雅小旻：「伊於胡底」，漢鄭玄箋：「於，往。底，至也。往行之，將何所至乎？」清段玉裁說文解字注：「底訓止，與厂部厎訓柔石，引伸之訓致也至也，迴別，俗書多亂之。小雅『伊於胡底』，箋云『底，至也』，俗本多作胡底。」

〔五〕凝神調息：各本作「凝息調神」，據義改。

〔六〕此爲唐施肩吾詩。張紫瓊詩曰：「天人一氣本來同，爲有形骸礙不通。煉到形神冥合處，方知色相即真空。」

〔七〕乃：原作「外」，據蕭本改。

〔八〕文選袁宏三國名臣序贊「英英文若」，唐呂向注：「英英，鮮明貌。」

〔九〕五篇靈文：「先天若無後天，何以招攝？後天不得先天，豈能變通？此乃無中生有，有中生無，無因有激之而成象，有因無感之而通靈，先後二天之氣，如谷之應聲。」

〔一〇〕論語子張：「叔孫武叔語大夫於朝曰：『子貢賢於仲尼。』子服景伯以告子貢。子貢曰：『譬之宮牆，賜之牆也及肩，窺見室家之好。夫子之牆數仞，不得其門而入，不見宗廟之美、百官之富。得其門者，或寡矣。』」

〔一一〕吾聞對：蕭本作「昔有聯」。

第六十章

太上曰：治大國者，若烹小鮮。以道莅天下，其鬼不神。非其鬼不神，其神不傷人。非其神不傷人，聖人亦不傷人。夫兩不相傷，故德交歸焉。

夫道者，天下人物共有之理也。以此理修身，即以此理治世，欲立立人，欲達達人，不待轉念，無俟移時，何其易而簡歟？故太上云：治大國若烹小鮮。夫國大則事必煩，人必衆，苟不得其道，則必雜亂繁冗，猶治亂絲之不得其緒，勢必愈治而愈棼。惟以人所共有之道，修諸一人之身，統御萬民之衆，其理相通，其氣相貫，而其勢亦甚便焉。不然，徒以法制禁令、權謀術數之條，號詔天下，明則結怨於民，而民心變詐多端矣，幽則觸怒於鬼，而鬼怪災殃疊見矣。蓋人者，鬼神之主也。人君横征暴斂，淫威肆毒，民無所依，則鬼怪神姦亦無所附麗，而不得不興妖作祟，凶荒疫癘所不免焉。故石言於晉〔一〕，簹見於齊〔二〕，蛇鬬於鄭〔三〕，伯有爲厲〔四〕，申生降靈〔五〕，二豎夢而病入膏肓〔六〕，有莘降而虢遂滅亡〔七〕，若皆鬼神爲之，亦由上無道以致之也。爲民上者，誠能以道修身，即以道化民，鬼雖陰氣，得所依歸，鬼即冥頑，咸爲趨附，人無怨讟，鬼不災殃，山川弗見崩頽，物産不聞怪異，熙熙皞皞，坐享昇平。書曰「古我先王，方懋厥德，罔有天災，山川鬼神亦莫不靈〔八〕」，是也。此豈鬼之不神哉？蓋魑魅魍魎，以及山精水怪，亦皆依傍有所，血食有方，順其自然，毫無事事，雖有神，亦無所施，即有施，亦烏得爲祟？故陰陽人鬼共嬉遊於光天化日之中，又何傷人之有哉？亦非神不傷人也，由聖人有道，無事察察之智，無矜煦煦之仁，慎厥身修，敦叙彝倫，居敬行簡，不務紛紜，無有一毫傷乎人者，在乎陰陽和而民物育，祀典崇而鬼神安，幽冥之間，兩不侵害，故天下咸服聖人之德而交歸焉。嗚呼，無爲之治，近取諸身，遠取諸物，不識不知，順帝之則，以視尚政令者嚴誥誡，希勸勉者重典型，孰難孰易，爲簡爲煩，奚啻雲泥之判！人何不反求其本哉？

此大國喻大道，烹小鮮喻煉丹。小鮮者，羔羊魚肉之類，其烹也，惟以醯醢鹽梅，調和五味，扶其不及，抑其太過，而以温養之火，慢慢烹煎，不霎時，而滋味出，口體宜矣。大丹之煉，亦惟取和合四象，攢簇五行，使三花聚於一鼎，五氣聚於中田，於是以〔九〕天然神火慢慢温養，不用加減，無事矯持，逆而取之，順而行之，七返九還，易於反掌之間矣。古云：「慢守藥爐看火候，但安神息任天然。」何便如之？是故無爲之道，即臨馭天下之道，亦即吾人煉大還丹之道〔一〇〕。太平盛世，治臻上理，慶洽重熙，上無爲而自治，下無爲而自化，一切鬼怪神姦皆不知消歸何有，非謂其滅迹亡形也，亦化於無爲自然之道，而譸張變幻無所施，旱潦疫癘不容作矣。其在人身，鬼，陰静無知覺者也，神，陽動而作爲者也。大修行人，心普萬物而無心，情順萬事而無情〔一〕，陰中含陽，陽中含陰，静而無静，動而無動，一動一静交相爲用，一陰一陽互爲其根。非謂無覺竟無覺、有爲竟有爲也，其實無覺中有覺，有爲中無爲焉。曰其鬼不神，非謂蚩蠢而無靈爽也，蓋無覺之覺，實爲正等正覺，無爲之爲，無非順天所爲，豈似有覺者之流於僞妄，有爲者之類於固守，而有傷乎本來之丹也哉？曰其神不傷人，亦非神不傷人也，以無爲而爲之道，原人生固有之天真，生生不已之靈氣，至誠無息，體物不遺，雖有造化，實無存亡，雖有盈虚，原無消息，所謂「不擾不驚，無憂無慮」者此也，又何傷人之有耶？亦非聖之不傷人也，蓋以勃發之生機，裕本來之真面，以調和之三昧〔二〕，養自在之靈丹，立見神火一煅，而鬼哭神號，陰邪退聽，真人〔三〕出現矣，謂爲兩不相傷，誰曰不宜？天上人間，皆歸美其德。噫！幽明交格，非德之神，烏能至此？

校註

〔一〕左傳昭公八年：「石言於晉魏榆。晉侯問於師曠曰：『石何故言？』對曰：『石不能言，或馮焉。

不然，民聽濫也。抑臣又聞之曰：作事不時，怨讟動於民，則有非言之物而言。今宮室崇侈，民力彫盡，怨讟並作，莫保其性。石言，不亦宜乎？』叔向曰：『子野之言，君子哉！君子之言，信而有徵，故怨遠於其身。小人之言，僭而無徵，故怨咎及之。』」

〔二〕左傳昭公二十六年：「齊有彗星，齊侯使禳之。晏子曰：『無益也，祇取誣焉。天道不謟，不貳其命，若之何禳之？且天之有彗也，以除穢也。君無穢德，又何禳焉？若德之穢，禳之何損？詩曰：惟此文王，小心翼翼，昭事上帝，聿懷多福，厥德不回，以受方國。君無違德，方國將至，何患於彗？詩曰：我無所監，夏后及商，用亂之故，民卒流亡。若德回亂，民將流亡。祝史之爲，無能補也。』公說，乃止。」

〔三〕左傳莊公十四年：「鄭厲公自櫟侵鄭，及大陵，獲傅瑕。傅瑕曰：『苟舍我，吾請納君。』與之盟而赦之。六月甲子，傅瑕殺鄭子及其二子而納厲公。初，内蛇與外蛇鬬於鄭南門中，内蛇死。六年而厲公入。公聞之，問於申繻曰：『猶有妖乎？』對曰：『人之所忌，其氣燄以取之。妖由人興也。人無釁焉，妖不自作。人棄常，則妖興，故有妖。』厲公入，遂殺傅瑕。」

〔四〕左傳昭公七年：「鄭人相驚以伯有，曰：『伯有至矣！』則皆走，不知所往。鑄刑書之歲二月，或夢伯有介而行，曰：『壬子，余將殺帶也。明年壬寅，余又將殺段也。』及壬子，駟帶卒，國人益懼。齊燕平之月壬寅，公孫段卒，國人愈懼。其明月，子産立公孫洩及良止以撫之，乃止。子大叔問其故，子産曰：『鬼有所歸，乃不爲厲。吾爲之歸也。』及子産適晉，趙景子問焉曰：

『伯有猶能爲鬼乎？』子産曰：『能。人生始化曰魄，既生魄，陽曰魂。用物精多則魂魄强，是以有精爽至於神明。匹夫匹婦强死，其魂魄猶能馮依於人，以爲淫厲，況良霄，我先君穆公之胄、子良之孫、子耳之子、敝邑之卿，從政三世矣。鄭雖無腆，抑諺曰：蕞爾國，而三世執其政柄，其用物也弘矣，其取精也多矣，其族又大，所馮厚矣，而强死，能爲鬼，不亦宜乎？』」

〔五〕左傳僖公十年：「晉侯改葬共大子（申生）。秋，狐突適下國，遇大子。大子使登僕而告之曰：夷吾無禮，余得請於帝矣，將以晉畀秦，秦將祀余。對曰：臣聞之，神不歆非類，民不祀非族，君祀無乃殄乎？且民何罪？失刑、乏祀，君其圖之！君曰：諾，吾將復請。七日，新城西偏，將有巫者而見我焉。許之，遂不見。及期而往，告之曰：帝許我罰有罪矣。敝於韓。」漢鄭玄注：「夷吾忌克多怨，終於失國。雖改葬加謚，申生猶忿。傳言鬼神所馮，有時而信。」

〔六〕左傳成公十年：「公疾病，求醫于秦。秦伯使醫緩爲之。未至，公夢疾爲二豎子，曰：『彼良醫也，懼傷我，焉逃之？』其一曰：『居肓之上、膏之下，若我何？』醫至，曰：『疾不可爲也，在肓之上、膏之下，攻之不可，達之不及，藥不至焉，不可爲也。』公曰：『良醫也。』厚爲之禮而歸之。」

〔七〕左傳莊公三十二年：「秋七月，有神降於莘。惠王問諸内史過曰：『是何故也？』對曰：『國之將興，明神降之，監其德也；將亡，神又降之，觀其惡也。故有得神以興，亦有以亡。虞、夏、商、周，皆有之。』王曰：『若之何？』對曰：『以其物享焉。其至之日，亦其物也。』王從之。内史過往，聞虢請命，反曰：『虢必亡矣。虐而聽於神。』神居莘六月，虢公使祝應、宗區、史嚚享焉。神賜之土田。史嚚曰：『虢其亡乎！吾聞之：國將興，聽於民；將亡，聽於神。神，聰明正直而壹者也，依人而行。虢多涼德，其何土之能得？』」

〔八〕靈：各校本作「寧」。

〔九〕以：各本無，據義補。

〔一〇〕吾人煉大還丹之道：各本作「煉吾人大還之丹」，據義改。

〔一一〕萬事：各本作「萬物」，據出處改。宋程顥答橫渠先生定性書：「夫天地之常，以其心普萬物而無心；聖人之常，以其情順萬事而無情。故君子之學，莫若廓然而大公，物來而順應。」

〔一二〕三昧：原作「三味」，據三十三章註文及蕭本改。真仙祕傳火候法：「心爲之君火而曰上昧，腎爲之臣火而曰中昧，膀胱爲之民火而曰下昧。三炁，聚而爲火，散而爲炁，故曰三昧真火。」

〔一三〕陳攖寧靈源大道歌白話注解：「真人即是真我。吾人肉體有生有死，不能算是真我，只可以叫做假我。除掉有形質的肉體，尚剩下那箇無形質的念頭，然而亦不可以叫作真我，因爲那箇念頭亦是忽起忽滅，不能由自己做主的。再除掉忽起忽滅的念頭，另外再尋出一箇無生無死、萬劫長存的實體，這箇方是真我，又名爲真人。」○明伍沖虛天仙正理直論增注本序注：「真我者，是言己之本來面目，即元神本性之别號也。」

第六十一章

太上曰：大國者下流，天下之交，天下之牝。牝常以静勝牡，以静爲下。故大國以下小國，則取小國；小國以下大國，則取大國。故或下以取，或下而取。大國不過欲兼蓄人，小國不過欲入事人。夫兩者各得其所欲，故大者宜爲下。

太上言修道煉丹之學，皆當以柔爲主，以静爲要。雖曰柔懦無用，孤寂難成，而打坐之初，要必動從静出，剛自柔生〔一〕，方是真正大道。喻曰大國者下流，言水有上有下，上之水必流於下而後已，如大國自謙自抑，毫無滿假之思，必爲天下所景仰，猶下流之地爲萬派所歸，其勢有必然者，故曰：天下之交。夫天下交歸，以其能自下也，自下則其氣最柔也，非至剛也。彼物之至剛者，孰有過於牡乎？物之至柔者，孰有過於牝乎？牡爲陽爲剛，牝爲陰爲柔，宜乎陽剛之牡常勝陰柔之牝矣，顧何以牝常勝牡耶？夫亦曰牝之能静焉耳。古云「静以制動」，其言不爽，亦同下之承上，其勢必然。何況撫兹大國者，卑以自牧，慮以下人〔二〕，而萬國有不來享來王者乎？是下誠爲高之基，静又爲下之本也。古今來，或大國以下小國，如成湯下葛伯，卒取葛之地，撫而有之是也；或小國以下大國，如勾踐下吴王，卒取吴之業，兼而有之是也；又或大國不自大而自小，所以取小國如反掌也；亦或小國安於小而事大，所以取大國如拾芥也。論赫赫大邦，實爲諸國表率，而撫綏有道，懷柔有方，不欲並吞天下，以山河爲一統，乃欲並畜小國，以天下爲一家，是非有大過人之德者，不能休休有容也，宜天下歸仁，萬方奉命矣；區區蕞爾，同屬分封藩臣，而供獻頻來，奔趨恐後，不欲高人以取辱，莫保宗社之靈長，惟期事人以自全，幸延蒼生之殘喘，亦非有小過人之智者，不能抑抑自下也，宜人心愛戴，天命來歸矣。況乎人必有所志，而後有所欲。今大國欲兼畜人，小國欲入事人，兩者所欲，一仁一智；已各得其所欲〔三〕，而不流於人欲之私，足見大小諸邦，各循其理、安其分，而無敢越厥職者焉。雖然，小者自下，其理固然，彼大者尤〔四〕宜居下，始見一人之端拱，爲天下之依歸。治世如此，治身又何異乎？

大國喻元神也，下流喻以神光下炤於丹田，而陰精亦下流入丹田，神火一煅，精化氣矣。此個丹田，即玄關也。夫人一身之總持，五氣之朝會〔五〕，三花之凝聚，結丹成胎，出神入聖，無不於丹田一穴是煉焉，故曰天下之交，猶百川衆流之朝宗於海也，煉丹之所在此。而合藥之道，又貴以柔順爲主，故取象於天下之牝。牝，柔也，和也，即「太和所謂道」〔六〕，又曰「專氣致柔」。如此至柔至和，則元精溶溶，可以化氣而生神。

且元精在内，静攝腎氣於其中，迨神火一煅，精化爲氣，於是行逆修之術，運顛倒之工，升而上之，餌而服之，送歸土釜，以鉛制汞，即以牡制牝，此河車以後之事。若在守中之始，心本外陽而内陰，腎本外陰而内陽。以後天身形而論，心之外陽爲牡，腎之外陰爲牝。今自離中虚而爲陰，坎中滿而爲陽，即悟真云「饒他爲主我爲賓」，又曰「陽本男身女子身，陰雖女體男兒體」，此顛倒乾坤，離反爲牡，坎反爲牝矣。修煉之法，務令心之剛者化柔，動者爲静，腎之柔者化剛，静者反動，是以離之柔和，温養坎之陽剛，此即「火中生木液，水裏發金剛」。以心使氣，以性節情，情不妄動，無非以默以柔〔七〕，謙和忍下，以煉心性，故上田美液流入元海，液又化氣而入丹田。大國下小國，即由上田到下田也。取小國者，採取丹田金水之氣，逆運河車，上轉天谷是也。小國下大國，又從下田上崑崙是也。取大國者，並合崑崙金液，共入黄庭也。或以上田甘津美液流入下丹田以生氣，則取丹田之氣者，是爲大國之自下以取也。又或丹田之氣逆上天谷以生液，則吞天谷之氣，是爲小國之以下而取也。此即金水上升，鉛氣合髓，精凝息調，片晌間化爲甘露神水，流於上腭，滴滴歸源，即液化氣之候也。待氣機充壯，又運河車，送上崑崙，吞腦海髓精，復降下黄庭，是氣又化液之時也。然大國者下流，以柔以静，休休有容，誠有大過人之度，此即神化氣而氣化精，於以充滿丹田也，故有欲兼畜人之德。小國亦有内朗之智，自知勢力不敵，甘願入覲奉命，誠有小過人之量，此即精生氣而氣生神，亦以歸依黄庭也，故有欲入事人之道。兩者所欲，均無外慕，故丹成九轉，道高九天，永與乾坤並壽焉，其德之交歸爲何如哉？修身妙訣，無出於此。得者寶之，勿輕洩焉。

校註

〔一〕明王宗岳太極拳論行功心解：「極柔軟，而後極堅剛。」

〔二〕慮：各本作「虚」。論語顔淵：「夫達也者，質直而好義，察言而觀色，慮以下人。」宋朱熹注：「内主忠信而所行合宜，審於接物而卑以自牧，皆自修於内、不求人知之事。」據改。

〔三〕所欲：原無「所」字，據梅本補。

〔四〕尤：原作「猶」，據梅本改。

〔五〕朝會：各本作「期會」，據下文「朝宗」字改。丹道術語有「五氣朝元」、「三花聚頂」。

〔六〕宋張載正蒙太和：「太和所謂道。」清王夫之注：「太和，和之至也。道者，天地人物之通理，即所謂太極也。陰陽異撰，而其絪緼於太虚之中，合同而不相悖害，渾淪無間，和之至矣。未有形器之先，本無不和，既有形器之後，其和不失，故曰太和。」

〔七〕玉樞經：「道者以誠而入，以默而守，以柔而用。用誠似愚，用默似訥，用柔似拙。」

第六十二章

太上曰：道者，萬物之奥，善人之寶，不善人之所保。美言可以市，尊行可以加人。人之不善，何棄之有？故立天子，置三公，雖有拱璧以先駟馬，不如坐進此道。古之所以貴此道者，何也？不曰求以得，有罪以免邪？故爲天下貴。

夫道者，生於天地之先，混於虚無之内，杳冥恍惚，視不見，聽不聞，搏不得，而實萬物所倚以爲命者也。子思子曰：「君子之道費而隱。」無道無物，無物無道。大周沙界，細入微塵，不可以迹象求，不可以言語盡，誠至無而含至有，至虚而統至實，浩淼無痕，淵深莫測。萬物之奥，莫奥於此。善者知此道爲人身所最重，故珍而藏之，煉而寶之，不肯一息偶離。不善者亦知有道則身可存而福可至，無道則命難延而禍亦多；保身良策，莫道若也。況本中庸之道以發爲言，則爲美言，猶美貨之肆於市朝，人人知愛而慕之，且欲撫而有之；本尋常之道以見諸行，則爲尊行，猶王公大人之身價，人人皆敬而禮之，且各尊而上之。若非言可爲表，市之反以招辱；若非行可爲坊〔一〕，加之又以致謗。詩曰：「天生烝民，有物有則。民之秉彝，好是懿德。」〔二〕足見善惡雖殊，而其好德之心，則一而已。見有善者，吾當敬之，即有不善者，亦烏可惡之？不過氣質之偶偏，物欲之未化，而有戾於道耳，而其源終未有或異也。人能化之導之，即極惡之人亦可轉而之善。甚矣，天地無棄物，聖人無棄人也！如有棄人，是自棄也，豈有道者所忍出哉〔三〕？天生民，而立之君，即作之師，將以君臨天下，而置三公，無非統馭群黎，化導萬姓，正一身以正朝廷，正朝廷以正天下，務使萬邦協和，而四方風動，天子長保其尊，三公長享其貴而後已。假使不能奉若天道以與斯民維新，又安有永保天命以享無疆之福乎？雖有拱璧之貴，羅列於前，駟馬之良，馳驅於後，亦不能一息安也。又何如日就月將〔四〕，時時在道，朝乾夕惕，念念不忘，而坐進此道也哉？楚書曰：「楚國無以爲寶，惟善以爲寶。」尚書曰：「所寶惟賢，則邇人安。」是道也，自古帝王公卿所貴重者也。古之所以重此道者何？以道爲人人固有之道，求則得之，其勢最爲捷便。人能奉持此道，則爲人間一大丈夫；若違悖此道，則爲天地一大罪人，豈但有過而不免入於邪途也耶？子思子曰：「道也者，不可須臾離也。」人其勉之！

此言道爲人生一件大事，無論天子三公，俱宜珍重，雖有拱璧駟馬，不如坐進此道之爲愈，切勿謂衰邁年華，鉛汞缺少，自家推諉，可也。要知金丹玉丹，雖借後天精氣神，而成仙證聖，此卻一毫用不着。古云「太和所謂道」，又曰「虛無即道」，可見學道人，不悟虛無之理、太和之道，縱使煉精伏氣，修入非非〔五〕，亦與凡夫無別。所以吾道煉丹，必須以元神爲主，元氣爲助神之用，以真呼吸爲煉丹之資。若無元神，則無丹本，若無元氣，則無丹助，是猶胎有嬰兒，不得父精母血之交媾，亦是虛而無著。既得元神元氣，不得真正胎息，則神氣不能團凝一處，合並爲一，以返於太素之初。吾更轉一語曰：夫人修煉，既得元神元氣，又有真息運用，使之攢五簇四，會三歸一；然非真意爲之主帥，必然紛紛馳逐，斷無有自家會合而成丹也。雖然，真意又何自始哉？必從虛極靜篤，無知無覺時，忽焉氣機偶觸而動，始有知覺之性，此即真意之意，非等凡心凡性也。故古云：「仙非他，只此一元真性修之而成者。」〔六〕然不得水中之金、精中之氣，以爲資助，則元性亦虛懸無著，不免流於頑空。既知金生，不得真息調攝，又安能採取烹煉而爲丹？然則真息爲煉丹之要具，而真意尤爲真息之主宰。學道人，未得神氣合一，安能靜定？苟得神氣歸命，必要醞釀深厚，而後金丹始得成就。切不可起大明覺心，直使金木間隔，坎離不交也。吾借此以明道奧。後之學者，有得於中，尚其寶之慎之！

校註

〔一〕坊：師表，典範。

〔二〕語出詩經大雅烝民。漢毛亨傳：「烝，衆。物，事。則，法。彝，常。懿，美。」漢鄭玄箋：「秉，執也。」

〔三〕太平廣記卷六十一：「大仙謂王妙想曰：大道在於内，不在於外；道在身，不在他人。玄經所謂『修之於身，其德乃真』，此蓋修之自己，證仙成真，非他人所能致也。玄經云：『常善救物，而無棄物。』道之布惠周普，念物物皆欲成之，人人皆欲度之。但是世人福果單微，道氣浮淺，不能精專於道，既有所修，又不勤久，道氣未應，而已中怠，是人自棄道，非道之棄人也。夫諸天上聖高真大仙，孜孜下教，以救於人，愈切於世人之求道也。世人求道，若存若亡，繫念存心，百萬中無一人勤久者。天真憫俗，常在人間，隱景化形，隨方開悟，而千萬人中無一人可教者。古有言曰：『修道如初，得道有餘。』多是初勤中惰，前功併棄耳。道豈負於人哉？」

〔四〕詩經周頌敬之：「日就月將，學有緝熙於光明。」宋朱熹注：「將，進也。願學焉，庶幾日有所就，月有所進，續而明之，以至於光明。」「緝，繼續也。熙，光明也。」

〔五〕非非：非想非非想，即無色界第四天，三界之極頂，就此天之禪定而名。此天之定心，至極静妙，非前七地之粗想，故曰非想；若想全無，便同癡闇，然尚非無細想，故曰非非想。

〔六〕明伍沖虛天仙正理直論增註本序註：「始終皆是本性而成仙。能復真性者即仙也，非真性者即非仙也。乃世之愚人不知『仙即是性』與『佛即是性』同，所以舉世談仙而莫知所學，而亦莫有所成。」

第六十三章

太上曰：爲無爲，事無事，味無味。大小多少，報怨以德。圖難於其易，爲大於其細。天下難事必作於易，天下大事必作於細，是以聖人終不爲大，故能成其大。夫輕諾必寡信，多易必多難，是以聖人猶難之，故終無難。

道本中庸，人人可學，各各可成，只因物蔽氣拘，不力剪除，安能洞見本來面目？如澣衣然，既爲塵垢久污，非一蹴能去，必須慢慢洗滌，輕輕拔除，始能整敝爲新；若用力太猛，不惟無以去塵，且有破衣之患。修士欲洞徹本原，又可不循序漸進哉？始而勉强操持，無容鹵莽之力，久則從容中道，自見本來之天。功至煉虛合道，爲無爲也；順應自然，事無事也；平澹無奇，何味之有？既無其味，何厭之有？他如大往小來，裒多益少，以至報復者不以怨而以德，此皆極奇盡變，備致因應之常，然而稱物平施，無厚薄也，以德報怨，無異情也。且德爲人所共有之良，以德報之，即以自然清净之神施之。因物付物，以人治人，即有大小多少投報，亦皆動與天隨，頭頭是道，處處無差，而於己無乖，於人無忤焉。噫，此道之至難而至易，至大而至細者也。無如世之修士，計近功，期速效，往往好爲其難，喜務其大，不知圖難於易，爲大於細，鮮有不蹶者。夫易爲難之基，故天下難事必作於易，細爲大之本，故天下大事必作於細，況道爲萬事萬物之根，可不由易而難，自細而大乎？不然，進之鋭者退必速矣，又安望幾於神化之域哉？是以古之聖人知道有由階，學有由進，不思遠大之圖，惟期切近之詣〔一〕，淘汰渣滓，涵養本源，如水之浸灌草木，自然日變月化，不見其長而日長，所以自微之著，由粗之精，從有爲有事中而至於無爲無事，愈澹愈濃，彌近彌遠，而至於美大之詣。聖人終不爲大，故能成其大也。今之學者，起初下手便望成仙，心愈大，事愈難，竟至半途而廢者多矣。惟有堅固耐煩，矢以恒久不息之心，庶幾易者易而難者亦易，細者細而大者亦細耳。願學者，圖難於易，爲大於細，出以持重老成，不至躁暴淺率，得矣。不然，非但斯道之大，務以敦厚居心，始克有得，即此一應諾間，輕於唯者必寡信，後悔彌深，一進取内，好爲易者每多難，退縮在即，其事有必然者。故聖人修煉之始，雖從易從細以爲基，而惟日孜孜其難其慎，此心終未已也，所以先爲其難，而其後順水推舟，行所無事，故曰終無難焉。

此「爲無爲」三句，是純任自然工夫，以下「圖難於易」一節，是欲造精深必由淺近之意。至於丹道言鉛言汞，究是何物？不妨明辨之。要知此個物事，不外陰陽兩端。

以汞配鉛，即如以女配男，交媾之後，化生元氣出來，又將元氣合陰氣入中宮，然後成丹。 在先天，離是純陽之乾，坎是純陰之坤，因氣機一動，乾之中爻走入坤宮，坤之中爻走入乾竅，乾遂虛而爲離，坤遂實而爲坎，故乾雖陽而有陰，坤雖陰而有陽，即非先天純陰純陽，太極渾淪之舊，然猶不失其正也。 久之，神則生精，氣則化血，而氣質之性、氣數之命，從此出矣，蓋以有思慮知覺之心、氣血形體之身，不似乾坤原物。 至人以法追攝離中一點己汞，汞爲心液，液雖屬陰，卻從離火中出，帶有火性，下入坎宮，薰坎宮一點陰血，血爲坎水，水雖屬陽，卻從坎水中生，實爲寒體，古人謂「火入水鄉，神入氣裏」，猶冰凝之遇火，如炭火之熱釜，自然温暖，生出陰蹻一脈動氣來。 雖然，火入水中，猶釜底加炭，熱氣薰蒸，蓬勃上騰，即真鉛生也。 自此以神運之而上升泥丸，主宰之而已。 猶烤酒甑中，熱氣被火而升於天鍋，則成露珠，滴入甕中，此即吾教曰「真汞」、又曰「忙將北海初潮水，灌濟東山老樹根」，其實氣化爲液而已。 復行歸爐温養，液又化氣，循環不已，一升一降，直將氣血之軀，陰氣剥盡，凡身化爲金身，濁體變成純體，仍還我太極虛無，不生不滅之法身焉。 昔朱元育云：「對坎離言，身中離精坎氣皆屬凡鉛；直到坎離交媾，真陰真陽會合生出一點真陽出來，才算先天真鉛種子。」〔二〕然未得明師口訣，縱使勉强把持，也只可以固色身，到得下元充壯，久必傾洩矣。 學人得此陽生，只算一邊工夫，安望結胎成聖？惟將此陽氣引之上升，復合周身之陰精，更與泥丸絳宮之神髓靈液交合爲一，此正謂「東家女，木汞也。西舍郎，金鉛也。夫妻配合入洞房。黄婆勸飲醍醐酒，每日薰蒸醉一場」。此乾坤交而結丹，前只是坎離交而産藥。有此真鉛真汞一合，才可還丹，鉛即水中所生之金，汞即火中所生之木。前只算凡鉛凡汞，到此才算真鉛真汞。學人照此用工，運神不運氣，庶不至悮事焉。

校註

〔一〕詣：各本作「旨」，據下文「至於美大之詣」改。

〔二〕清朱元育悟真篇闡幽：「真鉛，是先天一炁，從虚無中來者。凡鉛，乃凡精凡氣也。然對坎離二物而言，身中凡精凡氣總屬凡鉛；對先天一炁而言，則離中至陰之精、坎中至陽之炁，又屬凡鉛矣。直到二物會合，産出一點真種，纔算得真鉛。真鉛，即金丹也，即所謂先天一炁從虚無中來者。學者既識得此真種，採取而煅煉之，是名金液還丹。」

第六十四章

太上曰：其安易持，其未兆易謀，其脆音翠。易破，其微〔一〕易散。爲之於未有，治之於未亂。合抱之木，生於毫末；九層之臺，起於累土；千里之行，始於足下。爲者敗之，執者失之。是以聖人無爲故無敗，無執故無失。民之從事，常於幾成而敗之。慎終如始，則無敗事。是以聖人欲不欲，不貴難得之貨；學不學，復衆人之所過；以輔萬物之自然，而不敢爲。脆，言其弱也。

修身之道，遏欲爲先。遏欲之要，治於未然則易，治於將然則難；治於將然猶易，治於已然則難，故太上云：其安易持，其未兆易謀。言人當閒居獨處之時，心不役於事，事不擾於心，寂然不動，安止其所，其持己守身，最爲易易；且不聞不睹，無知無覺，杳無朕兆可尋，於此發謀出慮，思閑邪以存誠，其勢至順，其機甚便。以凡氣柔脆，凡心細微，未至纏綿不已、輾〔二〕轉無休，於此而欲破其邪念、散其欲心，以復天道之自然、至誠之無妄，又何難情緣遽斷，立見本來性天？此豈別有爲之哉？不過曰爲之於未有而已。古君子，防患於未萌，審幾於將動，所以煙雲盡掃，荆棘不生。又如天下太平，偶有强梁小醜乘間作亂，亦不難單騎突出，立見投誠，治之於未亂，其便固如斯也。此煉己之工，猶易就耳；若欲修成九轉，又未可以歲月計者。胡碌碌庸流不知：道爲乾坤大道，人爲宇宙真人，或有法會偶逢而一世竟成者，或有因緣不遇而數世始成者，或有重修數劫，歷遇良緣，而功德未圓，性情多僻，勢將成而又敗，竟敗而無成者。甚矣，大道之奥，未易幾也！人不知道有由致，請觀物所以成。彼夫合抱之木，其生也，特毫末耳，因陰陽煦嫗〔三〕，日變月化，而遂成大木焉；九層之臺，其起也，僅累土耳，因人工凑集，日新月盛，而頓見爲高臺焉；又如一統山川，千里邦畿，欲造其途、底其境，豈容舉足便至，計程可期者哉？其始也，無非足下一步一趨，由近及遠，而始至其地焉。道而曰大，實具包天容地之量、生人育物之能，豈不勞層疊而至、曲折而前乎？惟知道之至人，不求速效，不計近功，金玉有磨而心志不磨，春秋有變而精進不變，庶由小而大，自卑而高，從近而遠，一如合抱之木、九層之臺、千里之行，而頓見奇觀。雖然，道爲自然之道，而功須自然之功，孟子「集義生氣」，功在「勿助勿忘」，始合天地運行而造化維新也，同日月往來而光明如故也。若使有爲而爲，則爲者敗矣；有執而執，則執者失矣。夫天地日月，古今運轉不停者，以其無心而成化也。倘天地有爲以迭運，日月有執以推移，又安能萬古不磨耶？俗云「天若有情天亦老，日惟無意曰常明」，不其然乎？是以古之聖人，精修至道，妙順天然，爲而無爲，功無敗也，執而無執，德何失焉？奈今之從事於道者，爲無爲有，或作或輟，不知時行則行，時止則止，動静偶乖，與道遠矣；又有幾成而忽敗，一敗竟無成者矣。書曰「慎厥終，惟其始」，所以歷億萬年而不替。至於難得之貨，人所貴也，聖人混俗和光，與人無異，獨欲道而不欲貨，初不知人世間有此珍重者，故不貴之，其淡泊明志如此。他如視聽言動，日用云爲，其蕩檢踰閑者無論矣，即有從事於道，爲虚爲實，著有著無，皆爲過失。兹獨效法前人，遵行古道，特抒臆見，以爲大道權衡，非不稱卓卓者，第思道爲我之道，學爲我之學，我自有之而自得之，又何學之足云？況人多過舉，我獨無爲。以我無爲之道，補衆人之過舉，即正己以正人也；且以我無爲之道，輔萬物之不及，即整躬以率物也。其不敢爲如此。此聖人重德而賤貨，正己以化人，民日遷善而不知爲之者。噫！此聖人之身，即道之所寄，民物之所依，詎可一息偶違哉？

開首言「其安易持」數句，是言玄關一竅，寂然不動，感而遂通，且不睹不聞之際，此中有無善無惡之真。佛曰那個，儒曰緝熙，皆是此物。如初日芙蓉，曉風楊柳，嬌紅嫩緑，嫣然可愛。易曰：「天地絪緼，萬物化醕。男女媾精，萬物化生。」無非言初氣至柔，去天未遠。朱子詩曰：「半畝方塘一鑑開，天光雲影共徘徊。」此言道心人心，瞥眼分明，於此持志養氣，立教割斷牽纏，誕登彼岸。《禮》曰：「人生而靜，天之性也。感於物而動，性之欲也。」猶天地一元初復，萬象回春，雖物交物感，情欲有動，猶是天性中事，出於虛静，本乎自然，只須些些把持，無容大費智謀，即可遏欲存誠，閑邪歸正，以萌蘖〔四〕脆嫩，根芽孱弱，人欲不難立斷，天理即可復還。古人謂之玄關一竅，又曰生門死户，以人心退藏，天心照耀，皆由未有未亂之時而爲之治之也。但一陽初動，其機甚迅，其勢甚微，至於二陽三陽，則神凝氣聚，真精自動，浩浩如潮生，溶溶似冰泮，要皆自微而著，由小而大，自近而遠。至於進火退符，河車搬運，陽鉛再生，陰汞復合，時烹時煉，漸結漸凝，神完氣壯，藥熟丹圓，更有六根震動、六通具足之盛，皆自玄關一動始也。惟此時初動，水源至清，古云「白虎首經至寶，華池神水真金」是也。此時一覺而動，把持得定，由此日運己汞包固陰精，恰如初三一痕新月，至上弦而半輪，至十五而盈滿矣。是以聖人知天下事物，無不由卑及高，自近幾遠，俱有自然之道在，於是爲而無爲，執而無執，一若天不言而四時行、百物生，豈若民之隳乃事、敗乃功者哉？若此者，皆由一片虛靈，渾然無間，自〔五〕不知所欲，亦並忘爲無欲，故曰欲不欲。至於黍珠之貴，實〔六〕不曾有爲，其自無而有，所以既有仍無，修道人素所自具，不待外求，即使有所學，仍是無所學，故曰學不學。他如以一己之純，化天下之駁，合天下之駁，歸一己之純，其誘掖衆人，輔相萬物，亦本乎自然而已矣，豈同逞其私智者哉？

校註

〔一〕微：原作「危」，據通行本、梅本及註文改。

〔二〕颿：蕭本作「輾」。「颿」，字書無載。

〔三〕禮記樂記：「天地訢合，陰陽相得，煦嫗覆育萬物。」宋陳澔注：「訢與欣同，訢合，和氣之交感，即陰陽相得之妙也。天以氣煦之，地以形嫗之，天煦覆而地嫗育，是煦嫗覆育萬物也。」

〔四〕蘖：原作「糵」，據蕭本改。孟子告子上：「是其日夜之所息，雨露之所潤，非無萌蘖之生焉。」宋朱熹注：「蘖，芽之旁出者也。」蘖，黄柏。

〔五〕自：原作「目」，據蕭本改。

〔六〕實：原作「貴」，據蕭本改。

第六十五章

太上曰：古之善爲道者，非以明民，將以愚之。民之難治，以其智多。故以智治國，國之賊；不以智治國，國之福。知此兩者，亦楷式。能知楷式，是謂玄德。玄德，深矣遠矣，與物反矣，然後乃至於大順。

天下凡事尚智，惟道不尚智而尚愚，愚則近乎道矣。聖門一貫薪傳，惟愚魯之曾子得之。故古之聖人，以道治天下，與民相見以道，不若與民相化於道，渾渾噩噩，同歸清淨之天，而一時之耕田鑿井者，日出而作，日入而息，忘帝力於何有〔一〕，順帝則於不知，休哉，何俗之醕歟？降及後世，士大夫不尚愚而尚智，則機械頻生，人心愈壞，貪鄙日甚，風俗彌偷，斯民之敗度滅禮，犯法違條，愍不畏死者，殊難枚舉，要皆尚才華、重聰明之智者，希圖取僞，斯民之愚者亦好陰謀，民之天真鑿矣，詭譎多矣，而熙來攘往，彼詐此虞，爲上者固有治之不勝治者焉，故曰：以智治國國之賊，不以智治國國之福。其故何哉？蓋使民有知有識，已破其渾沌之真；若能不識不知，乃完其無名之樸。兩者智愚分焉，利害判焉。與其尚智而有害，何如尚愚而獲利？知此兩者，非但治世如是，即修身亦然，均堪爲楷式焉。知此楷式，則近道矣。大修行人，於不睹不聞之地，返其無思無慮之神，非屏耳目、黜聰明，不能歸於定静也。苟有一毫計較，一念謀爲，則太樸不完，渾沌之天喪矣。知智之有損於己，愚之有益於身，不逞其智，樂守其愚，是即謂之玄德。大凡可名者非玄德，惟不可以名言，深無其極，遠莫能知，乃可爲玄德。雖與飛潛動植，蚩蚩蠢蠢之物，同一無欲無知，但物不能即緒窮原，終日昏瞶而已；人則由粗及精，從原達委，以至於三元合一，太極歸真，猶可底於神化，至於大順，不誠與物反哉？

治國不尚智，而修道尤貴愚，誠以智爲國之賊，愚爲道之種也。夫愚何以爲道種哉？試思，混沌中，無念慮，無知識，非所謂愚耶？忽焉一覺，即是我不生不滅之本來人。莫説把持此覺，修成無上正等正覺，方能免卻輪迴，不受陰陽鼓鑄，不爲鬼神拘滯，即此混混沌沌中，忽然一覺，我以真意守而不散，此一覺已到般若波羅蜜。果能拳拳服膺，常常把守〔二〕，而輪迴種子即從此斷矣。若另起一念、生一見，就是後天識欲之神夾雜其中，所謂「無量劫來生死本，癡人喚作本來人」是也。要之，神一也，有欲則爲二矣。二意三心，即是雜妄根塵，所以有生死之路。惟有一心，無二心，有正念，無邪念，道在是矣。若能並將此一心正念而悉化之，是爲太極還於無極，金仙之成即在此煉虚矣。何謂煉虚？即如混沌之際，懵懵懂懂，如愚如醉，無覺無知，即虚也。坐到無人無我，何地何天，即煉虚也。又曰：學道之要，始而忘人，繼而忘我，終而忘法，以至於忘忘之極，乃爲究竟。人能以把此一刻爲主，以真覺爲用，道不遠矣。然煉虚之法雖是如此，其功必自煉性始。煉性，古人名爲鑄鏡也。若心有不煉，則昏昏罔罔，冥然無覺，雖近在目前，尚不能知，何況具六通者乎？若皆由私欲之雜亂其心志，而未至於虚也。如真覺之後，不許一絲半蒂存於胸中，即靈臺之寶鏡常放光明；而又非必功滿行圓乃放毫光也，即此混混沌沌中，忽然一知，不復他知，忽然一覺，不更他覺，此一刻中，即洞徹光明，四達不悖。雖然，學人滿腔私欲，忽期潔白晶瑩，如玉如金，夫豈一念之虚静所能了哉？必要先鑄雌雄二劍，以去有形無形之魔。此劍不利，則欲魔色魔天魔人魔，難以掃除淨盡，現出乾元真面目也。蓋人欲天理混雜多年，雖欲獨立中流，勢有難於抵敵者，以故明知之而明蹈之，皆由引之入人欲者衆，引之入天理者少也。今爲學人告：欲成清淨法身，必先有清淨之神；欲成清淨之神，必先有浩蕩之氣。所云鑄劍，無他，即由平旦之氣，直養無害，以至於浩然剛大，斯神劍成而鋒芒利，可以斬妖斷邪。斯時也，莫説淫聲絶色入耳〔三〕目而心不亂，即有美女同眠，亦不知也；莫説凶魔惡曜到身邊而神自如，即有泰山崩前，而亦不畏也。此神劍之造成者，自有志氣如神之一候。只恐工行不深，或作或輟，不肯當下立定脚跟耳。若能一刀兩斷，一私起即滅除，滅除不復再生，此斷生死輪迴之路矣。學道人別無他妙，只怕認不得明鏡神劍耳。如能認得，此刻中有明鏡普照，惡妄不容，慧劍長懸，欲魔立斷，自此一念把持將去，然後神室可成，而仙丹可煉矣。此明鏡慧劍，爲修道人之要務。設劍鋒不利，安能斷絶邪魔？所以心愈制而愈亂也；寶鏡無光，難以分别理欲，所以己彌克而彌多也。孟子言養氣而不言養心，誠謂氣足則心自定耳。彼徒强制夫心，而不知集義生氣，去道遠矣。李二曲云：「人心本自樂，自將私欲縛。私欲一萌時，良知還自覺。一覺便消除，此心依舊樂。」拙翁云：「光明寂照遍河沙，凡聖原來共一家。一念不生全體現，六根纔動被雲遮。斷除煩惱重增病，趨向真如亦是邪。世事隨緣無罣礙，涅槃生死等空華。」有心性學者，當三復斯言！

校註

〔一〕太平御覽卷八十：「皇甫謐帝王世紀曰：帝堯之世，天下大和，百姓無事，有八十老人擊壤而歌於道。觀者歎曰：大哉帝之德也！老人曰：吾日出而作，日入而息，鑿井而飲，耕田而食，帝力何有於我哉？」

〔二〕把守：蕭本作「把持」。

〔三〕耳：原無，據義增。

第六十六章

太上曰：江海所以能爲百谷王者，以其善下之，故能爲百谷王。是以聖人欲上人，必以言下之；欲先人，必以身後之。是以聖人處上而人不重，處前而人不害，是以天下樂推而不厭。以其不争，故天下莫能與之争。

夫人莫不欲人之服己也，乃有不欲服而人服，益欲服而人愈不服者，無他，以其自高自大，而不肯低其心、下其氣也。試觀江海爲百谷之所歸往者，以其能下之故，所以爲百谷王。設江海如百谷之自處於上，百谷雖有歸往之勢，奈彼無容受何？是以聖人早見及此，欲上人，必以言下之，如堯之咨於四岳，舜之詢於四門〔一〕，舉凡條教號令，事事訪於臣鄰，而不自高其智，此所以愈下而人愈上也；欲先人，必以身後之，如禹、皋、伊、旦，雖屬先知先覺，而在在讓人以先，自處於後，此所以愈後而人愈先也。惟其自處於下與後，雖居帝王之位而無震懾之威，所以不重也，掌神靈之統而無淩厲之氣，所以不害也，故天下樂推而爲先，絶無厭惡之心焉。詩曰：「在彼無惡，在此無斁。庶幾夙夜，以永終譽。」此豈有他哉？以其不争人上、不争人先，而人自上之、先之,服教畏神,沐恩戴德之不已,又安忍争上争先,而與聖人角勝競長也哉?

此喻煉丹之學,始以神火下入丹田,然後火蒸水沸,水底金生,長生之藥始得而有。夫人受天地之中以生〔二〕,原是完完全全;自有生後,氣質拘之,物欲蔽之,所得於天之元氣,悉散漫於一身尸氣之間,不能會萃一區者久矣。今欲攢簇五行,和合四象,會於中宫,歸於玄竅,其必萬緣放下,一私不起,垂簾塞兑,以目視鼻,由鼻對臍,降心火於丹田,不過片晌工夫,即見玄關竅開,一陽來復,周身之氣自然齊集丹田,融融洩洩,樂不可名。但觀炤之初,火不緊則金不出鑛,火太猛則又燒灼精血,窒塞靈機。惟有不粘不脱,若有若無,而下田之氣自躍躍欲動。此猶江海之能下百谷,百谷所以歸往,聖人能下天下,天下所以歸心。夫人一身,心爲至大至貴,百體皆小焉賤焉者耳。太上故以江海之大、聖人之貴,喻心;以百谷之小、萬民之賤,喻百體、喻下田。修道者亦當以下爲本,以賤爲基,而不自處於高於貴,庶低下於人,所成自易。若論凡人,原以神爲主,氣則隨之動静,所以生男育女而有生有死;至人則以氣爲主,而神則聽之轉移,悟真云「饒他爲主我爲賓」是。大修行人,於氣機之動,逆施造化,顛倒乾坤,一聽其上下往來,歸爐封固,再候真信,循環運轉,全不以神爲主持,但觀真氣之沖和,逆施倒行,功成九轉,丹熟珠靈,豈不高高乎在上、赫赫乎居先,而爲萬夫之仰、天下之觀者耶？惟其處下居後如此，則一片恬澹之志、謙和之心，所以無傾丹倒鼎、汞走鉛飛之害，故處上而人不重，居前〔三〕而人不害，以其不争，故天下莫能與之争也。

校註

〔一〕尚書堯典：「帝曰：咨四岳。」舜典：「舜詢於四岳，闢四門。」漢孔安國傳：「四岳，即羲和之四子，分掌四岳之諸侯，故稱焉。詢，謀也。謀政治於四岳，開闢四方之門，廣致衆賢。」

〔二〕唐孫思邈千金方治病略例第三：「夫二儀之内，陰陽之中，唯人爲貴。人者，禀受天地中和之氣。」

〔三〕居前：原作「居後」，梅本作「處前」，據上文改。

第六十七章

太上曰：天下皆謂我大，似不肖。夫惟大，故似不肖；若肖，久矣其細也夫。我有三寶，持而寶之：一曰慈，二曰儉，三曰不敢爲天下先。夫慈故能勇，儉故能廣，不敢爲天下先故能成器長。今捨慈且勇，捨儉且廣，捨其後且先，死矣。夫慈，以戰則勝，以守則固。天將救之，以慈衛之。

夫道，本無極而太極者也，無大無細，非大非細，即大即細，固有言思擬議所不能罄者。若强以大名之，則「浩然之氣，至大至剛，充塞乎天地之間」是。如欲以細狀之，則「無名之璞，至隱至微，藏於太空之際」是。其在人也，得之則生，失之則死。要皆自無而有，由微而著，蓋以微者其原，而大者其委。與其言大以明道，不如言細以顯道也，所以太上曰：天下皆謂我大。夫我即道也，道本無方無體，今以大稱，是道有方體可擬，似不相肖。夫惟大莫名其大，故不肖人之所謂大。若欲形天之道，肖我之身，自開天以至於今，體天立極、闡教明道之聖人久矣乎，皆以無極之極，不神之神，至細至微，而爲道也。顧道如此無聲無臭，恍惚杳冥，學者又從何下手哉？太上曰：我有三寶，持而守之，拳拳弗失，寶而珍之，念念不忘，則可返本還原，以復維皇之誕降。三寶者何？一曰慈，慈即仁也。仁慈藹藹，爲天下元，君子體仁，足以長人〔一〕，且統乎四端〔二〕，兼乎萬善，仁在其中，即道在其中，充之至極，可以包羅天地，貫注古今，此爲金丹之本，修士所宜珍念也。顧其道及乎至大，其幾起於至微，若不知萬念俱忘，一靈内炤，徒務廣而荒，求博而泛，於仁無得，於道無有焉。惟反求諸己，篤守於心，欲立立人，欲達達人，守約施博，古所謂「得其一，萬事畢」，非此儉歟？夫儉爲求仁之方、修道之要，學者既知其慈，尤當養以儉，始可與道同歸。雖然，使自高自大，不有謙和之度，則在内只知一己，在外渺視諸人，自詡聰明，矜言智慧，居然以先知先覺自命，往往視天下人無有能處己先者，究之，性不恬静，氣不和平，而欲丹成九轉、道極九天也，難矣。古云「修丹要訣，以靈覺爲道之體，沖和爲道之用」，庶在在處處不敢爲天下先也。且夫慈也者，人心之良能也。盡一己之心以立萬物之命，誓願何其宏也！養寸衷之性以求萬物之安，精力何其壯也！是守慈之人，即養勇之人。曾子謂子襄曰：「自反而不縮，雖褐寬博，吾不惴焉；自反而縮，雖千萬人，吾往矣。」〔三〕非一片仁慈、毫無私屈者，能有如此之大勇乎？必所守者約，而後所施者博，是非約無以爲博也。惟能慎舉動，省思慮，致一心於方寸，收百體於丹田，綿綿密密，不貳不息，繼繼繩繩，無怠無荒，自然修其身而天下平，非儉何由廣乎？至若不敢爲天下先，正「謙尊而光，安貞之吉」。其能柔順乎天下，而天下莫與之争，即能順承乎天道，而天道默與以成。非有沖和之德，不敢爲天下先，焉能大器晚成如是乎？是知慈也、儉也、後也，皆求道之本始也；勇也、廣也、先也，皆奉道之末效也。今之學者不然，捨慈且勇，必生忍心，捨儉且廣，必懷貪念，捨後且先，必有争競，皆取死之道；即或幸存，亦行尸走肉，濫廁人群，其與死又何異哉？總之，慈爲人之生理，性所同然，惟能守之以約，出之以和，則慈惠惻怛，自出真誠，天下未有不心折而屈伏者。惠足使人，仁者無敵，焉有戰之不勝、守之不固，而貽羞於天下耶？書曰「惟天陰騭下民，相協厥居」〔四〕，俾之以生以遂，永享無事之天，所謂「天將救之」者，此也。詩曰：「維天之命，於穆不已。」足見清空一氣，流行不息，發育無疆，夫亦曰「以慈衛之」而已矣。

道曰大道，其實無極而太極也。然非從無極之始，混混沌沌中，覓出津涯，又安知太極之根，能測其起止乎？學者須先明道原，於不睹不聞之中，尋出至隱至微之體，即所謂「虚而靈」者是。顧其細已甚，曰黍珠一粒，又若有可象者。總之，無形之形，無狀之狀，迎之不見其首，隨之不見其後，即人心中藹然一片仁慈是也。雖至頑至劣之夫，亦不泯仁慈之性。孔子曰：「我欲仁，斯仁至矣。」〔五〕修丹豈有他哉？不過守此仁慈而已。何謂仁慈？如齊王見牛之觳觫而不忍，鄉人見孺子之墜井而惻然，此皆仁心發端，天心來復。由此思之，此個動機動念，無時不有，第恐人不及覺耳。學者從天真發動處，擴充行去，自然煉丹有基。但不可務博而荒，祇須守約而微，一心皈命，五體投誠，古云：「心要在腔子裏，念不出總持門。」由此愈約愈博，愈微愈彰，其約之彌精者，其拓之愈廣也。學者可不以儉爲本乎？雖然，儉德爲懷，固以約鮮失〔六〕之良法，苟不出以謙和，又恐躁暴之性，起火傷丹，故守約尤須致和〔七〕，在在自卑自小，不居人先，始爲虛己下人，仁心常在，道氣常存矣。若不尚慈而尚勇，不務儉而務廣，不居後而居先，如此則心是凡心，氣是凡氣，人身雖存，天性已滅，其不死亡者，未之有也，安望我有三寶持而不失乎？且人有仁慈，尤足得人之歡心，以之出戰戰必勝，以之守城城必固，此即喻臨爐進火，燒退六賊三尸，守城沐浴，則保固胎嬰元神。是柔和之心，爲煉丹養道之要。況天之生人，予之以生，無不予以仁慈。能克念歸仁，長生永命之丹即在是矣。

校註

〔一〕天下元：蕭本作「天之元」。周易乾卦文言：「元者善之長也，君子體仁，足以長人。」宋朱熹

注：「元者，萬物之始，天地之德莫先於此，故於時爲春，於人則爲仁，而衆善之長也。」

〔二〕孟子公孫丑：「惻隱之心，仁之端也。羞惡之心，義之端也。辭讓之心，禮之端也。是非之心，智之端也。人之有是四端也，猶其有四體也。凡有四端於我者，知皆擴而充之矣，若火之始然，泉之始達。」

〔三〕語出孟子公孫丑上。漢趙岐注：「子襄，曾子弟子也。縮，義也。惴，懼也。曾子謂子襄言，孔子告我大勇之道：人加惡於己，己内自省有不義不直之心，雖敵人被褐寬博，一夫不當輕驚懼之也。自省有義，雖敵家千萬人，我直往突之。」

〔四〕語出尚書洪範。漢孔安國傳：「騭，定也。天不言而默定下民，是助合其居，使有常生之資。」唐陸德明曰：「陰，默也，馬融云，覆也。相，助也。」

〔五〕語出論語述而。宋朱熹注：「仁者，心之德，非在外也。放而不求，故有以爲遠者；反而求之，則即此而在矣，夫豈遠哉？程子曰：『爲仁由己，欲之則至，何遠之有？』」

〔六〕論語里仁：「以約失之者鮮矣。」廣雅釋言：「約，儉也。」漢孔安國傳：「奢則驕溢招禍，儉約無憂患。」

〔七〕致和：各本作「至和」，據義改。

第六十八章

太上曰：善爲士者不武，善戰者不怒，善勝敵者不争，善用人者爲之下。是謂不争之德，是謂用人之力，是謂配天，古之極。

士，士師也。士師用兵，原是尚武。易曰「剛中而應，行險而順」，「神武而不殺」，是用武不武，士之善爲士也。及大敵交鋒，兩軍對壘，不得不陳師鞠旅，稱干比戈，勢奔山河，聲震雷電，然究其心，祇誅無道，非有惡於人也，雖戰而無戰，是爲善戰。縱師徒他出，士卒無多，而强敵忽然壓境，不難彈琴退中原之寇〔一〕，和曲解敵國之圍〔二〕，所謂「不怒而威於鈇鉞」者是。迨至班師振旅，奏凱言旋，人皆盈廷奏績，而彼獨遜謝不前，所謂「大樹將軍」〔三〕者，可以無愧矣。即或上賞頻加，而反躬常覺赧顔，此善勝敵者所由不争也。書曰「汝惟不争，天下莫與汝争能」，其斯之謂歟？若此者，皆由推誠布公，集思廣益，不自恃其才，善用衆人之才以爲才，不自矜其智，善用衆人之智以爲智，所謂「卑以下人」者此也。倘非察納雅言，諮諏善道，虚懷若谷，謙尊而光，烏有此善戰善勝之能王天下猶反掌耶？是皆無争之德有以服民心也，是皆用人之力有以威天下也，是皆下順民心，上合天道，與天地參，而立萬古之人極也。噫，非聖人至誠盡性，焉能於干戈擾攘之際，隱然寓太平揖讓之風，用武不武，行怒不怒，相争不争如此乎？又況寬以御衆，慮以下人，賢者在位，能者在職，天下之士皆效忠抒悃，而願赴功趨事、舍生奉命於其間，一如天道不言，四時流行，萬物獻瑞，此所以配天地而立極也。詩曰：「思文后稷，克配彼天，莫匪爾極。」〔四〕微斯人，其誰與歸？

此喻藥生進火，雖有猛烹急煉法工，然亦因時爲動，順勢而行，用武無武，所以無傾丹倒鼎之患也。縱氣機之動、真陽之生，至大至剛，充塞乎兩大，何異戰者之赫然震怒，所向披靡？況採取進火，祇因其氣之浩然者而擴充之，非好爲其强也，故一經洗煉，而凡骨化爲玉骨，凡身化作金身。所謂「一戰而天下平」，無非因民之怒，而己無與焉，所以取金丹於反掌，猶取天下如拾芥也。惟其神凝無凝，息調無調，純任乎天，不雜以人，雖天人交争、理欲迭起，不得不存理以遏欲、盡人而合天，迨至學粹功深，義精仁熟，毫無勝私克己、争功争能之心，仁者所以無敵於天下也。若是者，皆由謙和柔順，虚己下人，一聽氣機之動静而與爲轉移。故丹之成也，有不見而章，不動而變，無爲而成者焉，何殊善用人者爲之下乎？修煉之道，果能在在安和，時時柔順，欲不用遏而自遏，理不用存而自存，是謂不争之德也。且以不争之心，順理以施，隨機而運，猶用人之力以成一己之功，是能範圍天地之化而不過也。孔子曰：「天何言哉？四時行焉，百物生焉。」聖人與道合真，正不啻天經地緯而立萬世之人極也。

校註

〔一〕三國演義第九十五回武侯彈琴退仲達：諸葛亮正於西城縣搬運糧草，司馬懿引十五萬大軍蜂擁而來。時城中只有文官及二千五百軍在。遂傳令，將旌旗隱匿，大開四門，每一門用二十軍士扮作百姓，灑掃街道。諸葛亮鶴氅綸巾，於城上憑欄而坐，焚香操琴。司馬懿以爲諸葛亮平生謹愼，不曾弄險，今大開城門，必有埋伏，兵若進，必中其計，因退兵而去。

〔二〕晉書劉琨傳：「劉琨在晉陽，嘗爲胡騎所圍數重，城中窘迫無計，劉琨乃乘月登樓清嘯，賊聞之，皆悽然長歎；中夜奏胡笳，賊又流涕歔欷，有懷土之切；向曉復吹之，賊並棄圍而走。」

〔三〕後漢書馮異傳：「異爲人謙退不伐，行與諸將相逢，輒引車避道。進止皆有表識，軍中號爲整齊。每所止舍，諸將並坐論功，異常獨屏樹下，軍中號曰『大樹將軍』。」

〔四〕詩經周頌思文：「思文后稷，克配彼天。立我烝民，莫匪爾極。」宋蘇軾傳：「堯遭洚水之患，黎民阻饑，后稷播百穀以食之，然後民復粒食也。方是時也，天降嘉種以遺之，使遍養於四方，無曰此吾疆也，彼爾界也，布之於諸夏，使常種之而後已。立粒通。極，中也。能粒烝民者，后稷之功也。能建皇極者，后稷之德也。惟其功德相濟，是以謂之文也。」

第六十九章

太上曰：用兵有言：「吾不敢爲主而爲客，不敢進寸而退尺。」是謂行無行，攘無臂，仍無敵，執無兵。禍莫大於輕敵，輕敵則幾喪吾寶。故抗兵相加，哀者勝矣。

古人用兵，著爲戰策，其有言曰：「吾不敢爲主而爲客。」主猶君也，君主出令，得專其政；客猶臣也，臣主奉令，一聽之君，所謂「饒他爲主我爲賓」是。是以吾爲主，即以後天人心作主，而先天道心反退聽焉。吾豈敢以後天人心爲主，而先天道心反退聽於後天人心也哉？其必以先天道心爲主，而以後天人心爲客，在在依之以爲命也，可。「不敢進寸而退尺」者，蓋謂戰勝而進，即一寸也宜固守之；如敗而退，即跬步也不可讓之。若進有寸功而退以尺計，是得少失多，難成易敗，在用兵，爲不才之將，在修道，爲無功之人，吾豈敢哉？亦惟讓彼爲主，遜我爲賓，則彼有可乘之機，我無可抵之隙，所謂「制人而不爲人所制」，庶無挫辱之虞矣。見可而進，知難而退，其進也，必鼓其邁往之神，其退也，不予以可攻之勢，如此小心，其難其慎，無非凡事讓人以先，而己獨處於後焉。故其行軍也，若人能行而已似不能行者然；及其挺身而往，攘臂而前，又若人有臂而已無臂者然；迨至對壘交鋒，兩軍相仍而戰，又若人能敵而我無能敵者焉。雖伐鼓淵淵，振旅闐闐〔一〕，彼有所執，我豈獨無兵哉？然而善用兵者，有如涉春冰，履虎尾，一似人有兵而已無兵者焉。如此進不輕進，退不輕退，誠知社稷存亡，國家成敗，係於一戰，敵其可輕視乎哉？試觀古來慎敵者往往成功，輕敵者常常敗績，如管子之伐山戎，子玉之戰城濮〔二〕，可見矣。況朝廷之興衰，視將帥之得失，如不臨事審慎，逞己才，恃己智，而謂人莫己若，似孟明之超乘以過〔三〕，高固之出賈餘勇〔四〕，未有不敗國亡家、覆宗滅祀者。聖人之大寶曰信，輕敵者必喪人君之信。惟兩敵相抗，兩兵相加，而自弱自柔，至慈至惠，常以殺伐之氣，有干天地之和爲憂，不以兵革之威，得闢土地之利爲樂，有時用兵疆場，亦出於萬不得已，雖未哭泣徇師，而仁慈惻怛之心、哀痛迫切之情，早已流露於陳師鞠旅之間，而三軍共沐其生成，萬姓咸相爲感激也。所以君子有不戰，戰必勝矣，非哀痛之心有以及人身而入人心也哉？

此喻真陽發生，氣機充壯，方可進火行工。如不静候鉛氣之動，而慢以神火升降進退，循環運轉，未有不邪火焚身、大遭困辱者。當其四候之際，必候坎氣之自動，而離不得以專主，故曰：吾不敢爲主而爲客。修煉之道，進行則常，退後則災，如天之運行不息、水之流行不停，始克蒸蒸日上；若時作時輟，一暴十寒，則是進寸而退尺，功少而過多，終身必無成功矣。若此者，由不知歸根復命之道乃日用常行之道，不可以智計取，不可以作爲得。惟逆修丹道，順運自然，學如不學，功而無功，相因而造，順勢而前，無毫沮滯〔五〕，無一把持，若禹之治水，行所無事而已。倘進火行符，輕於進退，猶行兵者之輕視敵人，未有不火起傷丹，爐殘鼎敗，以致鉛汞一齊飛散者。噫，純任自然，敬愼不敗，固緝熙於光明；若妄作聰明，長生之寶必因此後天尸賊爲之戕害無存，又安望其成丹而可大可久耶？惟仁慈一片，哀痛十分，而復出之以和平，行之以柔順，自然所向披靡，戰無不勝。學人愼毋以後天識神爲主，而先天元氣皆退聽焉，庶幾其不差矣。

校註

〔一〕闐闐：各本作「塡塡」，據出處改。詩經小雅采芑：「陳師鞠旅……伐鼓淵淵，振旅闐闐。」宋朱熹注：「鞠，告也。二千五百人爲師，五百人爲旅。此言將戰，陳其師旅而誓告之也。伐，擊也。淵淵，鼓聲平和不暴怒也。謂戰時進士衆也。振，止。旅，衆也。言戰罷而止其衆以入也。闐闐，亦鼓聲也，或曰盛貌。」

〔二〕史記楚世家：「楚伐宋，宋告急於晉，晉救宋，楚成王罷歸。楚將軍子玉請戰，楚成王曰：『重耳亡居外久，卒得反國，天之所開，不可當。』子玉固請，乃與之少師而去。晉果敗子玉於城濮。成王怒，誅子玉。」

〔三〕左傳僖公二十三年：「秦穆公召孟明、西乞、白乙，使出師於東門之外。三十三年春，秦師過周北門，左右免冑而下，超乘者三百乘。王孫滿尚幼，觀之，言於王曰：『秦師輕而無禮，必敗。輕則寡謀，無禮則脱。入險而脱，又不能謀，能無敗乎？』」

〔四〕左傳成公二年：「齊高固入晉師，桀石以投人，禽之而乘其車，繫桑本焉，以徇齊壘，曰：『欲勇者賈予餘勇。』」西晉杜預注：「桀，擔也。將至齊壘，以桑樹繫車而走，以自異也。賈，買也。言己勇有餘，欲賣之。」徇，夸物示人曰徇。

〔五〕沮滯：蕭本作「阻滯」。

第七十章

太上曰：吾言，甚易知，甚易行，天下莫能知，莫能行。言有宗，事有君。夫惟無知，是以不我知。知我者希，則我貴矣。是以聖人被褐懷玉。

夫道者，人心固有之良，日用常行之事，至近至約，不可須臾離也，離則無道，無道則無人，又何言之有？況吾之所言，雖累千累萬，盈篋盈箱，不可勝數，要皆切於人心，近於日用，無有難知難行者。顧何以天下莫能知、莫能行也？豈吾言之不易知、不易行乎？蓋言有宗也，即人所不學而知之良知也；事有君也，即人所不學而能之良能也。惟言知有宗，則近取諸身，而言皆善言；事知有君，則默窺其隱，而行皆善行。夫道若大路然，豈難知難行者哉？「反身而誠，樂莫大焉。」〔一〕若不知言之有宗、事之有君，而求諸高遠之地、廣博之鄉，是以玩物喪志，務廣而荒，心爲形役，性爲氣累，而本來天德之良，迷而不悟〔二〕，竟以吾言之甚易者，轉似大而莫之紀、遠而無可稽，不良可慨歟？雖然，其知也，於我何加？其不知也，於我何損？況我之所以爲我，初不因人之知不知也。知我者希，則我之貴乎我者仍自若也。是以聖人外被至賤之禍，内懷至貴之玉，晦迹山林，藏身巖穴，亦惟順性命之理、參天地之道，以修其在己，而人之知否從違，概不問焉，此所以聖者益聖而愚者愈愚矣。

太上之言，頭頭是道，字字切身，即人以言道，即道以言身，易莫易於此矣，夫何難知難行者哉？顧人之昧昧者，良由道在邇而求諸遠，事在易而求諸難，不務真常大道，反求糟粕緒餘，如辭章記誦、刑名術數之類，學愈博而心愈荒，事愈繁而性愈劣，無怪乎太上道言，當時爲人心所同，後世爲太上所獨也，良由不明言之有宗、事之有君耳。夫宗者、君者，即人身之「中」也。堯舜授受心傳，無非「允執厥中」而已。後如文之「純一」，參之「慎獨」，軻之「良知」，莫非人身之一「中」。此個「中」字，所包甚廣。其在人身，一在守有形之中，朱子云「守中制外」。夫守中者，回光返炤，注意規中，於臍下一寸三分處，不即不離是。一在守無形之中，中庸云「喜怒哀樂之未發謂之中」，羅從彦教李延平「静中觀喜怒哀樂未發氣象」〔三〕。此未發時，不聞不睹，戒慎恐懼，自然性定神清，方見本來面目，然後人欲易净，天理復明。自古聖賢仙佛，皆以此爲第一步工夫。但始須守乎勉然之中，終則純乎自然之中。三聖人名目各有不同，總不外此中字，爲之宗、爲之君。即如吾教以凝神調息爲主，然後回觀本竅，心無其心，氣無其氣，乃得心平氣和，心平則神始凝，氣和則息始調，其要只在心平二字。心不起波之謂平，能執其中之謂平，平即在此中也。心在此中，即丹經之玄關一竅〔四〕。到得神氣相依，玄關之體已立，此爲大道根原，金丹本始。他如進火退符，搬運河車，有爲有作，總貴謙和柔順，以整以暇，勿助勿忘，有要歸無，無又生有，至有無不立，方合天然道體，此即「得一而萬事畢」，「吾道一以貫之」之旨也。學者知此，太上之經可解，庶不爲旁門左道所惑也。若不知言之有宗、事之有君，未許升堂入室而不迷於他往者〔五〕。人能知此行此，自然有得於中，無慕乎外，如聖人之被褐懷玉，而融融洩洩不已焉。

校註

〔一〕孟子盡心上：「萬物皆備於我矣，反身而誠，樂莫大焉。」漢趙岐注：「物，事也。我，身也。誠者，實也。反自思其身所施行，能皆實而無虛，則樂莫大焉。」

〔二〕悟：原作「務」，據蕭本改。

〔三〕明高攀龍高子遺書答耿庭懷：「如静中觀喜怒哀樂未發氣象，此爲未見道者引而致之，正令於心無所著時，默識其體，此見性之捷法也。真見得『天命之性』，則真見得『道不可須臾離』，雖欲不『戒懼慎獨』，不可得矣。戒懼慎獨，亦不過一靈炯然不昧，知是必行，知非必去而已。」

〔四〕元張三丰道言淺近説：「大道從『中』字入門。所謂『中』字者，一在身中，一不在身中。功夫須兩層做：第一尋身中之中，朱子云『守中制外』。夫守中者，須要回光返照，注意規中，於臍下一寸三分處不即不離，此尋身中之中也；第二求不在身中之中，中庸云『喜怒哀樂之未發』，此未發時，不聞不見，戒慎幽獨，自然性定神清，神清氣慧，到此方見本來面目，此求不在身中之中也。以在身中之中，求不在身中之中，然後人欲易淨，天理復明，千古聖賢仙佛皆以此爲第一步功夫。凝神調息，只要心平氣和。心平則神凝，氣和則息調。心平，平字最妙，心不起波之謂平，心執其中之謂平，平即在此中也。心在此中，乃不起波。此中，即丹經之玄關一竅也。」

〔五〕不迷於他往者：清李涵虛道竅談開闢問答：「友聞而喜曰：微子言，蓋幾迷於向往也。」

第七十一章

太上曰：知不知，上；不知知，病。夫惟病病，是以不病。聖人不病，以其病病，是以不病。

睿智所炤，自如明鏡無塵，止水無波，物來畢炤，毫無遁情。此神明洞徹，自然而知，因物爲緣，如心而出，非億度以爲明、懸揣以爲知者。其知也，由於性光之自炤，而不是有前知之明，卻能知人所不知，此上哲之士，非凡人所能及也。凡人，智不能燭理，明不能炤物，往往擬議其人之誠僞，逆料夫事之興衰，幸而偶中，人謂其明如鏡，自亦詡其燭如神。此等揣摸之知，非神靈之了炤，乃强不知以爲知，雖有所知，其勞心苦慮，病已甚矣，是自作聰明者，自耗神氣者也。夫惟以强知爲病，於是病其所病，而窮理以盡性，修命以俟天，慧而不用，實智若愚〔一〕，自然心空似水，性朗如冰，一靈炯炯，照徹三千，又何營迴之苦、機巧之勞，以爲患也哉？是以不病。聖人明燭事幾，智周物理，自有先覺之明，絕無卜度之臆。故凡人有病而聖人不病焉者，以其能病所不知，病所不明，而於是一心皈命，五體投忱，盡收羅於玄玄一竅之中，久之，靈光煥發，燭照無遺，固隨在皆宜，亦無往不利也。以其病病，是以不病。

此言慧炤之知，是爲上等；若矯情之知，實爲大患。惟以强知之患爲患，是以無患。聖人之得免於患者，常以此患爲患，所以無患。大旨已明〔二〕，兹不復贅。今再將道妙詳言之：大凡打坐，必先從離宫修定，做一晌，而後自考自證，果然空空無物，於是始向水府求玄。夫離宫修定，是修性也，心空無物，即明心見性矣。所以吾嘗云：到静坐之初，此心懸之太虚，待身心安定，意氣和平，然後徐徐以意收攝，回炤本宫。得了無一物介於胸間，從此一覺一炤，即十方三界，無在而不入我覺炤之中，然而覺性不生，覺性不滅，不過了了自了、如如自如而已。以此求玄，則水源至清，自可爲我結丹之本。一霎時間，自然性光發現。何以見之？即吾前日所示「恍恍惚惚中，忽然一覺而動」是。修道之要，始而以性攝情，若不先討出性真本來，突地下水府中求玄，不知既無性矣，何以攝得起情來？夫既有虚靈之性，能招實有之情，由此一陽萌動，自然腎間微癢，有氤氲蓬勃之機。要知：離非屬心也，凡凝耳韻、含眼光，戒香味觸法，皆是神火主事，故曰屬離；坎非在腎也，一身血肉團子，無非是精，凡精所有，無非是氣，精氣所在，即是屬坎。我以神入血中，火熱水裏，未必即有氣機發動，務須左提右挈，攝起海底之金〔三〕，上入丹田，久久烹煉，火功既足，忽然天機發動，周身踴躍，從十指以至一身，跳動不止，身如壁立，意若寒灰，丹田氣暖，此即血之不老不嫩，合中之時。若非有此效驗，尚是微嫩，不可行火；若久見此景，而不知起火，氣已散矣，始行用火，是爲藥老無用。學者審之辨之。然微陽初動，未必即有此盛氣，只要心安意適，氣息融和，亦可行子午河車。蓋人身有形有質之血，不經火煅，尚是污污濁濁一團死血。惟用神火之熖，血中自生出一點真氣出來，即佛所云「我於五濁惡世修行而得成道果」是，又古謂「鬼窩中取寶，黑山下求鉛」是，皆不外濁精敗血内，以神火煅出此一點真氣來。氣既動，陽即生，又當知子進陽火、午退陰符、卯酉沐浴諸法，方能採得此真陽，運行流通，内以驅除臟腑之陰私，外以招攝天地靈陽之真氣，久久用功，氣質亦變。此河車一法，有無窮妙義也。古有云「氣明子午抽添」，抽即抽取水府之鉛，添即添離宫之汞。汞即心中靈液，後天中先天，從色身〔四〕濁精敗血中，以神火煅出而成甘露者是；鉛即血中之氣，氣即古人謂水中之金，此爲後天之先，只可以固凡體，不可以生法身。此是坎離交而生出來之藥物，猶不可以作神丹。必要以性攝情，以情歸性，性情和合，同煅於坤爐之中，忽地真陽發動，此爲乾坤交而結丹，始可煉神丹，爲真仙子。總之，修煉别無他法，只是一箇河車運轉。初關河車，猶須勉强，中關河車，天人合發，到得上關河車，純乎自然之天，不失其時而已。至於卯酉沐浴諸法，不過恐初學人心煩火起，行工不得不然，若到純熟，不須法矣。總在學人，神而明之〔五〕，可也。

校註

〔一〕實智若愚：原作「智實若愚」。洞玄靈寶定觀經：「慧而不用，實智若愚。」據改。冷虛子注：「了無分别，名之不用。韜光晦跡，故曰若愚。」

〔二〕已明：原作「以明」，據各校本改。

〔三〕金：原作「披」，蕭本作「波」，據義改。元張三丰返還證驗説：「若會攢簇，不失時節，湛然攝起海底之金，即開夾脊，上泥丸。」

〔四〕色身：原作「色中」，據梅本改。

〔五〕周易繫辭：「神而明之，存乎其人。」唐孔穎達疏：「言人能神此易道而顯明之者，存在於其人。」

第七十二章

太上曰：民不畏威，大威至矣。無狹其所居，無厭其所生。夫惟不厭，是以不厭。是以聖人自知不自見，自愛不自貴，故去彼取此。

所謂威者，綱常名教之大，天理所最難犯者。使知慎獨於衾影，畏天威於隱微，自然天錫純嘏，眉壽無疆〔一〕。詩曰：「畏天之威，於時保之。」若天威儼在咫尺，而戒慎弗懍旦明，致令倫常澌滅，禮義消亡，則天良無存，天罰不貸，而凶災不免，性命難全，是民之不畏威，而大威至矣。若是者，皆由不知仁爲安宅，曠安宅而弗居；義以生氣，舍生氣而自喪也。嗚呼！彼民不幸，未生太古之世，以德威惟畏、德明爲懷〔二〕，故愚昧多愆，天顯罔顧，而旱乾水溢、疫癘災荒，種種禍患興矣。惟在上者，導以天下之廣居，使游心於太和之宇，無狹隘爲居而日蹈於危亡也；引以浩然之正氣，使直養於清虛之天，無厭棄其生而自罹於斷絶也。夫惟自愛其生之理，自保其天之良，而不稍厭斁，即詩云「敬天之怒，無敢戲豫；敬天之渝，無敢馳驅」也〔三〕。「天監厥德」〔四〕，「俾爾熾而昌，俾爾壽而臧」〔五〕，實有與天地同爲悠久者焉，是以不厭。非聖人，其孰能之？古帝王，恭己無爲，懋昭大德，日就月將，洗心滌慮，精參造化之妙，洞晰本來之天，惟自知之耳。至若德業文章，外之所著，聖人絶不以之表見於人，且朝乾夕惕，重道守身，一息不肯離乎仁，天下無有加於己，其自愛爲何如哉？他如名位聲華，人之所尊重者，聖人絶不以之足貴。雖聖人自知自愛之端，亦凡人共知共愛之端，特凡人知之而必見之，愛之而必貴之，聖人自知不自見，自愛不自貴，其慎幽獨而不敢炫耀於人，重保養而不敢矜尚於世，豈凡人所可同日語乎？夫亦曰去欲取理，盡人合天，以至超凡入聖，絶類離群，而成億萬年不朽之神者，皆由此自知廣居之安，自愛長生之樂，一於此，不二於彼，而民自遷善而不知爲之耳。舍此，烏能若是哉？

此言無狹所居，其所居者必大，無厭所生，其所生者必長。雖然，用工之際，元神、識神，不可不知。夫人受氣之初，從父母媾精時，結成一點黍珠，此時絪絪緼緼，只有一團太和之氣，並無一點知識，然而至神至妙，極奇盡變，作出天下無窮事業出來，都由此一點含靈之氣之神，從無知無識而有知有識，從無作無爲而有作有爲，莫非由此而始。此時，天人一理，物我同源，體用兼賅，顯微無間，故曰元神，此是天所賦畀的。到得血肉之軀既成，十月胎圓，囫地一聲〔六〕，嬰兒落生，此時識神始具。夫元神者，先天之元氣，天地人物一樣，都藏於太虛中，一到人身，則隱伏於人身虛無窟子之内，此是天所賦者。修行人欲成大道，夫豈可著空著色以求之哉？惟有一無所知，一無所有，掃卻一切塵氛，而箇中消息自現，靈妙自生。至若識神，乃人身精靈之鬼，劫劫輪迴種子。必要五官具備，百骸毓成，將降生落地時，然後這精靈之魂魄方有依附。古人謂「後天識神因有形魄而生」者此也。此元神識神之大分別處也。但有生之後，元識兩神交合一處，有時元神用事，識神退聽，則後天之意氣雖動，要皆由仁義禮智而發爲喜怒哀樂，識神亦化爲元神者此也；有時識神用事，元神隱没不見，雖仁義禮智之見端，亦皆變爲私恩私愛私憎私嫌，元神亦化爲識神者此也。總之，爲口耳一身起見者，皆是識神。一到識神用事，焉有光明正大，可以對天地、質鬼神的事業出來？惟混混沌沌中，忽焉一感而動，此時天理純全，毫不挾後天識見，如能穩立腳根，端然行去，即純乎天理而無一毫人欲之私。吾故教人於無知無覺時尋玄關一竅，良以此時，與天地一體，與虛空一致，能從此處把握行將去，則天地之生生，不難自我而爲生生，虛空之變化，不難自我而神變化。此時一覺，誠爲天地人之根源。修士不從此下手，又從何處以爲仙聖之階哉？要之，無思無慮而出者，元神也；有作爲見解，自色身而生者，識神也。元神無形，識神有迹，一自虛無中來，一從色身中出，二者大不相侔。既明得元神生於虛無，識神生於色身，我於是正本清源，務令內外三寶閉塞，不許一知一見從有形有象有思有慮而出，如此操持，如此涵養，久久尸魄之靈皆化爲清淨元神，八萬四千毫毛亦轉爲護法靈神，所謂「化識爲元，轉陰成陽」者此也。此在人實力於虛無一邊，不要爲色身起見著想，得矣。

校註

〔一〕詩經魯頌閟宮：「天錫公純嘏，眉壽保魯。」錫，賜。純，大。嘏，福。高亨注：「眉壽，長壽也。」

〔二〕尚書呂刑：「德威惟畏，德明惟明。」漢鄭玄注：「德所威則人皆畏之，言服罪也；德所明則人皆尊之，言得人也。」

〔三〕語出詩經大雅板。漢毛亨傳：「戲豫，逸豫也。馳驅，自恣也。」漢鄭玄箋：「渝，變也。」

〔四〕語出尚書太甲上。漢孔安國傳：「監，視也。」

〔五〕語出詩經魯頌閟宮。唐孔穎達疏：「使汝得福熾盛而昌大，使汝年命長壽而臧善。」

〔六〕囮：玉篇：「囮，户卧切，音和，牽船聲也。」正字通：「囮，進船聲。一說梵言『囮地一聲』，囮同咄。」

第七十三章

太上曰：勇於敢則殺，勇於不敢則活。此兩者，或利或害，天之所惡，孰知其故？是以聖人猶難之。天之道，不争而善勝，不言而善應，不召而自來，坦然而善謀。天網恢恢，疎而不漏。

詩曰：「維天之命，於穆不已。」人盜天地之氣以爲丹，即盜於穆不已之天命。此命，在天即清虛一氣，在人即太和一氣，惟由平旦直養，至於浩然充塞乎兩大，即反本復命，上下與天地同流矣。養之維何？一在於死妄心，死妄心貴於剛，剛則不屈於物而令正氣常伸；一在於生真心，生真心貴於柔，柔則能悦諸心而令浩氣常凝。此兩者，一往無前，奮其果敢之力者，死機也；逡巡不進，甘爲懦弱之材者，生氣也。勇於敢則殺，勇於不敢則活，此進爲退基，負爲勝本。易曰「日中則昃，月盈則蝕」，「天地盈虛，與時偕行」，或利或害，往往與世相反，故人之所喜，天之所惡也。且夫天亦何所惡哉？好生者彼蒼之心，有時不用生而用殺，尚德者上帝之意，有時不以德而以刑，此間生中寓殺，殺中有生，其意深微，有非人所能測度者〔一〕。天之所惡，孰能知其故耶？是以修道之聖人，知福爲禍基，柔爲剛體，酌經權而用其中，忘利鈍而守其正，不與凡人争利害，惟於一己辨從違。至於降災錫福，惠吉逆凶〔二〕，雖聖人猶難測其微矣，況下焉者乎？夫聖之道，亦天之道也。聖人純任自然，而進退升降，自運轉於一身之中；天道無爲自然，而生長收藏，常流行於太虚之表。所以不與萬物争强，而修短頻臨，究無一夫之能傲，是不争而善勝矣；不與下民言理，而禍福所及，卒無一地之或逃，是不言而善應矣。雖其中或遲或速，或重或輕，暗中自有權衡，有不由人謀者在，故曰：不召而自來，坦然而善謀。任他才智過人，奸巧絶世，而肺肝洞見，雖張皇掩飾，有何益乎？天網恢恢，疎而不漏，洵不誣也。

遏欲貴果，不果則人心放縱，人欲纏綿，故勇於敢則殺，所以殺人心也；存理貴柔，不柔則凡氣躁暴，元氣動摇，故勇於不敢則活，所以活元神也。然死心所以活神，害中有利；活神方能死心，利中有害；或利或害，兩者相濟，人心易死，道心易生。顧其中有天道焉。天有好惡，刑與德並施，生與殺共用，人或知之矣；而具生機於殺機之中，伏活機於死機之内，世人未易窺測焉。天之所惡，孰知其故哉？聖人身同天地〔三〕，知惡之正所以好之，且非惡無以成好，此中循環妙用，雖聖人猶難知之。然而聖之道，亦即天之道也。天不與凡民争是非，而發育萬物，無有不荷其煦嫗而駕而上之者；不與凡民言感孚，而陰陽迭運，無有不相爲默契而悖而馳之者。蓋天人一道，寂然不動，感而遂通，化何神也？物我同源，廓然大公，物來順應，措何當歟？至人以無思無慮之真，默運神功於生殺之舍，暗襲天機於造化之宫，入水府，造金鄉，踵希夷，絶視聽，殺者生之，生者殺之，初不知其何以相勝相應，如子母夫婦，不召自來，不謀自合，如此其感孚之捷而神耶？至災祥予奪，禍福貞淫，天網恢恢，誠無有逃而脱之者，以虚空即道，道即天，不能逃虚空，即不能逃天。人不違道，即不違天，天休不於以滋至哉？

校註

〔一〕陰符經：「天生天殺，道之理也。」清徐大椿注：「萬物皆天之所生，故曰天生。又有生必有死，其死亦天之所爲，故曰天殺。生之殺之，此之爲道。而生必有殺，殺必復生，乃自然之事，是乃所謂理也。」

〔二〕逆：底本蕭本作「迪」，據義改。尚書大禹謨：「惠迪吉，從逆凶，惟影響。」漢孔安國傳：「迪，道也。順道吉，從逆凶。吉凶之報，若影之隨形、響之應聲，言不虚。」惠，順也。

〔三〕身：蕭本作「心」。

第七十四章

太上曰：民不畏死，奈何以死懼之？若使民常畏死，而爲奇者，吾得執而殺之，孰敢？常有司殺者殺。夫代司殺者殺，是謂代大匠斲。夫代大匠斲者，希有不傷其手矣。

古之治天下者，必因乎民情之所易動而預爲之防，不因人君之喜憂，惟視民情之好惡，順其勢而利導之，所以其教不肅而成，其政不煩而治。若民之滅紀敗倫，干名犯分，而毫無畏死之心，我以五刑之設，懸於象魏〔一〕，讀之月吉〔二〕，是徒勞其設施，而無補於國計民生也，豈不枉費心力哉？惟因民之貪生而懼死，有敢爲奸邪奇詭者，吾乃從而殺之，正所謂「制一以警百，少懲而多誡」，斯民自父訓其子，兄勉其弟，不敢職爲亂階，以自戕生而就死。然殺之雖在乎上，而所以殺之亦視乎其人。惟至仁殺至不仁，則民自殺之而不怨，死之而亦甘，孟子謂「惟天吏則可以殺之」是。夫天吏乃可以殺人，是常有司殺人者矣。若非天吏，而以暴誅暴，是以亂治亂，不惟民亂益甚，而且代司殺者殺，猶之代工匠而運斤成風，揮斧斲輪，其能神乎技而妙於成哉？歷觀古今匠士，其身不能大匠而代大匠斲者，奚有不傷其手耶？彼民不幸，不獲生於有道之世，是以寇賊奸宄〔三〕殊無忌憚；又不幸不遇司殺之人，則啓沃無從，反還奚自？以至薄者愈薄，而厚者亦薄矣，不亦大可傷乎？

以畏死喻慎獨。人惟慎獨功深，則天人辨白，理欲分明。欲寡過而未能，思免愆而不得，於此兢兢業業，汲汲皇皇，省察其幾微，克治其僞妄〔四〕，不難欲淨理純，立見本來真面。若於不睹不聞之地，平日無操存涵養之功，而於欲動情勝時，思拔除惡孽，頓見性天，勢必不除惡而惡多，愈洗心而心亂，太上曰：民不畏死，奈何以死懼之？理勢乃相因也。惟能慎幾於幽獨，既有以知欲念之非，乃克遏欲於臨時，庶可以還天心之正，一念掃除，一念清淨，自不萌芽再生於其際。此民常畏死，而爲奇者，吾得執而殺之，孰敢顛越不恭，敗壞倫常？蓋以有道驅無道，猶人君撫綏萬姓，統馭群黎，以至仁殺不仁，以大義誅不義，自然没者順而存者安，近者悦而遠者來，不至有倒戈相向，反戟相攻，而爲仇爲害也。學者欲去僞存誠，反本歸根，其必杜之以漸，守之以恒，庶一竅通而竅竅俱靈，元神安而神神聽命。所謂「人能常清淨，天地悉皆歸」，又曰「人能一正其神，則諸邪自不敢犯」，此與司殺者從而殺之不怨、死之亦安，同一自然之道、希有之效焉。

校註

〔一〕周禮天官太宰："正月之吉，始和，布治於邦國都鄙，乃縣治象之法於象魏，使萬民觀治象，挾日而斂之。"象魏，天子諸侯宫門外的建築，爲懸示教令的地方。

〔二〕周禮地官族師："月吉，則屬民而讀邦法。"月吉，農曆每月初一或正月初一。

〔三〕奸宄：原作"奸究"，據校本改。尚書舜典："蠻夷猾夏，寇賊姦宄。"漢孔安國傳："猾，亂也。群行攻劫曰寇，殺人曰賊，在外曰姦，在内曰宄。"清段玉裁説文解字注："凡盜，起外曰姦，中出爲宄。"

〔四〕養真集："省察即是覺照，克治即是改過。克治者，去其所本無也；須知本來自無，非克治而後無也。存養者，保其所本有；須知本來固有，非因存養而始有也。"

第七十五章

太上曰：民之饑，以其上食税之多，是以饑。民之難治，以其上之有爲，是以難治。民之輕死，以其求生之厚，是以輕死。夫惟無以生爲者，是賢於貴生。

從來民爲邦本，食爲民天。國無民，則國誰與輔？民無食，則民何以生？是在爲人上者，有以開田闢土，濬其源於未食之先，制禮謹度，節其流於已食之後，而復省耕以補不足，省斂以助不給，民自家給人足，而無庚癸之呼〔一〕，饑饉之嘆矣。即乾旱不一，饑饉薦臻，而倉箱有畜，自凶荒無憂。無如世之人主，驕淫不靖，縻費日繁，或珍奇玩好以爲娱，或瓊宫瑶室縱其欲，往往倉廩一空而用度不減，正貢尚缺又加以重徵，始而添租益税，猶胥畏乎民巖〔二〕，繼則暴斂横征，並不顧乎天命，聲色是尚，奢華並臻，取萬民之脂膏，縱一己之淫蕩，即至國帑空虚，而誅求不稍貸焉。夫天地生財，祇有此數，若此苛求不已，取民無度，即大有頻書，豐年屢慶，而欲其不饑也，得乎？郅隆之世，衣衣食食，宅宅田田，各親其親，各長其長，其君子無禮義之防而自居仁由義，其小人無忠厚之好而自樂業安居，蓋上以無爲爲治，下以無爲自化，俗不期渻而自渻，風不求古而自古，懿鑠休哉，何其盛歟？ 迨其後，科條愈設而風俗益偷，法令頻彰而盜賊彌熾，其在暴虐之君無論矣，甚至英睿之主，奮發有爲，勵精圖治，政愈繁而僞愈多，法愈嚴而奸愈出，是豈氣數之難回、天心之莫易乎？ 抑以不知窮源固本，而徒求之於末流，不惟無補於民生，反有累於世道焉。 蓋民心本無事也，而上以政令擾之；民情本無欲也，而上以章程亂之。 朝廷多一政令，百姓多一奸欺；朝廷多一章程，百姓多一奇巧：無怪乎世道之大非、民情之日變，而愈治愈難也。 惟在上者端拱垂裳，斯在下者自安分守命，上與下相安於無爲之天，不亦樂乎？ 且民以謀衣謀食，多欲多累，爲求生之計，不知逐末即以忘本，重外乃致輕内，其勞心也日繁，其損精也愈甚，而神氣因之消亡，身命因之殞滅，愈貪生，愈速死矣，是以求生之厚，反輕死也。 惟不以生爲榮，且不以求生爲重，衣食隨緣自奉，用度與物無爭，則心安而身泰，自性復而命延[三]，永享無疆之福也。 養其太和，自邀天眷，較之以生爲貴者[四]，不賢萬萬倍耶？

君喻神也[五]，民喻精也。 順行常道，以神爲主，而精隨之以行，故神一馳，精即洩。 精之消耗由神之飛揚，喻民之饑由上食税之多，其事不同，其理則一。 心爲身主，天君泰然，百體從令；天君不甯，則一身精氣耗矣，豈但下田傾倒已哉？ 是以神仙有返還之術，以氣爲主，而神聽其號令，猶君從人欲、順民情，庶氣足神完，而民安國泰。

此以上奉下，以上之有餘補下之不足者，即以一人事天下，不以天下事一人之意也。丹道雖曰有爲，亦要從無爲而有爲，有爲仍還無爲，方是先天之神氣，可以入聖超凡。若一概有爲，則神不静而氣亦弱，勢必不煉而氣不聚，愈煉而氣愈紛。惟因其勢而利導之，順其時而措施之，修身治民皆作如是觀。若恐貨財不足，身命難存，於是竭精疲神，希圖養後天之命，日夜焦勞，寤寐輾轉，神氣之消滅者多矣。又況維〔六〕天有命，非人所求，吾恐求生者，不惟無以幸生，且促其生於死地。惟不貴後天有限之生，而隱以持先天無窮之命，庶性全而命固，身形亦足貴矣。

校註

〔一〕左傳哀公十三年：「吴申叔儀乞糧於公孫有山氏。對曰：『粱則無矣，麤則有之。若登首山以呼曰：庚癸乎？則諾。』」西晉杜預注：「軍中不得出糧，故爲私隱。庚西方，主穀。癸北方，主水。」唐孔穎達疏：「庚在西方，穀以秋熟，故以庚主穀。癸在北方，居水之位，故以癸主水。言欲致飯，並致飲也。」楊伯峻注：「粱爲細糧，麤爲粗糧。」

〔二〕巖。尚書召誥：「王不敢後用顧，畏於民碞。」漢孔安國傳：「碞，僭也。又當顧畏於下民僭差禮義。」唐孔穎達疏：「碞，即巖也，參差不齊之意，故爲僭也。」

〔三〕自性復而命延：原作「自性因有命延」，據蕭本改。

〔四〕以生爲貴：原作「以爲貴」，蕭本作「以爲爲貴」，據經文補「生」字。

〔五〕君喻神也：各本作「神喻君也」，據上下文改。

〔六〕維：各本作「惟」，據義改。

第七十六章

太上曰：人之生也柔弱，其死也堅强。萬物草木之生也柔脆，其死也枯槁。故堅强者死之徒，柔弱者生之徒。是以兵强則不勝，木强則拱。强大處下，柔弱處上。

人稟陽和之氣則生，陰寒之氣則死。一當陽和氣聚，則四體柔順，一身蘇綿，而生機不息矣；一當陰寒氣結，則肌膚燥熯，皮毛槁落，而死氣將臨矣。試觀釜甑之間，蒸蒸浮浮，則陽氣氤氳，物融而化；到寒涼時候，物冷而堅。又觀天地，春夏之交，陽氣熾而萬物暢茂，無不發榮滋長；迨至秋冬之會，陰氣盛而萬物飄零，無不枯槁難榮。是知，人之生也，逢陽氣之温和則柔；人之死也，遇陰寒之凝固則剛；其生也柔脆，其死也枯槁，人物一源，無分彼此。是知，天下萬事萬物，無不以堅强爲死之徒，柔弱爲生之徒也。譬諸用兵，往往强者取敗，弱者取勝，如子玉過剛敗績、伯比羸師勝隨〔一〕是也。其故何耶？蓋以强者衰之漸，弱者興之幾，宜其不勝矣。再觀諸木，木至堅也，陰氣盛而陽氣衰，宜其大止拱把而無由滋育焉。夫强大者，生氣盡而死氣臨，誠物之至下者也；柔弱者，陰氣消而陽氣盛，乃物之至上者也。人奈何不自弱而自强，不處上而處下哉？

修煉之道，最重玄關一竅，是爲天地人物生生之始氣。此氣，至柔而剛，至弱而强，且剛柔强弱俱無所見，惟恍惚杳冥中，忽焉陰裏含陽，殺裏寓生，似有似無，若虛若實，此真無聲無臭、上天之載之始氣〔二〕也。人能盜此虛無元始之氣，則先天生生之本已得，而位證天仙不難矣。既盜得玄關始氣以爲金丹之寶，然二候採藥，亦當專氣致柔，如稚子骨柔體弱而握固，始得初氣以爲丹本；四候行火，又要知一身蘇軟如綿，美快無比，方是先天絪緼蓬勃之機，沖和活潑之象。有此陽氣，可煉仙丹。再於退符之候，歸爐封固，入鼎温烹，猶當綿綿密密，了了如如，無怠無荒，如癡如醉，神懶於思，口懶於語，所謂「天上春雲如我懶，誰知我更懶於春」。如此之柔之弱，方是先天陽氣，可以長存而不敝。總之，十月懷胎，三年乳哺，九載面壁，無非先天柔弱之氣爲之丹成而仙就耳。修士當尋此柔脆之氣，始不空燒空煉，枉勞精神也。

校註

〔一〕三朝北盟會編卷一百七十三：「昔楚武王侵隨，行成而歸，鬭伯比請羸師以張之。隨侯將追楚師，季良止之曰：『楚之羸，其誘我也，君何急焉？君姑修政，庶免於難。』隨侯懼而修政，楚不敢伐。」詳見左傳桓公六年。

〔二〕始氣：各本作「始機」，據上下文改。

第七十七章

太上曰：天之道，其猶張弓乎？高者抑之，下者舉之，有餘者損之，不足者補之。天之道，損有餘而補不足；人之道則不然，損不足以奉有餘。孰能以有餘奉天下？唯有道者。是以聖人爲而不恃，功成而不處，其不欲〔一〕見賢耶？

天道流行，發育萬物，無非一陰一陽，往來迭運，大中至正，無黨無偏而已，故陰極生陽，陽極生陰，陰盛陽衰則抑陰扶陽，陽盛陰衰則抑陽扶陰，消息盈虚，與時偕行，庶生生化化，以成自在無爲，萬年不敝之天。何異張弓者然？持弓審固，内志既正，外體復直，務令前後手臂平正通達，高者抑之，下者舉之，有餘者損之，不足者益之，然後順手而發，隨幾〔二〕自中，不患其或失。況天之道，虧盈而益謙，損有餘以補不足；人則多奸多詐，不若天道之自然，取民脂膏，飽其囊橐〔三〕，往往損不足以奉有餘。孰能以君上之有餘而奉天下之不足哉？惟有道之聖人，法天道而順人情，損者損之，補者補之，不使小民有怨咨之嘆也。雖爲者自爲，亦順承天道而已，絶不矜所爲焉；成者自成，亦至誠盡性而已，絶不居其功焉。斯人也，殆與天道無爲而化成，同歸自然運度，不欲見有爲之迹、成物之功，赫赫照人耳目，非賢而不欲以賢見耶？此所以「爲天無極，惟聖合天」也。

人生之初，原是純陰純陽，至平至正，無有勝負參差，故日征月邁〔四〕，骨弱體柔而滋長焉。迨有生後，火常居上，水常居下，水火不交，是以陰常有餘，陽常不足，陽水每爲陰火所灼，故人心益多，凡氣愈熾，而天心所以日汩，真氣所以漸亡，生生之機無有存焉者矣。惟天之道，火居上而必炤下，水居下而必潤上，如張弓者之高者抑、下者舉，則水火平矣；使陰火之有餘，下補陽水之不足，既補陽水之不足，仍制陰火之有餘，如張弓者然，有餘者損，不足者補，則陰陽正矣。此皆水火自運，陰陽自交，而天亦不知其爲之也。夫人道以有爲而累，天道以無爲而尊，修煉豈有他哉？惟以後天陰陽返還先天陰陽，流行不息，自在〔五〕無爲，得矣。

校註

〔一〕不欲：原作「欲不」，據梅本及註本改。

〔二〕幾：梅本作「機」。

〔三〕詩經大雅公劉：「迺裹餱糧，于槖于囊。」漢毛亨傳：「大曰囊，小曰槖。」慧琳音義引考聲：「槖囊，無底袋也。」

〔四〕詩經小雅小宛：「我日斯邁，而月斯征。」漢鄭玄箋：「邁、征，皆行也。」而，汝。

〔五〕自在：原作「身在」，據校本改。

第七十八章

太上曰：天下柔弱莫過於水，而攻堅强者莫之能勝，其無以易之。故弱勝强，柔勝剛，天下莫不知，莫能行。是以聖人云：「受國之垢，是謂社稷主。受國之不祥，是爲天下王。」正言若反。

太上前章言「柔弱者生之徒，堅强者死之徒，是以柔弱處上，堅强處下」，可知至柔而至剛，至弱而至强，人當日夜行習，在在以柔弱爲重，而不以剛强自用矣。不知人身，試觀諸水。夫水，至柔而至弱，善利萬物而不争，常處污下而不厭，雖一滴之微，人得侮之，一勺之多，人得輕之，及其積而爲淵，滙而爲海，則汪洋浩瀚，能載舟亦能覆舟，能成物亦能戕物，不惟天下無以勝之，即善攻堅强者，無堅不破，無强不摧，亦莫與之抗衡。是知天下之至柔能御天下之至剛，天下之至弱能驅天下之至强。水哉水哉！何其柔弱如此，而剛强如彼哉？且夫天下之事，無有易於攻水者，而堅强卒莫能勝，人何以不居柔而居剛、不爲弱而爲强者，隨在皆是也？豈不知柔之勝剛、弱之勝强乎？蓋以天良之動，莫不有知，而一動之後，頓爲情欲所染，習俗所移，故悻悻自雄，不肯安於柔弱，是以機巧熟而義理生，嗜好偏而天真没，致令道心離，人心起，客氣盛，正氣消，生理無存，生機已滅，欲其生生不息也，難矣。聖人云「受國之垢，是爲社稷主」，如成湯言：「朕躬有罪，無以萬方；萬方有罪，罪在朕躬。」〔一〕退步即爲進步，所以受天命於無窮也。「受國之不祥，是爲天下王」，如武王曰：「受克予，非朕文考有罪，惟予小子無良。」〔二〕自後即爲自前，所以荷天休於勿替也。豈同後世之卧薪嘗胆、蒙垢納污者，所得而擬議哉？此真常不易〔三〕之理，萬古不磨之經，是爲天下正言，而聖人則反求諸己，又何嘗以此苛求於人耶？

水喻一陽初動，真精始生，其機至弱，其勢至柔，而漸採漸結，日益月增，以至於浩然之氣，至大至剛，塞乎兩大，統乎萬彙〔四〕，而無堅不入、無强不破者焉。悟真云：「白虎首經至寶，華池神水真金。上善若水利源深，不比尋常藥品。」顧氣之柔弱有似於水，至柔而寓至剛，至弱而兼至强，實有擎天頂地，捧日舉月，呼風唤雨，驅雷掣電之威，是天下之堅强者，雖曰浩氣，其實真精。須以至柔至弱之神養之，而無爲爲爲、無功爲功，庶幾得矣。其曰「受國之垢，是爲社稷主；受國之不祥，是爲天下王」者何？即古人反躬自責，「朕實不德，民有何辜」之意也。學者求之於人〔五〕，何若反修諸身之爲得耶？

校註

〔一〕語出論語子張。宋朱熹注：「君有罪，非民所致；民有罪，實君所爲。見其厚於責己，薄於責人之意。此其告諸侯之辭也。」

〔二〕語出尚書泰誓下。唐孔穎達疏：「言克受乃是文王之功，若受克予，非是文王之罪。而言非我父罪，我之無善之致者，其意言：勝非我功，敗非父咎，崇孝罪己，以求衆心耳。」受，紂王之名。

〔三〕易：原作「議」，據蕭本改。

〔四〕萬彙：原作「萬爲」，梅本作「萬物」，據三十四章註文改。彙，類也。

〔五〕人：原作「分」，據蕭本改。

第七十九章

太上曰：和大怨，必有餘怨，安可以爲善？是以聖人執左契而不責於人。故有德司契，無德司徹。天道無親，常與善人。

修身之道，惟善爲寶。爲善之道，自治爲先。蓋道在内而不在外，修在己而不在人。惟事事内觀，時時返炤，過則改之，善則加勉，庶明善誠身，永爲天地之肖子，聖賢之完人，而不至有所缺矣。足見爲善者，只問己之修省，不問人之從違。如責人而不自責，觀外而不觀内，雖一時小忿，積而至於大怨，縱能十分解散而不至於成仇，然内無返躬自責之道、懲忿窒慾之功，雖能解之於外，而不能釋之於隱微，安能清浄無塵，瀟灑自樂，而復乎本然至善之天也哉？故和大怨必有餘怨，安可以爲善？惟聖人，持身接物，處己待人，一以修己爲主，而人之是非好惡，概不計較。譬如合同約契，分左右而執之，永以爲憑，明爾無我虞、我無爾詐之意。聖人執德如執左契，只修諸己，不責諸人，此所以與天地同其大也，是謂有德者司契。無德之人，重外輕内，常以察察爲明，而人之恩怨必較，此爲無德者司徹。夫司徹者，以考過爲事，全不自省，而民弗從，何若司契者，責己重，責人輕，而人無不相孚以信。可知，責人者輕己，己之善難完；責己者輕人，己之善克復也。人底於至善，而天心眷顧，自億萬年而不朽。《書》曰「皇天無親，惟德是輔」，即太上「天道無親，常與善人」之謂歟？

聖人之學，惟洗心退藏於密，以外之善惡好醜，是非從違，一概不計，所以汰慮沉思，凝神默炤，以至於心明性見，欲浄理純，上與天合德，歷萬古而不磨。其功始於守中，其成由於胎息，人亦知之乎？古人言胎息，學人莫看是外氣，的是凡息停時，那丹田中真陰真陽，元神元氣，融會一團，混成一氣，氤氤氲氲，蓬蓬勃勃，若開若闔，若有若無，視不見，聽不聞，想像之而有迹，恍惚之而有形者，此殆人生之始氣，心得之而有體，性得之而有用；人非此氣不能生，欲成上品之仙，亦離不得此氣爲之主。古云「人生之始，因理有氣，因氣有形」，此天地生人之順道也。返還逆修者，實從形形色色中，慢慢的運起陽火陰符，收歸五明宫内，而以太乙[一]祖氣、天然神火烹之，即可化形而爲一氣，又由此氣一煉，即可化氣成神，於此固守虚無，保養靈陽，即還於無極之初，可以出則成形，入則無迹。道有何異於人哉？總之，此個胎息，即返到父母媾精，一團氣血之候。人能養此胎息，日夜以無爲有爲、無思有思之真意，保守之，團聚之，即結成靈胎而爲元神。迨至十月形全，脱殼而出，上透頂門，直沖霄漢，可以驂鸞鶴，上雲霄，遨遊天外，飛昇玉京，直頃刻間事耳。然此胎息，雖從凡人色身中煉出，卻又不是凡精凡氣凡神結成。煉丹者雖離不得後天有形有色之精氣以爲之本，卻亦不全仗於此也。蓋後天精氣，皆有形質，便有氣數，生死輪迴，勢所不免，又況粗精粗氣，盡屬蠢鈍之物，烏能有靈？要不過借此凡人〔二〕色身中所有之頑物，千燒萬煉，取出那一點清靜無塵、至靈至神之精氣神，以爲真一之氣，而返之於我，以成仙胎神丹耳。所謂抽鉛添汞之說，不過如此；其餘著形著色，皆非道之正宗。古人云：「胎從伏氣中結，氣從有胎中息。」〔三〕是知，欲結神丹，成就不老之軀，非養胎息不能；欲得胎息凝聚虛無丹田中，非結得有胎，他亦不肯來歸，而純純乎動靜與俱；若有一點凡氣夾雜，凡神外馳，則神必外遊，氣必外洩，不能如子母夫婦，聚而不散也，知否？

校註

〔一〕太乙：各本同，通常作「太一」。莊子天下篇「主之以太一」，唐成玄英疏：「太者，廣大之名；一，以不二爲稱。言大道曠蕩，無不制圍，括囊萬有，通而爲一，故謂之太一也。」宋鄭所南太極祭煉内法卷下：「太一兩字，尤爲微妙。太者至也，一者不二也。……總萬於一，不一於一而還我之天於太極未兆朕之前，無形無名，非同非異，故曰太一。……或問：『太一作太乙，孰是？』曰：『諸書未有用乙字者。後人恐一流於數，乃易之以乙。豈知乙之義與一之義大不侔，當以太一爲正。』」

〔二〕凡人：各本無「人」字，據上文補。

〔三〕高上玉皇胎息經：「胎從伏氣中結，氣從有胎中息。氣入身來謂之生，神去離形謂之死。知神氣可以長生，故守虚無以養神氣。神行即氣行，神住即氣住。若欲長生，神氣相注。心不動念，無來無去，不出不入，自然常在。勤而行之，是真道路。」

第八十章

太上曰：小國寡民，使有什佰人之器而不用，使民重死而不遠徙。雖有舟車，無所乘之；雖有甲兵，無所陳之。使民復結繩而用之。甘其食，美其服，安其居，樂其俗。鄰國相望，鷄犬之聲相聞，民至老死不相往來。

小國寡民，地僻人稀，欲成豐大之邦，敦上禮之俗，似亦難矣。然能省其虛費，裁其繁文，使有什佰人之器而不用，則縻費少而器物多，國家之富可致也。且不縱欲而輕生，營私而罹死，遠遊他鄉，貿居人國，而惟父子相依，弟兄是戀，重死而不遠徙，則康樂和親之世可臻也。以故媚我君王，念兹土宇，雖有舟輿，不肯遠適異國以離父母邦焉。朝廷深仁厚澤，淪肌浹髓，恩同父子，誼若弟昆，是以畔亂頑徒悉化爲良善，雖有甲兵，亦無所陳之矣。如此上恬下熙，民安國泰，使復行結繩之政，樂太和之風，親親長長，宅宅田田，甘其飲食，美其衣服，於以安居而樂俗，敦厚以成風，又何患國小民寡，難以惇大成裕〔一〕，仁厚可風也哉？第見民愛君如父母，君視民如子弟，中心耿耿，繫念殷殷，縱頃刻之别離亦不忍也。雖鄰國在即，舉目能窺，鷄犬相聞，傾耳〔二〕可聽，而民則自少至壯，自生及死，不與鄰國一相往來，此蓋民之感恩戴德、沐化涵情於君上者深矣，是以安無爲之治，享有道之天，而不肯一步稍離。如此，則國豈猶患小，民豈猶患寡哉？勢必聲教四訖，風聲遠播，而天下歸仁，萬國來同〔三〕也。

此喻年老精衰者修煉之法。夫人到老來，精氣耗散，鉛汞減少，欲修金丹大道，亦似難乎其難。不知金丹一事，非屬後天精氣，乃是先天鉛汞。苟得其至一之道，採而取之，餌而服之，不論年老年少，皆可得藥於一時半刻，成功於十月三年。特患不聞先天真一之氣，徒取服於後天有形之精，不惟老大無成，即少壯之士，亦終無得也。惟下手之初，勉强支持，使手不妄動，足不輕行，目不外視，耳不他聽，口絶閒言，心無妄想，自朝至暮，滌慮洗心，制外養中，退藏於密，不使一絲之牽，不令半毫之累，積之久久，誠至明生，自然目光内炤，耳靈内凝，舌神内藴，心靈内存，四肢舒徐，頭頭合道。此喻什佰人之器而不用，然後用之無不足也。民比身也。人到老來，莫不畏死情極，好生心深，然畏死而不知求生，徒畏亦無益耳。惟謹慎幽獨，時時内觀，刻刻返炤，不離方寸之中，久則致中致和，雖天地可位，萬物可育矣，何況近在一身，而有不位不育者乎？此立玄牝，養谷神，綿綿若存，用之不勤，惺惺常在，守之不敗，寂而常炤，炤而常寂，即常應常静，無文無武，所謂「動觀自在，静養中和」者此也，固不事河車運轉，斗柄推遷，亦無須戡亂以武，野戰則宜，守城以文，浴沐爲尚，取喻於臨爐進火，用師克敵也。此清浄而修之法，非陰陽補益之工，不但老人行持，可以得藥還丹，即少年照此修持，亦可綿綿密密，不二不息，上合夫於穆之天。第躁進無近功，急成非大器，惟優游饜飫，如水之浸潤，火之薰蒸，久則義精仁熟，而道有成矣。故雖有舟輿，無所乘之，雖有甲兵，無所陳之也。且夫進退升降、朝屯暮蒙之法，太上前已喻言：「兵者不祥之器，聖人不得已而用之」，「師之所處，荆棘生焉。大兵之後，必有凶年。」足見臨爐採藥行火，特爲後天氣拘物蔽之深者立一法程，倘不如此，則凡氣無由化，真金不可還也。若能静養爲功，不施烹煎之術，惟守虚静之中，則不知不覺，無爲無思，自然渾渾淪淪，純乎以正，默然合天，不待言思擬議，而與天地流行無間。此即使民復結繩而用之，不立文字，不假言詮，而善記不用籌策也。甘其食，美其服，即精貫於中，氣環於外，内甘而外美，有不可名言者。安其居，樂其俗，則中心安仁，隨其所之，無不宜也。修煉至此，了了常明，如如自在，對境可以無心，遇物何能相染？雖有所見所聞，亦若無見無聞，絶不因色聲而生其心，故曰：鄰國相望，不相往來。此無上上乘，無下下乘，玄之又玄，妙而又妙之功。嗚呼！學至於此，與道大適矣。

若論修道，古人有兩等修法，有清浄而修者，有陰陽而補者。清浄而修，即煉虚一著，不必煉精煉炁爲也。然非上等根器，不能語此。若果根蒂不凡，從此一步做去，都是順天地自然之道，不似吾師今日之教，尚多作爲也。蓋人身之中，原有陰陽坎離，乾坤闔闢，日月水火，升降進退之機，猶天之運行，皆自然而然，無須爲之推遷，但只一正其元神，使之不知不覺、無思無慮，那清空一炁，浩浩蕩蕩，自然一呼一吸，上下往來，如乾坤之闔闢，日月之往來，水火之升降，陰陽之否泰進退，如此而已矣；雖有火候，不過清心寡欲，主静内觀，使真炁運行不息而已；雖有進退升降，不過以真水常升，真火常降而已；縱道沐浴，亦不過懲忿窒慾，滌慮洗心，令太和在抱而已；雖有得藥成丹，亦不過以神爲父，以炁爲母，兩兩扭結一團，融通無間，生出天地生我之初一點真靈，即所謂離宫之真精，又謂人身之真汞；以我神炁煉此一個真汞，結胎成嬰，日後生出陽神，官骸血脉，五臟六腑，毛髮肌膚，靈明知覺，無一件不與人肖，分之可化爲萬身，合之仍歸於一炁，要皆自神父炁母兩兩交媾而煅出者個真汞之精，以爲陽神者也。然此真汞，須有生發之候，蓋心爲五臟之中炁，中炁一升，五臟之氣隨升，中炁一降，五臟之炁隨降，其生也由於真汞之動，其息也由於真汞之静。要之，動静升降，皆屬自然之道，惟順其自然之運用，可矣。但此步工法，自古神仙少有從此一著下手者。蓋以清静之道，聽其自然，順之不逆，非上等根器不能，且亦見效最遲，不若陰陽而補爲較易也。何謂陰陽而補？必先識得太極開基，先天一陽發生，然後將我者一點真陽之炁，投入丹田之中，猶父母交媾，精血合做一團，入於胞胎之内，此爲先天真種，種在乾家交感宫，日運鉛汞，漸生漸長，他日出胎，方成脱壳神仙。若無此個真種，是空煉也，雖有所得，亦不過保固色身，不能生出法象也。知之否？有此一點真陽之炁，入於胞胎，然後加以神光下炤，久之真陽有動機，不妨將坎中之水，引之上升，離宫之火，導之下降，直將色身所有陰滓尸炁煉化，只取得一味真炁，配我靈陽，合而爲丹，養之爲神，可以飛昇變化。然此亦自然之道也。凡人落在後天，神炁多耗，年華又老，猶走路之人，離家已遠，不得不從遠處回來，所以必要費力也。夫以神炁兩分，不能合而爲一，日間打坐，必用一點意思，幾分炁力，將我神炁兩兩入於丹田之中，不許一絲外走，一息出，一息入，我惟順其呼吸之息，自一而十，自十而百，而千而萬，在所不拘。如此緊閉六門，存神丹扃，作一陣，然後外息暫停，真息始動。我於此又温養一陣，然後真陽之炁蓬蓬勃勃，真如風湧雲騰一般，我急忙開關，引之上升，其升也以神不以炁，但須凝神了炤尾閭一路之上，足矣。到得真炁沖沖，温養片刻，然後下降。總之，真陽初動，必須用點炁力，然後可升可降。蓋以凡身濁炁太重，必十分鼓盪，乃能祛其塵垢，而後有清清白白之神炁，爲我煉成丹本。所以古人云：「始而採藥，非用武火猛烹急煉，則真金不能出鑛。」此武火所以名爲野戰也。至於升降已畢，丹田炁滿，心神安泰，然後以煉虚之法，順其炁機而爲之，足矣。此雖勉强，亦是自然當如此勉强者。生須照此行持，可也。

校註

〔一〕語出尚書洛誥。漢孔安國傳：「厚大成寬裕之德。」

〔二〕頃刻、傾耳：原作「傾刻、頃耳」，據學社本改。

〔三〕詩經魯頌閟宫：「至於海邦，淮夷來同。」清馬瑞辰毛詩傳箋通釋：「説文：『同，會合也。』諸侯朝見天子曰同，小國會朝大國亦曰同。」

第八十一章

太上曰：信言不美，美言不信。善者不辯，辯者不善。知者不博，博者不知。聖人不積，既以爲人，己愈有；既以與人，己愈多。天之道，利而不害；聖人之道，爲而不争。

此章總結通部，示人道德一經，皆真實無妄之言，不得以文詞不美，將此經置之高閣而不論不議也。須知，道本無名，强名曰道，道本無言，有言皆障，然爲化衆生，不得不權立虚名，以爲後學津梁。既有言矣，則言必由衷，發皆中節，此誠篤實之論，酌於古而不謬，準之今而咸宜，無虚飾，無妄吐，不須文采，何事繁多？單傳直指，立見性天。言而信也，不求美焉。若夫文章絢爛，詞旨風流，殆文人學士之言，尚虚華以悦世，不足以爲信也。彼言既信而爲善，不求穿鑿以惑人，又有何辯哉？其辯之者，殆聾耳目之聰明，飾聞見於倫類，掩耳盜鈴，不足以云善也。夫善在一己，知在一心，豈必多乎？孔子曰「吾道，一以貫之」，孟子曰「夫道，一而已矣」，有何博歟？其博之者，殆道不明其統宗，語不知其歸宿，泛濫於諸子百家，此記誦詞章之學，非聖人博學於文，約之以大中至正之禮，不足以言知也。要之，道也者，渾於杳茫之際，懸於清空之中，流通於天地人物之内，無時不有，無物不然，取之無禁，用之不窮者。聖人空而不空，有而不有，不啻明鏡高懸，清波朗炤，何積之有？若有所積，是鏡有塵垢之污，水有沙泥之染，非聖人空洞了靈之本體，不足言「廓然而大公」也。惟其空靈若此，則因應隨緣，雖萬姓紛紜，善難遍及，而一夫得咎，輒引爲辜，其爲人也，無復加矣；縱九州並列，惠有難周，而一地未沾恩，此心常抱痛，其與人也，何多讓焉？故曰：既以爲人而己愈有其功，既以與人而己愈多其德。亦猶鏡光之物來則照，物去則已，初無成心於其間也，聖人之心亦如是焉耳。且夫聖人之心，即天之心也；聖人之道，一天之道也。夫天以默運爲生成，雖有消長盈虚，總屬生養之機，有利而無害；聖以無心爲造化，雖有損益予奪，仍屬仁慈之應，亦爲而不争。假使天地有利有害，則天地亦私而不公，又焉能萬年如一耶？聖人有爲有争，則聖人亦積而不散，又安能至誠不息哉？嗚呼！天地大矣，聖人大矣，雖有信言，亦因心作則，無假借也，無思爲也，本諸身，徵諸庶民，亦天德之良知，人心所同具，爲人即爲己，與人亦與己，所謂「物我一致，天人一源」者是。聖人與天合德，於此見其量焉。

此經註畢，呼群弟子而告之曰：目今大道危如累卵，所賴爾學道諸人以撑持天地，救正乾坤。縱説奸匪之徒將有兵戈之動，然天有安排，總不至令爾等有不測之虞也。只怕爾等，執德不宏，信道不篤，二意三心，或作或輟，斯亦自絶於天，不能上與天通，天縱有十分仁愛，欲生爾等於休養安恬之天，而無如其不能承接天休何也。生等近已見道明，體道力，自家確有把持，惟有一言一動，息息與天相流通，天自愛之重之，保抱之而不置也。夫以道在即天在，重道即重天，愛道即愛天，如此默契潛孚，自臻休祥，天道原與人道通也。試觀古今來，只有悖道而爲天厭者，未有遵道而不獲天休也，生等可恍然悟矣。總之，各行其是，各盡其誠，那以外之是非禍福，概有天作主張，生等切勿作越俎代庖之憂，可也。夫大道之要，不過神氣二者而已，但有先後天之别，修士不可不知。古經云：「先天元神，體也；後天識神，用也。無先天元神，大道無主；無後天識神，大道無用。」爾等用工修煉，必要於混混沌沌，無知無覺時，養得先天元神以爲主宰，然後一驚而醒，一覺而動，發爲後天識神。此個識神，非朋從爾思，憧憧往來〔一〕之私識，乃是正等正覺之元神，因其發動而有知覺，故曰識神。只怕此識一起，即紛紛擾擾，惡妄雜念紛至沓來而不已者，就墮於私，流於欲，而不可以煉丹也。惟有一心了炤，矢志靡他〔二〕，如此用志不紛，乃凝於神，神凝而息可調，息調即丹可結，故曰：「一心只在絲綸上，不見蘆花對岸紅。」如此一心，雖曰識神，其實即元神也，所以古云「天心爲主，元神爲用」〔三〕，巧使盜機，返還造化，何患不立躋聖神？爾等亦明之否？總要於天心發動之後，常常蘊蓄〔四〕，不許一念游移，一息雜妄，庶幾天心常在，道心常凝，雖有識，亦若〔五〕無識也。學者修真，下手之際，貴乎一心制伏兩眼，並口耳身意之妄識〔六〕，於是集神於丹扃，調息於丹田，務使凡息斷滅，然後元氣始來歸命。既得元氣來歸，氤氲活潑，宛轉悠揚，如活龍動轉，十分爽健，此元氣之充壯，可以運行河車矣。苟氣機大動，不行河車化精爲氣、化氣爲神之工，仍然凝聚丹鼎，奈未經火化，陰精難固，不能長留於後天鼎中，一霎時，凡火一起，必動淫根，生淫事而傾矣。即或强制死守，不使他動，奈後天精氣皆屬純陰，未經煅煉，不强制他必洩，即强制他亦必洩也。夫以此訣一行，即可以奪天地鬼神之權，參造化陰陽之法，而自主自奪，我命由我不由天矣，實爲長生不老之仙，所謂「閻羅老子亦無奈我何」者此也，所以不許匪人得門而入，使神天〔七〕無善惡報應之權。爾生屬知道者，諒亦深明厥旨，切須穩口閉舌，莫妄洩天機密鑰，可也。既有元氣於丹田，而行河車工法，尤須假後天凡氣爲陽火陰符，逼迫而催促之，使之上升下降，往來無窮，鼓舞而煅煉之，使之化凡成真，變化莫測。苟徒有元氣之發生、活子之現象，而無後天凡氣，則先天元氣豈能自上自下、自煅自化？此金丹，雖先天元氣爲之本〔八〕，然亦必需後天凡氣〔九〕爲之功用也。至於金丹始終，全仗火候，古人臨爐，十分愼重，惟恐一息偶乖，有干陰陽造化，故曰進火行符。猶之煮飯，火緩則生，故貴惺惺常存；火急則焦，故貴綿綿不絕。生於此二語，可知用火之微矣。到得地下雷鳴，火逼金行，此時若非武火，金氣安能上升？然必善於用武，任他烈焰萬丈，光芒四射，我則以一滴清涼水遍洒十方，足矣。此即「氣壯而心亨」之道也，亦即清淨恬淡爲本之妙術也。故曰：「龍虎相逢上戰場，霎時頃刻定興亡。勸君逢惡須行善，若要爭強必損傷。」誠哉其勢可畏，其機甚微〔一〇〕，而其心不可不臨爐審慎也。生既明得此旨，永無傾洩之患焉。雖然，此行河車之法當如是耳，若一概施之於守中，氣機未暢，心神未寧，一以純任自然之法行之，則神氣安能打成一片，有何藥物可採哉？此必於玄關初現之時，腎氣上升，心液下降，用起數息之武火，不許一念走作、一息紛馳，如此緊催慢鼓，鼓動橐籥機關，然後凡息方停，真息始見，人心乃死，道心乃生。否則，慢說自然，必無自然也。故曰：雖有生知之聖人，亦必下困知勉行工夫始得。古云：「西山白虎正猖狂，東海青龍不可當。兩手捉來令死鬥，化成一塊紫金霜。」又曰：「降龍須要志如天，伏虎心雄氣似烟。痴蠢愚人能會得，管教立地作神仙。」此種武火，施之於龍虎不交、水火不濟之時，則可；若行河車，則已龍吟虎嘯，夫唱婦隨，於此仍用此個法則，又恐迫逐真氣散亂，孟子云「如追放豚，既入其苙，又從而招之」，此大錯矣。吾將全功畢露，生等須努力修持，以慰爲師之望焉。切勿妄洩，自干罪咎。

校　註

〔一〕周易咸卦：「憧憧往來，朋從爾思。」説文：「憧，意不定也。」清李光地曰：「天下之動生於人心，人心之動生於有感。憧憧者，思慮雜擾也。」唐孔穎達曰：「此明不能無心感物，使物來應，乃憧憧然役用思慮也。」

〔二〕矢志：立下誓願。靡他：謂無二心。詩經鄘風柏舟「之死矢靡它」，宋朱熹注：「之，至。矢，誓。靡，無也。」

〔三〕五篇靈文：「以天心爲主，以元神爲用。」金王重陽注：「天心者，妙圓之真心也，釋氏所謂妙明真心。心本妙明，無染無著，清静之體；稍有染著，即名之妄也。此心，是太極之根，虚無之體，陰陽之祖，天地之心，故曰天心也。元神者，乃不生不滅，無朽無壞之真靈，非思慮妄想之心。天心乃元神之主宰，元神乃天心之妙用，故以如如不動妙圓天心爲主，以不壞不滅靈妙元神爲用也。」

〔四〕藴蓄：各本作「穩蓄」，據五十一章註文改。藴蓄，藴藏，蓄積。唐蘇鶚蘇氏演義卷上：「今以人藴蓄其能，謂之藝者，如百穀之有種也。」

〔五〕若：原作「此」，梅本作「比」，據學社本改。

〔六〕妄識：原作「識妄」，據蕭本改。

〔七〕神天：各本作「天神」，據八、十二、二十六等章註文改。全書他處無「天神」字。

〔八〕先天元氣爲之本：各本作「先天之元氣爲本」，據下句改。

〔九〕凡氣：原無「凡」字，據蕭本補。

〔一〇〕甚微：原作「甚危」，據十六、二十六、五十八章註文作「甚微」而改。

附録

重印道德經講義序

余向不知道，亦正不以其道爲然，惟念近今講道者日益多，而師友中亦屢屢以此相告語，殆不容恝然〔一〕而已也。夫人心道心之别，實發明於尚書，由堯舜禹湯文武周孔以來，聖聖相傳〔二〕，無一不言道者，是道之爲道，必有精微奥妙，不可以言語迹象求之者也。昔程子言大學爲入德之門，中庸乃傳授心法〔三〕，而二書功用，皆歸本於定静之初，修持於隱微之内〔四〕，蓋亦可以知其要矣。余於去年十月始學静坐之法，以求所謂道者，不數旬而程

〔一〕恝然：忽略，漠不關心。

〔二〕唐韓愈原道：「斯吾所謂道也，非向所謂老與佛之道也，堯以是傳之舜，舜以是傳之禹，禹以是傳之湯，湯以是傳之文武周公，文武周公傳之孔子，孔子傳之孟軻，軻之死，不得其傳焉。」

〔三〕宋朱熹大學章句：「子程子曰：大學，孔氏之遺書，而初學入德之門也。」中庸章句：「此篇乃孔門傳授心法。」

〔四〕大學：「大學之道，在明明德，在親民，在止於至善。知止而後有定，定而後能静，静而後能安，安而後能慮，慮而後能得。」中庸：「莫見乎隱，莫顯乎微，故君子慎其獨也。」

效略睹，乃恍然於斯道之不可誣也。然竊意道必以老子爲宗，不法老子而他求乎道，未有不流爲旁門別户者。昔仲尼師老子，謂其明道德之歸。聖人且如此，而況下焉者乎？特其書古奥深遠，令人不易卒讀，且自漢迄今，註者無慮數十家，求其洞明妙竅，能切日用者，蓋亦寡矣。豐城黄元吉先生著有道德經註釋，承友人曹知玄君之贈，欣然受而讀之。其書分章演繹，始言性命之理，終言修治之功，洋洋數萬言，由體及用，内外兼賅，蓋不啻假五千言爲現身説法。語云：「莫爲之前，雖美弗彰；莫爲之後，雖盛弗傳。」有老子爲之前，殆不可無先生爲之後焉。

顧原本刊於四川自流井，魯魚虚虎，舛誤錯出。余既一一校而正之，而又以其書雖名註釋，實非規規於註釋者，蓋當時先生在樂育堂，聚群弟子講道其中，每講必引道德經爲證，是編即其所講時筆述之書，名曰註釋，毋寧名曰講義之爲得也〔一〕。因易名重印，期於普渡，使夫後之聞道者手此一編，皆得如環橋聽講，而無復有執經問難之苦〔二〕，不其

〔一〕每講必引……之爲得也：蕭天石道德經精義本作：「其講道德經尤爲精闢，確乎字字玄機，言言精義，故名曰註釋，毋寧名曰精義之爲得也。」

〔二〕後漢書儒林傳序：「饗射禮畢，帝正坐自講，諸儒執經問難於前，冠帶縉紳之人，圜橋門而觀聽者，蓋億萬計。」唐李賢注：「辟雍四門，外有水以節觀者，門外皆有橋，觀者水外，故云圜橋門也。圜，繞也。」

善歟？

庚申大暑前一日奉化樸民江起鯤識

按：原本卷首先朱序，次自序，次道德經總旨，次弟子等序，而總旨不署撰者姓名，以其在自序後，疑亦先生之所作也。兹因文體與序不類，特移置於講義終篇之後，以示總括全經之意云爾。弟子等序亦移殿卷末，改爲後序，庶於體裁稍有合焉。

又按：道德經傳本至夥，字句各有不同，明焦弱侯著老子翼，附有考異一篇，搜訂頗詳，然是書所引正文，有往往出於焦氏考異之外者，不知其所據何本，兹悉仍之，以俟異日訂正焉。

原刻分四卷，惟第三卷不曰卷三而曰卷下，第四本之署卷四者又僅僅數頁，餘皆附刊樂育堂語録，不標卷第。當時門人付梓，期在急就，未經先生釐訂，可知。兹將語録另爲一編，而本書則分三卷。

起鯤又識

道德經精義例言

一、老子道德經五千言，歷代解者數百家，收入於道藏之解本亦達五十餘種。解註老子之最早者爲韓非、河上公。韓非僅解老、喻老兩篇，主釋義者則僅前一篇耳；全註者自河上公始，河上公註今仍有傳本。數千年來盛行於世者，首推王弼註本。唐宋間羽流之註盛行，其後逐年遞增，有得而可傳之佳本亦當在二三十種之間，惟得全而無一失者則不多觀。

二、道藏中所收道德經解本之最著者，均各有所長，各得一是。如唐玄宗之道德真經疏，則以窮理盡性、坐忘遺炤、損事無爲、理身理國爲主旨。宋徽宗之解本共三種〔一〕，内多引莊、易詞理參證。明太祖之解註，則純以修齊治平爲法。蘇子由註本，徹了根宗而多見性之言，融合三家於一旨。邵若愚之直解本，言德則涉孔氏之義，言道則參佛乘之旨，以儒釋二教爲證，撮道德合爲一家〔二〕。嚴君平之指歸本，則多言天地陰陽、性命神明、變化始

〔一〕宋徽宗：原誤作「宋微宗」。宋徽宗解本僅二種，唐玄宗解本則有三種。
〔二〕撮道德合爲一家：疑作「撮道儒釋爲一家」。

終、自然演化之旨。社時雍[一]之全解本，則以言陰陽理炁爲主。李約之新註本，則以言清靜養心、無爲保國之旨。顧歡之註疏本，則以言清靜臨民、無爲用政之旨。李榮之註本，則以明道無爲、顯德有用爲主旨。純丹道派解本中，如瑩蟾子[二]李道純之道德會元，玉賓子鄧錡之道德真經三解，道門高士杜道堅之道德玄經原旨，其原旨發揮與道德真經聖義本，及碧虚子陳景元之藏室纂微本，均爲丹家之上乘解本。至王弼與河上公註本，坊間流行本多，不贅舉其義。各解本中尚多有集註本、集解本、纂疏本、疏義本，惟林志堅之註本則爲以本經解本經爲體裁。有清一代，道門中人才輩出，解道德經者，以龍淵子宋常星與黄元吉祖師爲最上乘，而黄本則尤能綜各家之所長，補百説之所不足。宋本已影刊於第三集中，兹再影刊黄本。

三、黄註本道德經精義，每章首揭常道，次述丹道，首揭世法，次述丹法。道學精微，文理密察；本末兼賅，體用咸宜。其要尤在其融儒入道而能鑿空無痕，因道弘儒而能渾全一體。明道修德，可端天下之風尚；養心養氣，足正[三]萬世之人心。本人道以明仙道，字字

〔一〕社時雍：「社」原作「杜」，正統道藏本道德經全解舊題「亳社時雍逍遥解」，據改。又據社時雍之序，作者當是邵去華。

〔二〕瑩蟾子：原誤作「螢蟾子」。

〔三〕正：原作「證」，據弟子序更正。

金科玉律；體聖學以闡玄學，言言口訣心傳。道爲千古之大道，理爲千古之至理，文爲千古之奇文，義爲千古之聖義。窮身心性命之理以端其大本，究天人物我之原以立其大宗。深入淺出，親切平實。以之爲用，可以明心養性，可以入聖登真，可以明哲處世，可以治國平天下。守藏可用，仕隱咸宜。衡情而論，確爲道德經解本中之不朽名著，而無論道家儒家，皆可奉爲無上聖經，視作修聖修仙之不二法門也。

四、丹家經籍，愈古愈玄。上古丹經，十隱八九；中古丹經，十隱其半；迄乎近世，十隱其二三。黄元吉先生本書，成於前清道咸之交，故能暢述玄祕，大露宗風，舉往聖之所不洩者而洩之，盡往聖之所不傳者而傳之。就丹法言丹法，即此一編，已括盡千經萬典之要蘊，而鉅細無遺矣。先生講道於樂育堂時，先後入門弟子數千人，其樂育堂語録與道門語要，早已風行，爲世所重。至其所著玄宗口訣，傳本甚少；所註求心、醒心諸經，世不傳。今得斯書，不忍令其再煙滅也。

五、本書原刻於光緒十年，版存自流井，魯魚亥豖，誤刻不少。三年前得一刊本於殷啓唐先生處，後復璧還，今已寄往南美矣。本年夏間，先得馬炳文、馬傑康二先生所藏乙亥華陽汪氏養性齋刊本，無句讀，經其細心圈點之，惜未竟；後復得南京紅卍字會道院精刻本於俞安澄先生處。本次所景印，原擬用馬藏養性齋刊本，經仔細校勘之後，又改用俞藏道院刊本。俞以正忙於佛事，未及執筆述其藏書因緣。又本書之景行，三年來疊經道友通玄老叟、南天浪迹翁、針石子、與張恩溥、許卓修等諸先生再三催促，玆值付印之始，特述本末一二如上，以誌共善與不忘耳！

庚子孟冬月穀旦　文山遁叟蕭天石於臺北石園

翻印黄註道德經序

大道無名，寓物成相，太素無華，繁衍爲文，轉相歸本，化文爲實，此仙學之所以演道明德，以冀無量含靈均能溯流不迷，而返乎厥初也。吾國仙學之成熟綿延，迄今數千年矣。如此超凡入聖之學，數千年來見之於文字者，雖指不勝屈，然而道學之祖書，莫不以太上之道德爲旨歸焉。

藍養素仙師云：「道德經，太上之聖經也，包括三才，混合八卦，紹玄女之心傳，開諸天之法界。聖真如不身心體驗，奚以承先啓後，爲大羅一等天仙？」故歷代之學仙者，無不熟讀道德，至誠參究，以期經訣相印，身心合一，成就無邊無盡之道力，參贊化育，利濟衆生。

道德爲丹經之祖，是以太上之後，祖述是經而爲註釋者，比比皆是。註釋中則以黄元吉仙師者最爲詳盡。愚讀之十有餘年，其中對於修道〔一〕之法程、口訣之節次、爐鼎之安立、火候之變化，以及築基、得藥、煉己、還丹、脱胎、神化，晋而至於煉神還虚、煉虚合道，種種過程，無不深入淺出，吐露無遺，爲諸家之所罕見者。唯得訣多者則發現者多，得訣少者則發現者

〔一〕修道：原作「道修」，據義改。

少。亦顯亦隱，唯精唯細，處處圓通，面面俱到，誠不愧爲真仙之手筆，接引後昆之寶筏也。

吾人修道，其旨有三：一則益壽延年，二則不生不滅，三則度盡衆生。如欲益壽延年，得藥結丹可也。如欲不生不滅，脱胎神化可也。如欲度盡衆生，統歸無極可也。此種益壽延年、不生不滅之仙學，有開始，有步驟，有結果，全係腳踏實地之功夫，爲我中華民族之所特有者。學者果能至誠參訪，際遇真師，獲得全部真傳，再備十分信心，復有修煉條件（財、侶、地），則成仙證聖，勝券在握矣。學者如擬印證一己所得之訣真假全缺，質之是經及註即可矣；考驗師之真僞，請益是經及註即可矣；察一己修證功行之是非正誤，對證是經及註即可矣。愚以是經之註，一經廣佈，必使盲師無由施計，邪説無法横行，而正心誠意、返本還原之仙學，必如日月之經天，而浮雲無能掩其光明也。

嗚乎！百歲光陰，轉瞬即逝，吾人此生如不成道，他日必入輪迴！盲者、醉者、昏者、迷者，讀是經也，可不戒懼乎哉？諸君子之讀是經及註也，亦當知太上之旨，黄仙之慈，以及蕭天石先生翻印是經之本旨云爾。

庚子冬渦陽〔一〕馬傑康拜序於臺灣菸酒公賣總局

〔一〕渦陽：原無「陽」字。馬傑康係安徽省渦陽縣人，馬炳文的堂兄。